JN437578

전통연희 남사당패 어름줄타기 연구

전통연희 남사당패 어름줄타기 연구

초판 1쇄 인쇄 • 2019년 9월 3일
초판 1쇄 발행 • 2019년 9월 10일

지은이 • 이호승
발행인 • 박성복
발행처 • 도서출판 **월인**
서울특별시 강북구 노해로25길 61
등 록 • 제6－0364호
등록일 • 1998년 5월 4일
전 화 • (02) 912-5000
팩 스 • (02) 900-5036
www.worin.net

ISBN 978-89-8477-675-3 93380

☞ 값은 뒤표지에 있습니다.

전통연희 남사당패 어름줄타기 연구

이호승

도서출판 월인

■ 남사당패 어름줄타기 관련 사진 자료

1. 남사당놀이 기록 영화와 어름줄타기

남사당패 덜미(남사당놀이 기록 영화, 1965)

남사당패 덧뵈기(남사당놀이 기록 영화, 1965)

남사당패 무동놀음(남사당놀이 기록 영화, 1965)

남사당패 버나(남사당놀이 기록 영화, 1965)

남사당패 살판(남사당놀이 기록 영화, 1965)

남사당패 풍물(남사당놀이 기록 영화, 1965)

어름사니 공연 후 퇴장(남사당놀이 기록 영화, 1965)

어름사니 줄 위에 걸터앉기(남사당놀이 기록 영화, 1965)

어름사니 줄 위에 앉아다가 일어서기(남사당놀이 기록 영화, 1965)

어름사니 줄 위에 착지하기(남사당놀이 기록 영화, 1965)

어름사니 줄에서 내려 오기(남사당놀이 기록 영화, 1965)

어름사니 전통 사회 여성 화장 흉내(남사당놀이 기록 영화, 1965)

어름사니 줄소리 가창 장면(남사당놀이 기록 영화, 1965)

어름사니 현대 여성 화장 흉내(남사당놀이 기록 영화, 1965)

어름줄타기 악사들(남사당놀이 기록 영화, 1965)

어름사니 줄 건너가기(남사당놀이 기록 영화, 1965)

어름사니 줄고사 장면(남사당놀이 기록 영화, 1965)

어름사니 줄에 오르기 전 의상 착용(남사당놀이 기록 영화, 1965)

어름사니 줄에 오르기(남사당놀이 기록 영화, 1965)

2. 남사당패 어름사니 조송자와 어름줄타기

경기도 무형문화재 지정 당시 조송자 줄타기 공연 장면

남사당패 활동 시기의 어름사니 조송자

남사당패 활동 이전의 조송자
줄타기 장면

남사당패에서 활동하던 시기의
조송자 줄타기 공연 장면 1

남사당패에서 활동하던 시기의 조송자 줄타기 공연 장면 2

남사당패에서 활동하던 시기의 조송자 줄타기 공연 장면 3

남사당패에서 활동하던 시기의 조송자
줄타기 공연 장면 4

남사당패에서 활동하던 시기의
조송자 줄타기 공연 장면 5

미국의 음악인류학자 로버트 가피아스가
1966년에 촬영한 조송자의 줄타기 장면

박상미에게 줄타기를 지도하는 모습

수많은 관중들 앞에서 줄재담을 늘어놓는 어름사니 조송자

영화 촬영 중인 어름사니 조송자

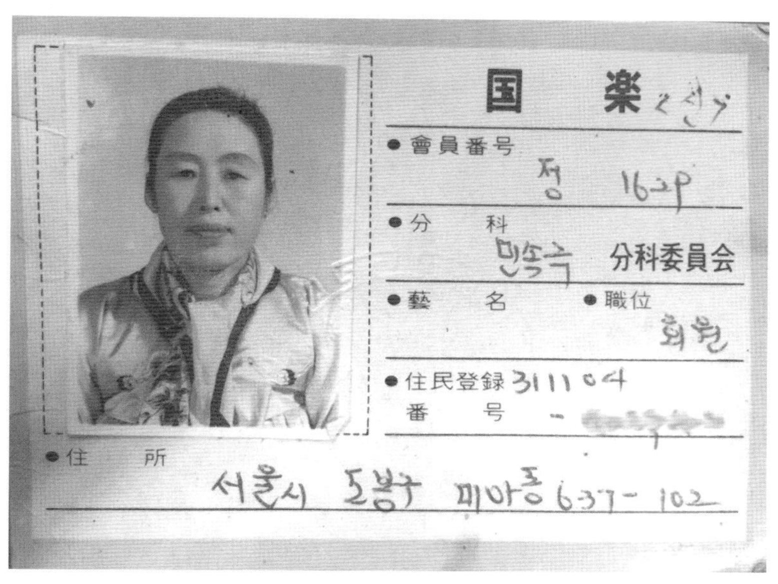

国 楽

● 會員番号 정 16-2P

● 分 科 민속극 分科委員会

● 藝 名

● 職位 회원

● 住民登録番号 311104 -

● 住 所 서울시 도봉구 미아동 637-102

조송자의 국악협회 회원증

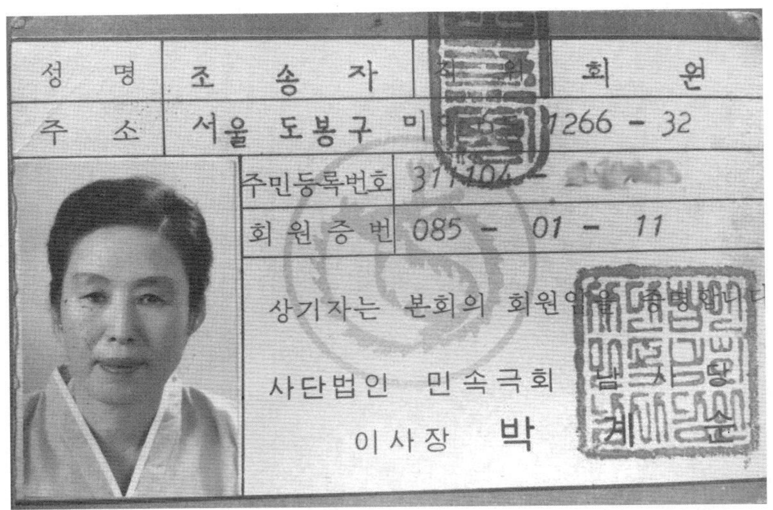

성명	조송자	직위	회원
주소	서울 도봉구 미 1266 - 32		
	주민등록번호	311104 -	
	회원증번	085 - 01 - 11	

상기자는 본회의 회원임을 증명합니다

사단법인 민속극회 남사당

이사장 박계순

조송자의 민속극회 남사당 회원증

조송자 어름줄타기 이수자 박상미의 줄타기 장면 1

조송자 어름줄타기 이수자 박상미의 줄타기 장면 2

줄 위에 앉아서 어릿광대와 재담을 나누는
어름사니 조송자

머리말

남사당패 어름줄타기는 전통사회에서 서민들을 상대로 공연된 전통연희로서 당시 사회의 모순을 비판하고 민중의식을 일깨우는 역할을 했으며, 오늘날에는 새로운 예술 창조의 바탕이 되는 소중한 문화유산이다. 어름줄타기를 포함하는 남사당놀이의 가치는 유엔교육과학문화기구(UNESCO)의 인정을 받았고, 2009년 인류무형유산에 등재되었다. 어름줄타기가 인류무형문화유산에 등재됨에 따라 줄타기에 대한 국내외적 이해가 증진되고, 무형유산의 보존과 전승을 위한 국제적 지원을 받을 수 있게 되었다. 주지하다시피 한국 줄타기는 다른 나라의 줄타기와 다르게 연희 장면에 적합한 가요와 해학적이고 풍자적인 재담이 다양한 기예와 어우러져, 관중의 흥미와 탄성을 자아내는 고난도의 전통연희 종목이다. 이러한 기예, 재담, 음악의 유기적 결속과 융합은 허공에 설치된 단선의 협소 무대를 폭넓은 극적 공간으로 확장시켜서, 줄타기가 단순한 기예를 넘어 주제 의식을 표출할 수 있는 수준 높은 공연예술로 성장하게 만들었다.

줄타기는 줄광대가 줄 아래에 어릿광대와 악사를 대동하고, 줄 위에서 여러 가지 기예·재담·가요를 연행하는 전통연희이다. 현재 전승되고 있는 줄타기는 세습무계(世襲巫系) 재인 계통의 광대줄타기와 유랑예인 계통의 남사당패 어름줄타기 두 종류이다.

광대줄타기는 재인청(才人廳)에 소속된 광대들이 중국 사신 영접 행사, 왕과 지방관의 환영 행사 등과 같은 공식 행사에서 연행하거나 그밖에 지배층의 각종 잔치, 과거급제자의 삼일유가(三日遊街)와 문희연(聞喜宴) 등에서 보수를 받고 공연했다. 광대줄타기를 공연하는 연희자는 줄광대, 어릿광대(배우씨), 악사이다. 어릿광대는 줄광대가 줄을 탈 때 지상에서 익살을 부리고 줄광대와 재담을 주고받는다. 이때 악사들은 풍성한 음악 반주를 제공한다. 광대줄타기는 궁궐이나 관아 등의 울안 마당을 연행 공간으로 삼았고, 공연은 대개 낮부터 시작해서 밤까지 지속됐다.

이에 비해 어름줄타기는 일정한 거처 없이 유랑하면서, 민간연희를 담당했던 남사당패의 여섯 가지 놀이인 풍물(농악) · 버나(대접돌리기) · 살판(땅재주) · 어름(줄타기) · 덧뵈기(가면극) · 덜미(인형극) 중의 하나이다. 유랑예인 계통의 어름줄타기는 조선 후기로 접어들어 나례와 중국 사신 영접 시에 행해졌던 국가적인 산대(山臺) 공연이 중단되자, 예인들이 유랑하게 되면서 생계를 목적으로 발생한 것으로 보인다. 따라서 어름줄타기는 장시나 도당굿 등 민중들이 많이 모이는 곳에서 연행되었다. 이러한 유랑예인들의 공연 활동은 혹세무민(惑世誣民)이자 비천한 행동으로 멸시받던 비속한 놀이 문화를 민중의 공연예술로 발전시켜, 대중문화의 가치와 위상을 높여주는 데 이바지했다. 어름줄타기 연희자로는 어름사니(줄광대)와 어릿광대(매호씨), 악사가 있다. 어름사니는 단순히 줄만 타는 것이 아니라 온갖 재담과 가요까지 곁들여 장시간 공연을 펼치고, 악사 중 한 명이 담당하는 어릿광대는 줄 아래 앉아서 장단을 쳐주며 어름사니와 재담을 주고받는다. 어름의 줄판은 민간 마을의 넓은 마당에 차려지며 놀이판에 장작불이나 횃불을 밝힌 채 밤새 계속되었다.

전통사회의 어름줄타기는 향유층과 연행 공간 등이 광대줄타기와 달랐기 때문에 기예, 재담, 가요 등에서 여러 차이점을 가지고 있었을 것이다. 그러나 현재 전승되고 있는 어름줄타기와 광대줄타기를 비교해 보면, 어름줄타기가 기예·음악·재담 등에서 광대줄타기와 약간의 차이점을 보이고 있지만, 연희의 내용과 형식에서는 광대줄타기와 유사한 부분이 많다.

현재는 줄타기란 명칭으로는 광대줄타기가 1976년부터 중요무형문화재 제58호로 지정되어 전승되고 있다. 유네스코는 관객을 즐겁게 하는 전통음악과 민첩한 동작의 결합, 상징적인 표현이 어우러진 복합성, 인간의 창의성을 보여주는 연희라는 점, 전 세계 다양한 줄타기 공연에 대한 관심을 환기해 문화 간 교류를 촉진할 계기를 제공하는 공연예술이라 것 등에 가치를 두어 광대줄타기를 2011년에 인류무형유산으로 등재했다. 어름줄타기를 포함하는 남사당놀이는 꼭두각시놀음(덜미)이 1964년에 중요무형문화재 제3호로 지정된 후, 1988년에 이르러서야 풍물, 덧뵈기, 어름, 살판, 버나 종목까지 확대 지정되었다. 하지만 어름줄타기는 남사당놀이 전종목이 중요무형문화재로 확대 지정되었을 당시 종목만 선정되었을 뿐 보유자를 배출하지 못했고, 이후 어름사니 조송자의 사망으로 전승이 단절되는 상황에 처하게 되었다.

오늘날 줄타기는 2006년 천만 관객을 동원했던 영화 〈왕의 남자〉의 흥행 이후 전국 각지에서 개최되는 지역 축제에서 공연되기 때문에, 과거보다는 접할 기회가 풍부해진 전통 공연예술 종목이 되었다. 공연 현장에서 줄타기는 공연자와 관중 모두에게 해방감을 느끼게 해주는데, 줄광대의 자유분방한 재담과 아슬아슬한 동작이 관중에게 전달되면서 관객들은 일상의 속박을 벗어나 짜릿한 전율을 느끼게 된다. 흥겨운 분위기 속에서 내면의 자유를 느낄 수 있는 기회를 제공한다는 점에서, 줄타기는 예술로서 가치를 충분히 지니고 있다.

그러나 줄타기의 대중성 확대의 이면에는 여러 문제점이 상존하고 있다. 줄타기는 무형문화재 연희 종목 가운데 전승이 가장 위태로운 분야로, 뚜렷한 전승 체계를 가지고 있지 못하며 일생을 바쳐 위험한 줄타기를 전승하려는 이수자들이 많지 않다. 다행히 최근 몇몇의 젊은 연희자들이 줄타기를 배워 공연에 임하고 있으나 이것으로 줄타기의 항상성이 유지된다고 볼 수는 없다. 더욱이 보유자가 지정되어 있는 광대줄타기에 비해, 어름줄타기는 종목만 무형문화재로 지정되어 있어서 실제적 전승이 끊긴 상태나 마찬가지이다.

광대줄타기 보존회에서는 이러한 어려움을 타개하기 위해 전수교육을 도제 교육과 대중 교육으로 나누어 진행하고 있다. 도제 교육은 예능 보유자가 전수자들을 대상으로 일대일 전문 교육을 하는 것이다. 이는 전승 체계 확립을 위한 장기적인 계획하에 체계적인 교육과 평가를 통해 전수교육생, 전수장학생, 이수자를 발굴 육성하고자 하는 목적으로 시행된다. 대중 교육은 강습, 체험, 캠프 등의 형식으로 일반인을 대상으로 실시되며, 신체 단련 및 집중력 강화라는 줄타기의 장점을 통해 줄타기를 대중화하기 위한 목적으로 운영하고 있다.

이에 비해 현재 보유자가 없는 어름줄타기에 대한 보존과 전승은 여러 남사당 단체의 공연과 어름사니 조송자가 초년과 말년을 보낸 경기도 광주를 중심으로 이루어지고 있다. 특히 경기도 광주시 광지원농악보존회는 2014년부터 전수관에 연습줄을 설치하고 어름줄타기를 복원하기 시작했다. 이후 국가의 예산 지원으로 어름줄타기 재담 및 기예 복원 사업을 진행하여 2015년 남한산성 행궁 외행전에서 어름줄타기 재담 및 기예 복원을 위한 첫 공연을 선보였다.

보편적 연희 자산으로서 가치를 지니는 남사당패 어름줄타기를 복원하려는 이러한 시도는 지역 전통에 기반을 둔 역사 문화적 전통의 계승과 다양한 전통연희 콘텐츠의 확장에 이바지할 수 있을 것이다. 전통연희의 충실한 보존·전승과 새로운 공연 양식과의 결합은 대중에게 사랑받는 영화, 연극, 애니메이션, 서커스, 무용 등 여러 분야의 창작 자원으로도 활용될 수 있다. 따라서 어름줄타기의 복원 방향은 단순히 원형의 재구와 보존에만 그치지 말고 시대에 걸맞은 내용과 형식을 창조하는 쪽으로 설정되어야 한다.

어름줄타기의 공연 양상과 그 특징을 시적으로 탁월하게 형상화하여, 새로운 예술 창조의 전범을 제시한 작품으로 김지하의 시 「어름」이 있다.*

줄 위에
외줄 위에
서른 살을 거네 산다면 그 뒤마저
죽음 후에도 산다면 영겁까지도

칼날에 더한 가파로움
잠보다 더한 이 홀로 가는 허공의 아픔
매호씨
또드락 딱딱
웃겨야 하네 아무렴
우린 광대이니까

애비로부터 또 할애비로부터
花開로부터 영원으로 南倉으로부터
어둑한 逆旅 구석 피 토하는 마지막 소멸에까지

---

* 김지하, 「어름」, 『창작과 비평』 통권 35호(1975년 봄호). 당시 편집자는 김지하가 「어름」 이외 11편의 작품을 1974년 3월 창작과 비평 편집실에 맡긴 후 4월에 구속 수감되었고, 이 시들을 1975년 봄호에 게재하게 되었음을 밝히고 있다. 이후 아시아 아프리카 작가회의는 김지하에게 제3세계의 노벨상이라 일컫는 로터스 특별상을 수여했다.

아무렴 우린 광대이니까 아무렴
죽음은 좋은 것
단 한번뿐일 테니까

거네
외줄에 거네
왼쪽도 오른쪽도 허공도 땅도 모두
지옥이라서 거네 딴 길이 없어
제길할 딴 길이 없어 어름에 거네
목숨을 발에 걸어 한 중간에 걸어, 이미 태어날 적에

이봐
매호씨
정기 정기 정적궁
구경꾼은 되도록
많은 쪽이 좋네 아무렴
우린 광대이니까 구경꾼은 되도록
야멸찬 것이 좋네
죽임을 죽어
박살나 피 토해도 웃겨야 하네 아무렴
죽음은 좋은 것
단 한번뿐일 테니까

김지하는 「어름」에서 허공에 외줄을 걸고 연행을 펼쳐야 하는 광대의 난감함, 세습 광대의 유랑하는 불우한 삶, 어름사니의 짝패인 어릿광대와의 협연, 죽음이라는 궁극적 순간에 이르더라도 관객의 신명을 일으키고 싶은 열정과 사명 등 어름사니의 신산한 운명과 줄타기의 연행 양상을 인상적으로 잘 보여주었다.

어름사니 조송자는 국가무형문화재 보유자로 지정받지 못했고 평생 가난 속에서 어려운 삶을 살았으며 후계자도 배출하지 못한 불운의 연희자였다. 하지만 조송자는 1930년대 후반부터 50여 년 동안 크고 작은 연행 공간에서 줄타기 공연을 펼쳤고, 많은 사람들에게 줄타기의 묘미와 신명을 불어넣었다. 조송자의 어름줄타기는 여성 특유의 섬세한 기예와 해학적인 재담이 어우러진 예술로서 가치를 지닌다. 이러한 개성적 연행은 전통사회 광대들이 그러했듯 본인의 힘든 삶을 지탱하고, 관중에게 즐거움을 안겨주며 삶에서 겪는 모순과 갈등을 위무하고 생활에 활력을 가능하게 했다. 또한 김지하의 「어름」, 이청준의 「줄」, 어름사니 바우덕이가 등장하는 영화 『남사당』 등을 비롯한 여러 예술 작품이 탄생할 수 있는 영감을 제공해 주었다.

이 책은 남사당패 어름줄타기를 총체적으로 조명하는 것을 목표로 삼는다. 이를 위해 먼저 현전하는 각종 자료를 통해 어름사니 조송자의 삶과 연희 세계를 재구해 볼 것이다. 다음으로 어름줄타기의 연행 공간과 공연 도구를 살펴본 후 연행 요소인 기예, 음악, 재담 등을 분석하고, 어름줄타기의 공연 구조와 원리를 추출해서 연희적 가치를 규명해 보고자 한다. 이어 2부에서는 현전하는 어름줄타기 연희본과 광대줄타기 연희본을 교주하고, 여기에 연희본과 연희자에 대한 설명을 덧붙일 것이다.

이를 통해 졸저 『전통연희 곡예 종목과 줄타기 연구』(월인, 2011)가 주로 광대줄타기를 중심으로 다루었던 한계를 극복하고, 광대줄타기와 어름줄타기를 아우르는 줄타기 전체에 대한 정리 작업을 완성해서 한국 줄타기의 실체를 드러내고자 한다.

끝으로 이 작업을 계기로 오랜 시간 이 땅에서 전승되어 왔지만 현대에 이르러 전수 체계와 이수자도 없이 안타깝게 명멸해 가고 있는 여러 전통연희 종목들에 대해 깊이 있는 문제 의식과 폭넓은 연구 방법을 통한 탐구가 활성화되길 고대해 본다.

2019년 8월 진춘현에서 이호승

차 례

第1부
전통연희 남사당패 어름줄타기

제2부
줄타기 연희본 교주 및 해제

제1부

전통연희 남사당패 어름줄타기

제1장 남사당패 어름줄타기의 연희자

1. 줄타기 입문과 학습 과정

어름사니 조송자(趙松子)는 1927년 경기도 용인에서 아버지 조길환과 어머니 김효재 사이에서 태어났다.[1] 조길환은 남도창과 장구 연주에 뛰어난 경기 무악(巫樂) 장단의 명인이었고 김효재는 모계부터 무업에 종사했던 경기도 세습무계 출신이었다.[2] 조길환과 김효재는 슬하에 맏딸 조송자, 둘째딸 조송분, 셋째딸 조송화, 막내아들 조송천을 두었으며 조송자는 어렸을 때부터 경기도 광주 외가에서 자랐다고 한다.

조송자는 자신이 줄타기에 입문하게 된 계기를 다음과 같이 회상했다. 네 살 적에 길을 가던 시주승이 어머니 등에 업혀 있는 조송자

1) 1968년에 발간된 『남사당패 무형문화재 조사보고서』에는 조송자의 생년월일이 1931년 9월 31일, 본적은 경기도 광주군 초월면 지월리 406번지, 거주지는 서울 성북구 삼양동 산 75번지로 되어 있다. 그러나 조송자는 여러 회고에서 본인의 실제 생년월일이 1927년 11월 4일임을 분명히 했다.

2) 경기도나 동해안, 전라도의 세습무계에서 많은 예술가들이 배출된 사례는 어렵지 않게 찾을 수 있다. 화순 능주의 조씨 가계의 조도화가 소장하고 있는 『창녕 조씨 세계(世系)』에 의하면, 5대조인 조병필이 가선대부에 추증된 것으로 나오는데, 그 직은 명인 명창에게 주어지던 벼슬과 관련된 것 같다. 그리고 조씨의 조부 조종률은 능주 신청의 대방직을 지내고 줄타기 명인으로서 의관이라는 벼슬까지 제수받았다고 한다. 또한, 작은 할아버지인 조종언과 조종엽은 각각 줄타기와 대금 명인이었고, 숙부 조몽실과 형 조동선은 유명한 판소리 명창이었다. 무계는 곧 전통 예술 계보이기도 하며, 세습무는 동관끼리 혼인하고 그 관계의 재생산 위에서 무업을 이어간다. 이런 통혼 관계는 또한, 민속 예술의 전승 계보라고 할 만큼 밀접한 연관성이 있다.(이경엽, 『무속, 신과 인간을 잇다』, 국사편찬위원회, 2011, 218-219쪽)

에게 "그 녀석 참 똘똘하게 잘 생겼는데 명이 짧겠구나, 고생이 명을 대신하게 제 발로 걷거든 집을 나가도록 놔두라."[3]고 말했다 한다.

조송자는 일곱 살 무렵 부친의 친구인 손만대에게 줄타기를 배우기 시작했다. 조송자의 줄타기 스승인 손만대는 일제 강점기 전통예술 공연의 흥행사로 활동했고 남사당 원육덕이패에도 참여했었다.[4] 그 시절 조송자는 손만대에게 줄타기뿐만 아니라 승무, 검무, 남도창, 서도창 등도 학습했고 오랜 시간에 걸쳐 기량을 축적해 나갔다. 이러한 폭넓은 연희 전통에 대한 수련은 조송자의 어름줄타기가 뛰어난 예술적 전문성을 갖추는데 밑거름이 되었다.[5]

세습무계 집안에 속해있던 조송자는 자연스럽게 무녀가 되거나 전통 예인의 길을 걷는 것이 가능했을 것이다. 세습무 집단은 한강 이남의 대표적 연희 집단으로 세습에 의한 연희 전수 방식과 다양한 연행 공간의 확보, 일반인이 범접할 수 없는 수준 높은 기예 등을 통해 전통사회의 여러 연희집단[6] 중 두각을 나타냈다.

---

3) 이규원 지음 · 정범태 사진, 「조송자-서민과 울고 웃으며 시대를 함께한 줄광대」, 『우리가 정말 알아야 할 우리 전통 예인 백 사람』, 현암사, 1995, 628쪽.

4) 손만대가 활동한 원육덕이패는 안성 복만이패의 후대로 원육덕이 재규합하여 활동했으나 1939년에 만주 북간도에서 해산했다.(주강현 · 이기복, 「구술사로 본 안성 남사당패」, 『역사민속학』 18집, 2004, 567쪽)

5) 과거의 세습무계 집단의 기예 학습 방식은 처음부터 특정 종목에 한정하여 교육이 이루어진 것이 아니다. 전문적 연희 집단의 연희 종목은 판소리 · 판소리 단가 등과 같은 가창물과 가면극 · 인형극과 같은 민속극, 줄타기 · 솟대타기 · 땅재주 등의 곡예, 각종 악기 연주 등이 있다. 이것들은 전문적 수련을 거치지 않고는 일반인이 연행할 수 없는 종목들이다. 우선 이와 같은 다양한 종목에 대한 학습이 선행된 다음, 재능에 따라 탁월한 분야의 기예를 주력한 것이다. 이는 한성준(韓成俊, 1874-1942) 의 회고를 통해 확인할 수 있다. 한성준은 6살 때 조부 백운채(白雲採)로부터 춤과 장단을 학습했으며, 14살 때 홍성골 서학조(徐學祖)에게 줄타기와 재주를 삼년간 배웠고, 수덕사(修德寺)에서 박순조(朴順祖)에게 20살까지 춤과 장단 수련하는 과정을 거친다. 한성준은 춤, 장단, 줄타기, 땅재주 등을 익혔지만 춤과 장단을 그 장기로 삼았다. 그는 홍주진관 영장 사또의 명으로 생원, 선달, 진사과 등 향시(鄕試)에 급제한 선비들의 등과를 위한 잔치에 관 소속 재인으로 초청되어 활동하기도 했다. (한성준, 「고수 오십 년」, 『朝光』제3권 제4호, 조광사, 1934 참조)

6) 한국에서 전통연희를 담당했던 연희자들은 세습무(世襲巫) 계통의 연희자, 북

전통사회에서는 예인을 총칭하여 광대라 하고, 그들 자체에서는 가인(歌人)을 창부(唱夫)라 하고 땅재조·줄타기·장고잡이 등을 광대(廣大)라 했는데, 그외에 인형역자(人形役者)·가면극역자(役者)까지 포함했다 한다. 그리고 무동·땅재조군보다 창부가 한층 위고, 육각잡이·백정 등 계급은 광대보다 한층 낮은 것이라 한다. 그리고 가면극역자를 편놈이라고 따로이 부르는 것이 있는데, 이것은 타 계급에서 호칭하는 것이며 무동·땅재조군과 격은 동격이지마는 경성(京城)에 재주(在住)하는 고로 한층 고위(高位)에 있었다 한다. 그리고 이들은 포도군사(捕盜軍士)에게 예속되어 있어 그 실제적 세력도 그 지위를 얼마간 보장한 경향도 있었다.(하규일 老談)[7)]

1930년대까지도 호남 지방의 世襲 巫家 단골 집안의 男子(사니)들 중에서 名唱들이 배출되었다. 그들 중 불행히도 성대가 나빠서 廣大되기가 불가능하면 樂器를 배워서 잽이가 되고, 그것도 재주가 없으면 줄타기를 배워서 줄쟁인이 되거나, 그도 안 되면 땅재주를 배워서 재줏군이 되고, 그도 저도 안 되면 굿판에서 잔심부름이나 하는 방석화랭이가 되었다.[8)]

방 유목민 계통의 수척(水尺)과 반인(泮人), 재승(才僧) 계통의 사장·사당·남사당, 서역 계통의 연희자 등이었다. 조선 후기에는 남사당패·사당패·대광대패·솟대쟁이패·초라니패·풍각쟁이패·광대패·걸립패·중매구·굿중패 등 다양한 명칭의 유랑예인집단이 존재했다. 한강 이남 지역에서 줄타기를 연행한 연희자들은 주로 세습무계 출신이었지만, 한강 이북 지역은 강신무(降神巫)의 분포 지역에 속하여 세습무가 없었다. 황해도와 평안도 등 한강 이북지역에서는 북방인의 후손들이 재인촌을 형성하고, 줄타기, 땅재주, 악기 연주 등을 담당하며 재인의 구실을 했다.

7) 송석하, 「전승음악과 광대 三」, 『동아일보』, 1935년 10월 5일. 하규일(河圭一, 1867 - 1937)은 근세 가곡의 중심 인물로 서울 출신의 가곡 명창 하순일(河順一)과는 사촌간이다. 작은아버지 하중곤(河仲鯤)에게 가곡을 배운 후 하중곤의 스승인 최수보(崔守甫)에게 사사했다. 1912년에는 대정권번(大正券番), 1924년에는 조선권번을 창립했다. 1926년부터 1937년까지 이왕직아악부(李王職雅樂部) 촉탁으로 있으면서 가곡, 가사, 시조를 전수했다. 현전하는 가곡은 모두 그의 전창(傳唱)으로 남창가곡 89곡, 여창가곡 71곡, 가사에는 「백구사(白鷗詞)」, 「황계사 黃鷄詞)」, 「춘면곡 春眠曲)」, 「죽지사 竹枝詞)」, 「어부사」, 「상사별곡」, 「길군악」, 「권주가」 등 8곡이 있다.

8) 조성, 「무속과 광대」, 한국문화인류학회 제33회 발표문, 1965(이두현, 『한국연극사(신수판)』, 학연사, 2001, 134쪽, 재인용)

조선 시대 재인은 흔히 광대라고도 불렀는데, 한강 이남의 세습무권(世襲巫圈)에서는 대부분 세습무계 출신의 무부(巫夫)들이 연희자로 활동했다. 조선 후기의 재인들은 그 기능에 따라 광대, 재인, 무동(舞童), 공인으로 나눌 수 있다. 광대는 다시 판소리광대, 줄광대, 어릿광대, 고사광대, 선증애꾼으로 구분된다.[9)]

> 지금은 창악인(唱樂人)을 가르켜 통칭 광대(廣大)라고 한다. 그러나 창악을 주로 하는 이를 광대라고 하고, 줄타기・땅재주를 주로 하는 이를 재인(才人)이라고 한다. 창악에는 다만 고수(鼓手) 한사람이 북 하나로 노래의 박자를 조절하고, 그 노래의 효과를 발휘할 뿐이나, 재인(才人)은 줄을 타거나 땅재주를 할 때에는 또 음악의 반주를 필요로 하고, 여기에는 피리・저・해금・장고・북 등을 사용하니…(중략)…기술적으로 보아서 재인은 광대보다 그 정도가 훨씬 못하고 저하한 것이다.[10)]

위의 함화진(咸和鎭, 1884-1949)의 회고를 통해서도 세습무 집단 내에서 선호하는 연희 종목이 소리, 장단, 기예(줄타기-땅재주) 순으로 이루어졌다 것을 확인할 수 있다. 함화진은 "기술적으로 보아서 재인은 광대보다 그 정도가 훨씬 못하고 저하한 것이다."라고 언급하고 있어 세습무 집단 내부에서 곡예 종목 연희자의 위상이 더욱 분명해진다.

> 단골가문의 남성들은 명창 광대가 되기 위해서 피나는 노력과 수련을 했었다. 그러나 불행히 성대가 나빠서 그것이 도저히 불가능하면 잽이

9) 이보형,「창우 집단의 광대소리 연구」,『한국전통음악논구』, 고려대 민족문화연구소, 1990, 84쪽. 이보형은 재인 집단을 창우(倡優)집단이라고 칭하고, 이들은 대대로 무부이면서 광대・재인・악공 등이 되는 집단으로 기능 집단, 이익 집단, 혈연 집단으로 사회적으로 특수 신분 집단이었음을 밝혔다.

10) 함화진,「국악 오십 년 회고사」,『음악생활』 1월호, 국민음악연구회, 1966, 148쪽.

(鼓手)가 되었다. 옛날 장마당이나 양반대가댁에 불려가서 창을 할 때 광대와 잽이의 보수는 10대 1 정도의 비율이고, 광대는 가마를 타도 잽이는 북을 메고 걸어서 따라다녀야 하는 처지여서 더욱더 누구나 일단은 광대가 되기 위하여 노력했다. 그러나 성대도 나쁘고, 음감(音感)도 둔해서 광대도 잽이도 못되는 경우는 도리없이 땅재주나 줄타기를 익혀서 재주꾼이 되었다. 그런데 그도 저도 다 안되는 경우도 있으니, 그런 경우는 일행의 잔심부름이나 하고 다니는 방석화랭이가 되었다고 한다.[11)]

위 인용문을 통해서도 세습무 집단 내의 연희자의 위상이 명창 광대, 잽이(鼓手), 재주꾼, 방석화랭이 순서라는 사실을 확인할 수 있다. 세습무 집단의 이러한 내부 층위는 조선후기 판소리에 대한 사회적 선호도가 반영된 것이다. "옛날 장마당이나 양반 대가댁에 불려가서 창을 할 때 광대와 잽이의 보수는 10대 1 정도의 비율이고, 광대는 가마를 타도 잽이는 북을 메고 걸어서 따라다녀야 하는 처지여서, 누구나 일단은 광대가 되고자 노력했다."라는 부분에서 볼 수 있듯이 판소리 연희자에 대한 경제적 보상과 사회적 처우가 다른 종목 연희자에 비해 월등했음을 보여준다.[12)]

이러한 세습무계 집단의 연희 선호도와 전수 방식에 따라 조길환도 다른 연희 종목에 대한 전수와 함께 당시 여성 줄광대들의 활약으로 대중적 인기가 높았던 줄타기를 딸에게 학습하게 했던 것으로 보인다.[13)] 다양한 연희 종목에 대한 전수와 특기의 전문화는 한반도

11) 장주근, 「단골과 광대」, 『한국의 향토신앙』, 을유문화사, 1975, 212쪽.

12) 연희 종목에 따른 집단 내부의 층위는 연희집단 내에서의 선호도를 반영한 것이지, 그 기예의 절대적 우위를 뜻하는 것은 아니었다. 줄타기나 땅재주 연희자들도 그 기예가 뛰어나면 땅재주 광대, 줄타기 광대 등으로 명명되었고 많은 물질적 보상이 가능했기 때문이다. (김헌선, 『화랭이 무속의 역사와 원리 1』, 지식산업사, 1997, 59-60쪽)

를 중심으로 활동했던 전문적 연희 집단의 보편적 교육 방식이었다.

조송자는 줄타기의 기본기를 갖춘 후 곧장 놀이판에 섰고, 공연과 연습을 계속해 나갔다. 조송자는 본인이 체험한 줄타기 기예를 습득하기 위한 과정을 다음과 같이 구체적으로 전했다. 이는『남사당패

---

13) 여성 줄광대의 존재가 근대 들어 문헌에 등장하는 한국과는 달리 중국과 일본의 줄타기에 대한 기록에는 여성 연희자가 이전부터 등장하고 있다. 중국에서는 한나라 때부터 높은 줄 위에서 연행하는 여성 연희자가 등장하기 시작해서『수서(隨書)』와『봉씨문견기(封氏聞見記)』에도 여성 줄타기 연희자가 나오고, 명나라 사조제의『오잡조(五雜組)』에는 남성 중심의 줄타기보다는 여성들의 줄타기가 성행했다는 기록이 전한다. 명나라 왕기(王沂)의『삼재도회(三才圖會)』에 그려진 여성 줄광대의 줄타기를 통해서도 그 구체적 실상이 확인된다. 이어 청대에도『우초신지(虞初神志)』에 여성 줄타기가 관중의 흥미를 끌고 흥행에 성공했다는 기사가 전한다.
일본 여성 줄타기 연희자의 존재는『신서고악도(信西古樂圖)』의 신왜등승농옥(神娃登繩弄玉)에 여성 3인의 수준 높은 줄타기를 통해 살펴볼 수 있다. 이후 18세기 초에 우메가에(梅ケ枝)라는 여자 곡예사가 남성 중심의 줄타기 무대에서 인기를 끌었고, 당시 활동한 여자 곡예사들은 바쿠후(幕府)에서 금지한 화려한 의상을 입고 성공적인 공연을 펼쳤다는 기록이 보인다. 이는 18세기 들어 일본에서 여성 줄타기 연희자가 대중의 관심을 끌었고 유행을 일으켰다는 것을 보여주는 것이다.
중국과 일본의 예를 통해, 동아시아에서 여성 연희자들의 줄타기는 한대에서부터 근대에 이르기까지 지속적으로 명맥을 유지해왔음을 알 수 있다. 근대 이전 한국 줄타기에 대한 사료에는 여성 줄광대에 대한 기록이 전하지 않지만, 여성 줄광대에 대한 문헌 기록이 없다고 여성 연희자가 없었다고 단정할 수는 없다. 왜냐하면 남사당패의 여성 꼭두쇠 바우덕이, 20세기 들어 김관보의 문하에서 줄타기를 학습했던 박명옥·임명옥·임명심·정유색·전봉선·한농선 같은 여성 줄광대들, 현재 파악된 근현대 줄광대의 계보에 들어 있지는 않지만 일제 강점기 뛰어난 기예로 대중의 인정을 받은 이상린, 오필선 등이 있었기 때문이다. 이들은 갑자기 탄생한 것이 아니라 유구한 연희 전통 아래 등장한 것이다.
일제 강점기 신문 지면에 소개된 임명심, 이상린, 오필선에 대한 기사를 살펴보면 다음과 같다. 임명심: "조선극의 혁신 출연 승무 임명옥, 검무 정명옥, 여창 송학선, 남창 김점봉 …… 경성좌창 임명월, 가야금 김종기, 이일선, 줄타기 임명심, 전봉선, 경성무여가, 평양다리굿 등, 뒤과정은 신구를 절출하여 재미있는 것으로 매일 교환합니다. 우천불구흥행, 조선극상설관광무대, 황금정사정목"(『동아일보』, 1928. 9. 9), 이상린: "대동강 관화회(觀火會). 대동강 대관화회는 만시민의 열영중에 만반의 준비를 완성하여 예정대로 내일 오후 8시 부벽루하 대동강 상에 평양유사 후 초유장업(初有壯業)을 연할 것이라. 그런데 주최측에서는 별로 일반의 요구에 응하여 익일되는 18일은 평양부 상리(上里) 동성연초분공장 북측 광장에 혁신기발한 승현(乘絃 광대줄타기)을 행하게 되었다는데 당일 승현할 배우는 김세준(金世俊) 일행 중의 이상린(李相麟) 금년 근 11세의 묘령재인인 바 기의 연예야 실로 만인의 이목을 경할 것이라."(『매일신보』, 1918. 5. 16), 오필선: "구파관람료 활인 경성배우조합 북선출장 배중선일행은 함남 북청읍 남문내 태창여관에서 판소리 명창 박경술 줄 잘타는 오필선과 잡가 명창 여러 광대며 여러 기생으로 신구파 연극을 흥행하는데"(『매일신보』, 1918. 5. 22)

무형문화재 조사보고서』의 그림과 영화 ≪남사당≫의 기예 습득 장면을 통해 확인할 수 있다.

1단계: 1미터 정도 높이에 5-6미터 내외의 줄을 걸고, 초심자는 줄 아래의 스승이 들고 있는 굵은 작대기를 함께 쥐며 줄을 걷기 시작한다.

2단계: 같은 높이의 줄 위에서 초심자는 줄 아래 위치한 스승이 들고 있는 회초리를 함께 잡고 줄 위를 걷는다.

3단계: 같은 높이의 줄 위에서 초심자는 줄 아래 위치한 스승이 들고 있는 새끼줄을 잡고 줄 위를 걸어 다닌다.

4단계: 점점 줄을 거는 높이를 올리고 초심자는 줄 아래 위치한 스승과 함께 잡고 있던 새끼줄을 점점 얇은 지푸라기로 바꿔가며 숙련도를 더해 나간다.

5단계: 줄의 높이가 3미터 정도가 되면 초심자는 아무것도 잡지 않고 줄 위를 걷는다. 줄 아래 위치한 스승은 낙상에 대비해서 주의를 기울인다.

6단계: 5단계가 숙달된 후에는 앞으로 가기, 뒤로 가기, 줄 위에서 돌아가기, 줄 위에서 앉기, 줄 위에서 앉았다가 일어서기, 앉았다 일어서다 반복하기, 옆으로 훑어가기, 뒤로 훑어가기 순으로 기예의 난도를 점점 더 강화시켜간다.[14)]

이른 나이에 줄타기에 입문하여 빠른 적응력을 보였던 조송자는 줄타기 기예를 수월하게 습득하려면 어린 시절부터 교육을 받기 시작해야 한다는 견해를 밝혔다.

14) 심우성, 『남사당패 무형문화재 조사보고서』, 문화재관리국, 1968, 154-157쪽.

2. 전성기 활동과 남사당패 참여

조송자가 속해있던 세습무 집단은 앞서 살펴보았듯이 다양한 연희 종목의 전문 연희자를 배출했다. 판소리 광대뿐만 아니라 악사, 줄광대, 땅재주꾼 등의 연희자가 이에 해당한다. 그런데 이러한 세습무 집단의 연행 활동 방식은 그들의 본업인 무업에 종사할 때와 그렇지 않을 때에 따라 차이를 보인다.

세습무 집안인 거문도 김씨 가계에 대한 장주근의 조사는 세습무 출신 연희자들이 결국 유랑예인 집단의 모태(母胎) 구실을 했다는 점을 보여주고 있어 주목된다. 장주근은 1968년 전남 거문도에서 당시 78세였던 김태삼(金泰三)의 가계를 중심으로 세습무계 출신 연희자의 가계를 연구했다.

> 김태삼 노인은 본래 전남 고흥(高興) 사람이며 두 번 상처를 했으나 둘이 다 단골녀(巫女)이었고, 같이 굿을 하고 다녔다. 홀아비로 있는 동안 굿을 할 수가 없었을 때에는 사당패의 유랑예인(流浪藝人)으로 다니면서 삼남 김윤동(金允同)씨를 농악의 삼무동(三舞童)으로 어깨 위에 올려 세우고 재주를 부리기도 했다. …… 홀아비로 굿을 하지 못하던 시절의 김태삼 노인은 사당패로 활동하기도 했지만, 고기잡이배의 소리꾼으로, 어로작업 때에는 선소리꾼으로, 심심할 때는 그냥 노래만 불러주며 다녔다고 한다.…… 한편 김태삼 노인의 백씨(伯氏)는 사당패로서 별명을 "솔방울"이라 부를 만큼 땅재주의 명인이었다.[15)]

---

15) 장주근, 「단골과 광대」, 『한국의 향토신앙』, 1975, 201-205쪽. 세습무집안의 가계도는 많이 작성되었지만, 대부분 무업이나 판소리 명창의 가계도에 그치는 경우가 많았다. 하지만 이들이 행한 다양한 연희 종목에 대한 조사가 이루어진 경우는 거의 없었던 당시 상황에서 장주근의 거문도 김태삼을 대상으로 한 가계도 조사는 세습무 집단이 보유한 다양한 연희 종목과 연희의 유통 방식에 대한 중요한 정보를 제공해 주었다.

거문도 김씨 가계에서는 명창뿐만 아니라 땅재주 명인, 사당패 등이 함께 나타난다. 김태삼은 부인인 단골녀가 생존해 있을 때는 같이 굿을 하고 다녔지만, 상처(喪妻)이후 굿을 할 수 없게 되자 무부에서 사당패나 선소리꾼으로 그 역할을 전환하고 있다.16) 또한 김태삼의 백씨(伯氏)가 사당패에서 땅재주의 명인으로 인기를 얻었다는 점을 통해, 이러한 현상이 김태삼만의 특수한 경우가 아니라는 것을 알 수 있다. 따라서 세습무 집단과 유랑예인 집단이 서로 밀접한 관련이 있었음을 알 수 있다.

세습무 집단과 유랑예인 집단과의 혼재는 위에서 살펴본 것처럼 무업이 있을 때와 없을 때에 따라 나뉘기도 하지만, 굿판을 떠날 수밖에 없었던 사회경제적 궁핍과 정치적인 압박 때문이기도 했다. 마을 수령과 서리들이 신청 조직원들에게 과도한 무세(巫稅)를 부과하고 환곡 제도를 이용하여 탐학과 무단 지배를 자행하게 되자, 이를 감당할 수가 없어 직업을 잃고 떠도는 자가 열에 팔구(故不能擔當 流離失所者 什居八九, 장흥 『신청완문』, 1832)명이 된 데서 유랑예인집단이 발생하게 된 것이다.17)

세습무계 연희자의 주된 연행 공간은 주로 굿판이었다. 이들은 단골판을 중심으로 굿 중간에 소리, 줄타기, 땅재주 등을 연행했다. 이는 앞서 살펴본 황해도 만구대탁굿에서도 나타나는 현상이다. 터벌림은 예능이 뛰어난 무부들이 굿판에 참여해서 땅재주와 줄타기, 터벌림 춤 등 여러 가지 기예를 펼치는 것으로 꼭 무속적 제의의 목적

16) 신청을 떠난 떠돌이 광대패를 뜬광대라 하고, 굿판을 떠나지 않은 신청의 음악패를 대령광대로 구분하여 부르기도 한다. 하지만 뜬광대와 대령광대는 약간의 제약이 따르겠지만 상호 전환이 가능했을 것이다. 김태삼의 경우 유랑예인의 모습을 보이다가 굿을 연행할 수 있는 단골녀가 생기자 굿판으로 회귀하는 모습을 보이기 때문이다.

17) 노동은, 『근대한국음악사1』, 한길사, 1996, 196쪽.

에 국한된 것이 아닌, 굿의 흥행을 위한 세속적 목적도 그 이유가 되었을 것이다. 이때 무부들은 그동안 닦아온 기예를 펼치고 그에 대한 물질적 보상을 받게 된다.[18]

앞서 김태삼의 경우처럼 무부는 무업이 없을 때는 선소리꾼으로 활동하거나 유랑예인집단에 속해 활동하기도 했다. 이러한 세습무 집단의 유랑예인으로의 전환 양상은 한성준의 회고를 통해서도 확인할 수 있다. 그는 홍주에서 재인청 출신으로 관아에 속해 있으면서 활동하다가 이후 유랑예인으로 전환해서 떠돌아다니면서 생일잔치, 고사, 당굿 등의 민간 연행 공간에서 여러 가지 연희를 펼쳤다.

> 을미년 칠월에는 다시 처(妻)을 마젓는데 적시생활(赤是生活)도 곤란하고 직업이 이러한 성질이니 이곧 저곧 방랑하게 되었읍니다. 그래서 가차운 동리 고을노붙어 멀리서울 평양지방까지 흘너다니게 되었읍니다. 그것을 마슴하면 과거는 다없었든때이라 어떤대는 굿중패 남사당 모래굿패에서 끼여서다니고 당굿에다가서 춤추고 귀한어른에 생신(生辰)때에도 가서놀고 동서 동서부정(東西不定)으로 다니든것임니다. 굿중패 남사당이라는것은 소고(小鼓)를 가지고 동리(洞里)마다 다니며 고사해주면 그때는 「꼿반」이라고 쌀을 담은 소반을 주는 것인데 그런 것은 조금도 돈버리는 안되었습니다. 그러나 정월달에는 초(初)하루부터 십오일까지 사방에서 당굿이라는 것이 있었는데 어니해인가 안민도(安民島)에 가서 잘 노랐는데 피리불고 춤추고 재주하는 사람들어가서 오래묵으며 놀며 오든 것 아니다.[19]

세습무 집단의 무부들은 재인청에 소속되어 관청 소속 재인으로 활동하기도 했으며, 무업을 할 수 없게 되었을 때는 유랑생활을 하면

---

18) 김헌선, 『화랭이 무속의 역사와 원리 1』, 지식산업사, 1997, 64쪽.
19) 한성준, 「고수오십년」, 『朝光』 제3권 제4호, 조광사, 1934, 131쪽.

서 유랑예인으로 생업을 지속했음을 알 수 있다. 하지만 세습무 집단의 무부들이 자신들의 소속을 전환했다고 해서 그들이 담당했던 연희 종목이나 전문적 특성이 바뀌는 것은 아니다. 따라서 세습무 집단 연희자의 이러한 소속 전환은 토착 예인 집단인 세습무집단과 정주하지 않는 유랑예인 집단 간의 상호 교류의 양상을 보여주는 것이다.

화성재인청 출신이며 협률사 단원으로 전국을 유랑하며 각종 전통연희 공연에 참가한 유랑광대이자 광무대의 인기 있는 재인이었던 김관보, 김인호, 이동안의 경우나 세습무계 조송자가 남사당패를 포함한 여러 유랑 공연 단체에 소속되어 전국을 순회하며 연행 활동을 펼친 것은 자연스러운 일이었다.

조송자는 부친 조길환이 생존해 있었던 20대까지는 본인의 줄타기 스승이며 전통예술 공연의 흥행사이기도 했던 손만대가 이끄는 공연들을 따라 다녔다. 조송자가 줄타기를 펼친 행사는 도당굿, 동네 회갑 잔치, 백중놀이, 난장 트는 곳 등이었고 이농주(李弄珠)[20] 농악단에도 합류했었다고 한다.[21] 당시에는 부친인 조길환이 줄을 설치하고 반주를 하는 등 뒷바라지를 했다. 부친이 사망하고 출산과 육아 등이 이어지면서 손만대의 공연에 참여하는 일은 자연스럽게 끊

---

20) 이농주(李弄珠)는 발탈의 예능보유자였던 박해일의 스승 고준성(高俊成, ?-1954)과 일제 강점기 재담 공연을 활발하게 펼쳤다. 1940년 3월 19일자 『조선일보』를 보면 "지금까지 방송한 것 중에서 가장 평이 좋고 인기가 높았던 것을 골라서 공연을 하는데, 박춘재와 고춘성의 포복절도할 재담"이 포함되어 있다는 내용이 나온다. 또한 1942년 8월 14일자 『매일신보』에는 고준성은 만주를 순회하며 공연하는 단체의 일원으로 참여하고 있음도 발견된다. 이때 고준성의 재담은 〈팔도풍경〉인데, 이농주와 함께 연행을 한 것으로 보아 2인 재담이었을 것이다. 이농주는 충청도에서 판소리 명창으로 활동하며 1967년 국악단을 창단하여 예술 활동을 이어갔다. 이 국악단은 이농주의 딸인 김중자가 1979년 김중자 무용단으로 재 창단하여 종합 예술 단체로 면모를 쇄신했고 많은 활동을 펼쳤다.

21) 이규원 글, 정범태 사진, 「조송자-서민과 울고 웃으며 시대를 함께한 줄광대」, 『우리가 정말 알아야 할 우리 전통 예인 백 사람』, 현암사, 1995, 626-628쪽.

어지게 되었다.[22)]

어름사니 조송자의 전성기는 일제강점기와 해방 전후였다. 이 시절 젊은 여성 줄광대로 대중의 사랑을 받았던 조송자는 여러 축제나 잔치, 시장 등에서 활발한 공연을 펼쳤다. 조송자는 익살스러운 재담, 뛰어난 기예 실력, 고운 인물치레까지 모두 지니고 있었기 때문에 자신의 공연을 보기 위해 몰려든 구경꾼들의 "옹치주머니는 마파람에 게 눈 감추듯 영락없이 털려나갔다."라고 회상했다.

어려서부터 조송자는 뛰어난 눈썰미, 타고난 근력과 담대함을 바탕으로 줄 위에서 온갖 재주를 다 부렸다. 남성에 비해 근력이 부치는 여성임에도 무릎받이를 하지 않고 줄을 탄 것으로 유명하다. 발을 엇바꿔 가며 세 장단으로 점을 찍듯 나가는 콩심기에서부터 양반·처녀·병신 걸음걸이는 물론 줄 위에서 껑충 뛰었다가 두 다리를 걸치고 앉는 닭의 홰타기까지 선보이며 줄 아래 구경꾼들을 열광시켰다.

조송자는 어린 시절부터 아버지를 따라 전국을 안 다닌 곳 없이 구석구석 누볐다고 한다. 뛰어난 어름사니로서 다른 사람이 쌀 한 말을 행하(行下)[23)]로 받을 때, 한 가마니를 받으며 흥행에서 성공을 거두었다. 인물이 좋은 조송자는 가는 곳마다 사내들의 호감을 자아냈고 그녀를 흠모하는 남성들과 여러 촌극도 있었다고 회고했다.

"예쁘장한 얼굴이다 보니 욕심이 동한거지. 사실 줄 타는 계집애 인간 취급이나 했겠습니까? 고약한 신세타령에 오기까지 겹쳐 선불리 추근대

---

22) 조송자는 정00씨와 수정, 수향 두 딸을 두었고, 이후 윤상균과 재혼하여 윤한병(1959 -), 윤순병(1969 -) 형제를 낳았다.

23) 광대의 기예가 뛰어나고 우수할 경우 치하하는 뜻에서 하는 보상. 조송자는 줄타기 도중 행하(상급)를 받을 경우 〈돈타령〉을 불러 상급을 올려준 관객의 재수를 빌어주었다.

면 하복부를 내질러 버렸지요."[24]

6.25 전쟁 이후 이농주 농악단을 비롯한 여러 단체에서 공연 활동을 해오다가, 남형우[25]가 재건하여 활발한 공연을 이끌던 남사당에 입단하여 남사당패의 여성 어름사니로 공연을 펼치게 되었다. 조송자에게 어름줄타기를 전수한 손만대도 원육덕이패에서 활동한 남사당패의 일원이었기에, 조송자가 어린 시절부터 보고 들어왔던 남사당패에 합류하게 된 것은 자연스러운 일이었을 것이다.

3. 남사당패 활동과 탈퇴 후의 공연

사당패가 인기를 끌면서 기예를 갖춘 사당의 수가 부족해지자, 여장한 남자가 그 역할을 대행하게 되면서 남사당이 나타났을 것으로 보인다. 남사당패는 본래 남자만으로 구성된 연희집단이었다. 이들은 꼭두쇠를 중심으로 풍물(농악)·버나(대접돌리기)·살판(땅재주)·어름(줄타기)[26]·덧뵈기(가면극)·덜미(인형극) 등을 공연했다. 옛날에는 이 여섯 종목 외에 요술도 있었다고 한다.[27] 이들은

24) 이규원 지음·정범태 사진, 「조송자-서민과 울고 웃으며 시대를 함께한 줄광대」, 『우리가 정말 알아야 할 우리 전통 예인 백 사람』, 현암사, 1995, 628쪽.

25) 남형우(南亨祐, 1907-1978)는 꼭두각시놀음을 포함한 남사당놀이 전반을 전승하는 데 주요한 역할을 한 연희자이다. 경기도 이천에서 태어나 경기도 양평군과 서울에서 생활했고, 남운용(南雲龍)이라는 이름으로도 불린다. 14세 때부터 오명선 행중, 안성복만이패, 이운선(李雲仙) 행중 등을 따라다니며 활동했다. 이 과정에서 조운서(曺雲瑞)와 최근선(崔根善)에게 꼭두각시놀음과 관련된 기·예능을 배웠다. 남형우는 1934년부터 스스로 놀이패를 조직하여 전국을 유랑하며 공연을 펼쳤고 꼭두각시놀음뿐만 아니라 덧뵈기·풍물·버나 등에서 두각을 나타냈으며, 1964년 중요무형문화재 제3호 꼭두각시놀음 예능보유자로 인정되었다.

26) 어름은 줄타기를 뜻하는 남사당패 용어로 얼음판같이 미끄럽고 위험한 곳에서 노는 놀이라는 의미이다.

일정한 보수 없이 숙식과 다소의 노자만 받게 되면 마을의 큰 마당이나 장터에서 밤새워 놀이판을 벌였다.[28]

유랑예인집단은 흥행을 위해 유랑생활을 하면서, 주로 장터·파시·마을 행사 등을 연행 공간으로 삼아 공연을 펼쳤다. 이중 특히 경기도 안성 청룡사 근처가 남사당패의 근거지가 될 수 있었던 것은 삼남의 물산이 집결되고 유통되던 안성 시장의 지리적 특성과 밀접한 관련이 있었을 것이다.

남사당패는 파시(波市)도 찾아가서 공연 활동을 펼쳤다. 파시는 주로 서해와 남해에서 조기처럼 조류를 따라다니는 회유성 어류 어장 부근의 섬에 어류를 거래하고자 세우는 시장이었다. 이때는 수백 척의 배가 몰려들기 때문에, 어부들이 묵는 임시 숙소가 만들어지고 수십 채의 음식점과 주점 등이 들어서고 창기와 작부들이 모여들어 큰 번화가가 조성되었다.[29]

정약용은 『목민심서(牧民心書)』에서 세곡(稅穀)의 수송과 보관을 위한 조창(漕倉)을 열 때 포구에 잡류가 찾아오는 것을 엄금해야 한다고 했다. 여기에서 잡류란 우파(優婆, 사당)·창기(娼妓)·주파(酒婆)·화랑(花郞, 무부)·악공(樂工)·뇌자(櫑子, 초라니)·마조(馬弔, 투전)·도사(屠肆, 도살업자) 등 팔반천류(八般賤流)를 뜻한다.[30] 이 가운데 사당·광대·악공·초라니 등은 유랑예인에 해당하는 연희자들로 이들은 조창이 서는 포구를 중심으로 공연활동을 펼쳤다.

---

27) 감로탱에는 다른 유랑예인집단의 모습은 풍부하게 남아있는데, 남사당패로 볼 수 있는 연희자와 연희 종목이 등장하는 작품은 『호암미술관 감로탱』 뿐이다. 이 작품에는 현재의 남사당패와 유사하게 인형극 연희 장면이 나오고, 쌍줄백이와 방울쳐올리기와 같은 연희가 그려져 있다.

28) 심우성, 『남사당패연구』, 동문선, 1994, 36-42쪽 참조.

29) 이경엽, 「도서지역의 민속연희와 남사당노래 연구」, 『한국민속학』 33호, 2001, 240쪽.

30) 다산연구회 역주, 『목민심서』, 창작과 비평사, 1979, 258-259쪽.

남사당패는 주로 마을이나 장시를 유랑하며 공연을 했지만, 한편으로 마을의 공적 행사에 초청되어 일종의 계약관계 아래 공연을 하기도 했다.[31] 18세기 말에 국가에 묶여 있던 전남 완도군 금당도의 봉산(封山)이 풀리면서, 이 지역에는 새롭게 개간한 경작지와 풍부한 목재를 기반으로 삼아 동계(洞契)와 목계(木契)가 설립되어 활발하게 운영되었다. 1862년부터 1927년까지의 지출 내용을 기록하고 있는 『동계책』에는 1880-1905년 사이에 남사당과 가객에게 여섯 번 공연료를 지출한 항목이 보인다. 이는 이 마을의 공동체 행사에 남사당과 가객이 초청되어 공연했음을 알 수 있게 해준다.[32]

남사당패는 1930년대까지 전국을 유랑하면서 공연을 펼쳤다. 하지만 이후 급속한 사회 문화적 상황 변화로 겨우 명맥만 유지하는 지경에 이르게 되었다. 1954년에는 남사당패 일원이었던 남운용을 비롯한 일부 연희자들이 경기도청과 안성군청의 협조를 얻어 '안성농악대'를 결성해 활동을 재개했다. 이러던 중 1960년 3월 남사당을 확대 규합하여 전국 순회 공연에 나서게 되었다. 조송자는 1960년부터 남사당패에서 줄타기를 담당하게 되어 조송자는 어름사니로 불리게 된다. 당시 활약한 연희자는 다음과 같다.[33]

풍물 최성구(꽹과리), 남형우(꽹과리), 양도일(장고), 송창선(날라리), 임광식(꽹과리), 최은창(장고), 김문학(벅

---

31) 남사당패 놀이에 드는 비용은 모두 마을이 부담했고 놀이 기간에는 마을 사람들이 모두 일손을 놓아야 했다. 일상의 질서가 무너질 위험도 컸다. 그 때문에 놀이를 펼쳐도 된다는 허가가 나는 경우('곰뱅이를 트다')는 그리 많지 않았을 것이다. 그런데도 불구하고 남사당패의 놀이를 종종 허용했던 이유는 볼거리가 드물었던 전통사회에서 남사당놀이가 마을 사람들에게 지루한 일상을 벗어나서 새로운 활력을 제공해 주었기 때문으로 보인다.

32) 이경엽, 「도서지역의 민속연희와 남사당노래 연구」, 『한국민속학』 33호, 2001, 242-245쪽.

33) 심우성, 『남사당패연구』, 동문선, 1994, 44-45쪽.

구), 황점석(징), 지수문(북), 박종휘(북), 송순갑(벅구), 지운하(벅구), 홍홍식(벅구), 박용태(무동), 남기환(무동), 우종성(무동), 곽복렬(무동), 남기석(무동), 정일파(날라리)

버나	남형우(버나잽이), 김재원(버나잽이), 양도일(매호씨)
살판	송순갑(살판쇠), 양도일(매호씨)
어름	조송자(어름사니), 양도일(매호씨)
덧뵈기	최성구(먹중), 양도일(샌님), 남형우(취발이, 말뚝이), 조송자(노친네), 박계순(피조리), 남기환(피조리), 박용태(옴중), 송순갑(장쇠)
덜미	남형우(대잡이), 양도일(산받이), 최성구, 이수영, 박계순, 박용태(이상 대잡이보), 최은창, 지수문, 송창선(잽이)

1964년 남사당패 꼭두각시놀음이 중요무형문화재로 지정된 이후 1965년 5월 명동 국립극장에서 펼쳐진 제1회 남사당놀이 발표 행사에서 줄타기가 공연되었다. 동년 8월 20일 장충단 공원에서 연행된 민속극회 남사당의 공연에서도 조송자와 양도일은 조를 이루어서 어름줄타기 연행을 펼쳤다.

1965년 국립영화제작소에서 만든 16mm 기록영화가 현재 전해지고 있다. 이 영상은 경기도 안성에서 남사당패 땅재주와 줄타기를 총 23분 37초 분량의 영화로 제작한 것이다. 이 기록 영화는 땅재주와 어름줄타기뿐만 아니라 남사당패 덧뵈기, 풍물, 버나, 덜미 종목도 제작되어 남사당놀이의 전모를 보여준다.[34] 이 영화에서 조송자

34) 이 영화는 국립무형유산원의 홈페이지를 통해 내용을 확인할 수 있다. 어름줄타기와 함께 촬영된 땅재주는 연희자로 살판쇠 송순갑, 악사 양도일, 임광식, 송복산 등이 참여했다.

는 덧뵈기의 노친네 역을 겸하며 어름줄타기를 연행했다.

이때는 매호씨로 양도일[35], 악사로 송순갑[36], 지수문,[37] 송복산[38] 등이 공연에 참여했다.[39] 조송자의 어름줄타기는 18분 정도 분량으로 촬영되어 있고 그 내용을 구체적으로 살펴보면 다음과 같다.

먼저 놀이에 앞서 높이 3미터, 길이 5 - 6미터의 밧줄 밑에서 줄고

---

35) 양도일(梁道一, 1907-1979)은 충청남도 대덕군에서 태어나 대전 은행동에서 생활했고 1919년 안성복만이패의 김복만에게 연희를 배워 남사당패 공연 활동에 참가했다. 유덕일에게 무동과 장구를 배웠고 꼭두각시 산받이 소리를 배웠다. 이운선 행중에서 남사당 덧뵈기를 전수하여 오늘에 전하는 중요한 역할을 했다. 1947년부터 남운룡패에 참여하여 대잡이(인형조종자)와 산받이(받는소리꾼)로 활동했으며 풍물도 연주했다. 1968년 꼭두각시놀음의 산받이 소리 및 장구 예능보유자로 지정되었다.

36) 송순갑(宋淳甲, 1912-2001)은 부여에서 출생하여 7살 때 최태식의 걸립패에서 무동타기를 시작했다. 8세 때 이우문이 이끄는 솟대쟁이패의 일원이 되어 땅재주, 소고, 장구, 상쇠 등을 배웠다. 이우문의 동생인 이재문 등과 버나, 살판(땅재주), 새미놀이(어름), 병신굿(탈놀음), 풍물, 얼른, 솟대타기(쌍줄백이) 등의 장기를 가지고 전국을 순회하며 공연을 했다. 만주에도 두 번 가서 흥행 활동을 했다고 한다. 송순갑의 회고에 따르면 "살판쇠가 솟대쟁이패에서 인정을 받게 되면 남사당패로 불려 가게 마련이었다"라고 한다. 18세가 되자 송순갑은 살판쇠로서 남사당패인 원육덕패에 들어가게 되었고, 이원보 행중을 거쳐 27세까지 심선옥(沈善玉)패에서 공연을 지속했다. 1950년대에는 대전에 정착하여 김덕수, 이광수, 최종실 등의 제자를 양성하는 등 활발한 활동을 펼쳤다. 1960년 송순갑이 중심이 되어 창립한 중앙농악회는 현재의 대전웃다리농악보존회로 성장하여 1991년 전주대사습놀이에서 농악 부문 장원을 수상했으며, 2002년 대전무형문화재 제1호 대전웃다리농악의 보유단체로 지정되었다.

37) 심우성은 『남사당패 연구』에서 일제 강점기부터 전국적으로 활용한 놀이패 중 김복섭(金福燮) 행중, 송순갑 행중, 지수문(池秀文) 행중, 최은창(崔殷昌) 행중 등을 네 행중(行衆, 행중이란 무리를 지어 다니는 놀이꾼)을 사패거리라고 불렀다. 1960년대 민속극회남사당(民俗劇會男社黨)에서 남사당패를 재구성했을 때, 지수문은 남형우, 양도일, 최성구, 박계순, 박용태, 최은창, 송창선 등과 함께 덜미를 맡았으나 무형문화재 보유자로 지정받지 못했다.

38) 송복산(宋福山, 1911-?)은 중요무형문화재 제3호 꼭두각시놀음의 호적잽이 예능보유자이며 본명은 송창선(宋昌善)이다. 경기도 평택 출신으로 어려서부터 농악을 익혔고 30세 때 호적의 대가 방태진(房泰珍)에게 배워 호적의 명인이 되었다. 1940년대 중반부터 호적잽이로 남사당패에 참여했으며, 안성 복만이패 행수 김복만의 제자인 양도일에게 남사당 덧뵈기를 배워 덧뵈기를 연행했다. 1964년에 중요무형문화재 제3호인 꼭두각시놀음의 호적잽이 기예능보유자로 인정을 받았고 경기 능계가락을 비롯하여 남도 시나위가락 등 각 지방의 호적가락에 뛰어났다.

39) 1968년에 출간된 『남사당패 무형문화재 조사보고서』에는 어름줄타기 공연에 어릿광대 양도일, 꽹과리 최은창, 장고 송순갑, 북 지수문, 날라리 송창선 등이 참여했다는 기록이 있다.

사를 지낸다.[40] 악기는 꽹과리 · 징 · 북 · 장고 · 날라리가 동원되며 줄고사 상에는 술과 북어 몇 마리가 오르고 어름사니가 고사를 행한다. 이후 부채를 들고 바지저고리에 행전을 찬 전복 차림의 어름사니가 어릿광대(매호씨)와 줄을 건너가는 것의 어려움에 관한 재담을 주고받으며 줄 위를 왔다 갔다 한다. 어름사니는 여러 번 줄을 왕복한 후에 매호씨와 대화를 하며 콩심기 흉내를 낸다. 이어 줄 위에 앉아 방정맞은 아낙네들이 화장하는 모습을 해학적으로 보여주고 봄철을 맞아 싱숭생숭한 처녀 총각의 마음을 담아 뱃노래를 구성지게 부른다. 어름사니는 다시 줄 위에 서서 양반 걸음걸이 흉내, 현대 여성 걸음걸이 흉내, 처녀를 따르는 놈팡이 걸음 흉내, 병신걸음 흉내 등을 보여주고 남도민요 새타령을 부른다.

1968년 3월 26일 오후 경복궁 후원에서 펼쳐진 제5회 남사당놀이 발표 공연은 일요신문사 주관으로, 놀이에 대한 영화 촬영이 있었다. 이 날 공연에는 어름줄타기에 조송자, 버나에 남운룡, 땅재주 송순갑 등이 참여했다. 조송자는 양반걸음, 곱배팔이걸음 등을 비롯한 십여 가지 기예를 선보였다. 어름사니는 매호씨 양도일의 대사에 응수하면서 똥골댁 샌님을 모시고 가는 절름발이 양반걸음과 벼 백 섬을 지고 과거보러 서울 갔다가 급살탕국을 먹고, 감투대신 오관수동 기생의 머리를 올린 참봉댁 둘째 아들 곰배팔이 등을 형상화해서 양반에 대한 저항의식[41]을 표출했다. 또한, 도도하게 취타를 울리며 높

---

40) 어름사니 조송자의 줄고사는 광대줄타기와는 다르게 줄할머니와 줄할아버지에게 고사를 지내고, 관중에 대한 축원이 더욱 확장되어 나타나는 특징이 있다. 줄고사가 줄타기의 첫머리에 등장하는 것은 줄타기가 매우 위험한 종목이기 때문에 신성한 힘의 도움으로 낙상을 피하고 무사히 공연을 마치고자 하는 염원 때문으로 해석된다. 또한 줄고사에는 어름사니가 관중과 함께 음복하고 소원을 빌면서 모두가 신명나는 줄판을 만들고자 하는 의도도 담겨 있다.

41) 어름줄타기는 양반을 비정상적인 모습으로 형상화한다. 양반을 비정상적인 시각에서 풍자하고 공격하는 모습은 민속극에 더욱 확대되어 나타난다. 양반에 대한 비판은 전통연희 전반에 등장하는 문화 관습에 해당하는 것이다. 가면극

이 3미터, 길이 5미터의 줄 위를 늠름하게 걷는 녹두 장군 행차 장면 등을 공연했다.[42] 지배계층에 억눌려 고통받던 서민 대중의 불만을 해학과 풍자가 넘치는 재담과 기예를 통해 표현한 어름줄타기는 비천한 것이라 치부됐던 전통연희의 의미를 새롭게 인식하게 하는 계기를 마련해 주었다. 동년 10월 24일 경복궁 후정에서 펼쳐진 민속극회 남사당의 공연에서도 조송자와 양도일은 조를 이루어서 줄타기 연행을 펼쳤다.

조송자는 남사당패에서 어름 줄광대로서만 활동한 것이 아니라, 덧뵈기(가면극)에서는 노친네 역할도 맡았다. 소리를 잘했던 조송자는 남사당패 공연 종목 막간에 스님 복장을 한 채 〈회심곡〉등을 부르기도 했고, 고사소리[43]에도 능했다. 조송자의 아들 윤한병은 조송자가 줄타기 공연에서 소리를 하곤했고 고사소리에 능했다고 회고했다.

윤한병 어머니께서는 회심곡 같은 것도 잘 부르셨어요. 남사당패 공연이나 다른 줄타기 공연 사이 사이에 꽹과리를 치며 고사소리나 회심곡 등도 부르곤 했어요. 원래 노래를 잘하셨어요. 또 탈놀이를 할 때는 노친네 역을

의 양반과장은 양반들과 하인 말뚝이 사이의 갈등을 다루고 있다. 가면극의 연희자나 관중은 기층 민중이 주가 되었기 때문에 연희자와 관중 모두는 지배층인 양반에게 반감을 지니고 있었고, 양반의 무능과 허위를 조롱하는 내용을 생성했을 것이다.

42) "민속극회 남사당이 주최한 어름(줄타기) · 버나(사발돌리기) · 땅재주의 종합공연이 26일 오후 경복궁 뒤뜰에서 있었다. 문화재관리국측의 요구에 따라 인간문화재지정 여부 결정을 위해 공연된 이날 출연자는 줄타기에 조송자 여사(39), 버나에 남운룡씨(62), 땅재주에 송순갑(60) 등이었다."(『동아일보』 제14293호, 1968년 3월 28일)

43) 고사는 개인이나 가정 또는 집단의 안녕과 번창을 신에게 기원하는 종교의식이다. 고사소리는 고사 주재자가 축원하면서 부르는 노래이다. 고사소리는 소원을 빈다는 의미로 비나리라고도 한다. 고사소리를 부르는 공연집단으로 창우(倡優) 집단과 초라니패, 낭걸립패, 절걸립패, 굿중패 등의 음악 집단이 고사소리를 부르기도 한다.

맡아하곤 했죠.[44]

그러나 조송자는 남사당놀이 어름줄타기 무형 문화재 보유자로 지정되지 못했다. 이에 대해서는 남사당놀이를 무형문화재로 지정하는 문제에 깊이 관여했었던 심우성의 다음과 같은 언급을 통해 그 이유를 짐작해 볼 수 있다.

손태도 조금 민감한 문제이기는 합니다만, 그래도 여쭤 보겠습니다. 조송자씨가 왜 문화재 보유자로 지정되지 못했나요?

심우성 나중에 들어왔기 때문입니다. 원래 줄을 남자가 탔고, 조송자씨는 나중에 들어왔는데, 남운룡씨(본명 남형우), 양도일씨 이런 분들이 조송자씨의 연락처를 알지 못했어요. 요즘처럼 전화가 있는 것도 아니고. 어디 사는지도 몰랐던 거죠. 그래서 1차 지정 때 이름을 올리지 못한 것입니다. 1차 지정 후 연락이 되어 경복궁 아주 뒤쪽 청와대 가까운, 건물은 별로 없고 나무만 있는 곳에서 남사당 6개 놀이를 놀아 영상을 찍었죠.

손태도 이후 1970년대 중반에 또 한 번 지정 조사를 하셨잖아요.

심우성 했죠. 덕수궁에서 다시 남사당 6개 놀이를 놀았죠. 그때 영상을 찍은 사람들이 많습니다. 그렇게 놀아서 1차 지정 때 빠진 사람들이 인정을 받았죠. 그럴 때 박헌봉씨하고 또 다른 한 분 문화재위원들이 그런 문화재 지정 조사나 지정하는 일을 앞장서서 많이 도와주었어요.

---

44) 이호승의 윤한병(조송자의 장남) 인터뷰(2018년 10월 13일, 강북구 수유동)

손태도 송순갑씨하고 조송자씨는 끝내 지정 받지 못했잖아요. 기량이나 기술이 부족해서 그런 것입니까?

심우성 기술이 부족하고 뭐 그런 문제가 아닙니다. 당시 문화재관리국에서 돈이 없어 더 지정을 못한다는 거예요. 나는 남사당 6개 놀이에 이 사람들이 한 사람이라도 빠지면 안된다고 모두 지정해야 된다고 주장하니까, 문화재관리국에서 그렇게 더 지정을 할 만한 돈이 없다는 거예요. 그때나 지금이나 유형문화재의 관리에나 돈이 많이 배정되고 무형문화재는 그렇지를 못하잖아요. 그래도 그 분들을 인정해서 남사당에 배정되는 예산들을 그 송순갑씨, 조송자씨에게도 남운룡씨, 양도일씨처럼 같이 나눠 주었어요.

손태도 남사당단체에서 자율적으로 그렇게 한 겁니까?

심우성 국가 돈을 단체가 그렇게 마음대로 할 수 있나요. 문화재관리국에서 그렇게 나눠줬어요.[45)]

1970년대 들어서 조송자는 남사당 공연, 용인민속촌, 대학 축제, 영화 및 방송 출연을 통해 줄타기를 공연했다. 하지만 무형문화재로 지정받지 못한 처우상의 문제, 남형우 사망 이후 박계순 중심으로 남사당이 운영되는 상황 속에서 불편한 시기를 보내게 된다.

1970년 5월 18일 전남대학교 운동장에서 펼쳐진 민속극회 남사당의 공연에서 조송자와 양도일이 조를 이루어서 줄타기 연행을 펼쳤다. 조송자는 이후에도 여러 대학의 초청을 받아 줄타기 공연을 이어갔음을 여러 지면에서 밝히고 있다. 동년 10월 21일부터 23일까지 3일간 전남 광주공설운동장에서 열린 제11회 전국민속예술경연대

---

45) 손태도의 심우성 인터뷰(2015년 12월 11일) - 『덩쿵네 조송자 줄타기 복원 및 활성화 세미나 자료집』, 광주광지원농악보존회, 2015, 70쪽.

회[46]에는 전국 14개 시도에서 5개 부분 21개 팀 1,500여명이 참가했다. 이 대회에 남사당이 서울시 대표로 참가하게 되면서 조송자는 전국적인 무대에서 줄타기를 선보이게 되었다.

1973년 7월 6-8일까지 국립극장에서 펼쳐진 민속극회 남사당 창립 8주년 기념 및 공연 250회 돌파 기념 대공연에는 풍물, 버나, 살판, 어름, 덧뵈기, 덜미 등 남사당놀이 전체가 무대에 올려졌다. 이때도 조송자는 양도일과 짝을 이루어 어름줄타기를 했다.

1974년 3월 초에는 3.1절 경축 - 국립극장 소극장 개관 기념 공연이 국립극장에서 펼쳐졌다. 3월 5일에는 종합 공연인 민족예술의 향연이 무대에 올랐고, 가야금, 판소리 심청가, 승무와 함께 남사당의 어름과 풍물 공연이 있었다. 이 공연에는 남사당패에서 어름줄타기 - 조송자(어름사니) · 양도일(장고) · 남운용(꽹과리) · 송복산(날라리), 풍물 - 남기문(장고) · 이수영[47](꽹과리) · 진명환 · 송철수 · 남기수 · 남기환(벅구) · 박용태[48](북) · 박계순[49](징) · 강천(열두발상

46) 전국민속예술경연대회는 일제에 의해 맥이 끊긴 전통문화를 발굴 계승하고 사라져가는 전통민속예술을 보존 · 전승하기 위하여 각 시 · 도의 대표들이 지역의 민속예술을 발굴하여 경연을 벌이는 장이다. 1958년 정부수립 10주년을 축하하기 위한 행사로 시작해서 1961년부터 공보부 주최로 매년 개최되어 1966년까지는 서울에서 개최되었다. 1967년부터는 전국의 대도시와 중소도시를 순회하면서 개최되기 시작했다. 1999년부터 문화관광부와 한국문화예술진흥원이 공동주최하면서 명칭을 한국민속예술축제로 바뀌었다. 매년 10월에 3일간 개최하는 것을 원칙으로 했으나, 1994년부터 전국청소년민속예술제가 같은 장소에 개최되면서부터 2일로 축소되었다. 출전 종목은 농악, 민속놀이, 민요, 민속무용, 민속극 등 5종이다. 전국민속경연대회를 통하여 약 250 여 종목의 민속예술이 발굴 · 재현되었으며, 그 중에서 34종목은 국가 지정 중요무형문화재로, 20종목은 시 · 도 지정 무형문화재로 지정되었다.(김기형 외, 『한국의 민속예술 50년사: 한국민속예술축제 및 전국청소년민속예술제』, 민속원, 2011 참조)

47) 이수영(李秀英, 1940 - 2007)은 충남 부여 출신으로 1960년 민속극회남사당(民俗劇會男社黨)에서 남형우, 양도일, 최성구, 박계순, 박용태, 최은창, 지수문, 송창선 등과 함께 덜미를 맡았다. 박청해, 김혜경, 윤만순과 함께 부른 고사선염불이 채보된 바 있으며, 풍물과 비나리의 명인이었다. (박연하, 「남사당패 비나리쇠 이수영의 예술론」, 한국예술종합학교 전통예술원 전문사학위논문, 2015)

48) 박용태(朴龍泰, 1934 -)는 중요무형문화재 제3호 남사당놀이 예능보유자였으며 대잡이 역할을 하고 있고 인형 제작에도 능하다. 남사당놀이 전승에 핵심적

모) 등이 참가했다.

1974년에 촬영된 이규환 감독의 영화 ≪남사당≫50)에서 조송자는 남사당 안성패거리 꼭두쇠 박치삼의 부인인 줄광대 빈례 역할로 등장한다. 이 작품에서 조송자가 맡은 빈례는 중병을 앓으며 유랑하던 중에도 생존을 위해 줄타기 공연을 펼치다가 줄 위에서 떨어져 사망하고, 변변한 무덤도 없이 돌무덤으로 사라지는 인물로 남사당패의 고단하고 한스러운 삶을 보여준다.51)

조송자는 1974년 10월 한국민속촌 개관 공연에 참가하여 남사당놀이 중 어름 공연을 펼쳤다. 이후 민속촌의 줄타기 공연은 김영철에 의해 이루어지게 되고 김영철은 1976년 무형문화재 제58호 줄타기 예능보유자로 지정되게 된다.

1977년 추석을 맞아 조송자는 당시 문화방송의 인기 프로그램이었던 ≪묘기대행진≫에 출연하여 줄타기를 공연했다. 이때 땅재주(송순갑), 버나돌리기, 무동춤 연희자들도 협연을 펼쳤다.52)

역할을 한 남운용의 처남이며, 남사당놀이 예능보유자였던 박계순의 동생이다.

49) 박계순(朴季順, 1934-2006)은 꼭두각시놀음의 연희자로 산받이 역할을 담당했다. 경남 진양에서 태어나 충북 제천에서 생활하던 중 1953년 남사당패의 구성원이 되었다. 남사당놀이의 전승의 중심에 서있는 남형우의 부인이다. 1978년 남형우가 사망한 후, 민속극회 남사당과 그 후신인 남사당놀이보존회를 이끌며 남사당놀이 전승에 힘을 썼고 1980년 중요무형문화재 제3호 남사당놀이 예능보유자로 인정되었다.

50) 이규환은 나운규의 ≪아리랑≫과 함께 항일 영화의 기념비적인 작품인 ≪임자없는 나룻배≫(1934년, 주연 : 나윤규, 문예봉) 등 한국영화사에 굵직한 족적을 남긴 감독이다. 이규환 감독의 마지막 연출작 ≪남사당≫은 남사당 단장인 꼭두쇠 박치삼에게 맡겨져 유랑 생활을 하는 고아 소녀 덕이의 이야기다. 이 영화는 남장한 여성 덕이와 남사당패 남성들 그리고 봉건시대 지배층 사이에서 벌어지는 일련의 사건들을 따라 전개된다. 덕이는 남사당패 여성꼭두쇠 바우덕이로 천대받고 멸시당하면서도 끈질기게 남사당놀이를 전승하려는 의지의 화신이다. 이 영화의 남사당패 놀이 장면에는 남사당놀이 초대 예능보유자들인 남형우, 양도일 등의 실연이 들어 있다.

51) "떠돌이 놀이패 남사당의 비극을 그린 이 작품에는 無形文化財 조송자씨가 직접 출연하며 20일께부터는 京畿道 용인郡 民俗村에서 남사당의 實演을 카메라에 담게 된다."(『동아일보』 제16319호, 1974년 10월 12일)

52) 『매일경제』 제3558호, 1977년 9월 26일.

조송자는 1980년대 들어 남사당을 탈퇴해서 장남 윤한병과 함께 전국을 순회하며 줄타기 공연을 펼쳐나갔다.

윤한병 어머니께서는 남사당놀이의 보유자 선정에서 탈락했고 영화 남사당의 배역 문제, 박계순씨 중심으로 남사당패가 재편되는 과정 등에 실망하여 남사당을 떠났습니다. 하지만 어머니는 의리가 강한 분이셔서, 남사당의 급한 공연이나 동료들의 간곡한 부탁이 있을 때에는 함께 공연에 출연하곤 했습니다.[53)]

어름사니로서 전성기를 훌쩍 지난 시기에 해당하는 1980년대의 대표적인 공연으로는 1984년 3월 경기도 광릉에서 남사당놀이 전종목 재현 발표, 동년 5월 경기도 파주 공릉의 공간마당극장 개관 기념 남사당 여섯 마당 등이 있다. 이 자리에서 조송자는 50대 후반의 나이에도 수준 높은 연행을 펼쳤다. 이날 공연에는 송순갑을 비롯해 송창성, 최은창[54)], 이돌천[55)], 김재원[56)] 등이 출연했다.[57)]

---

53) 이호승의 윤한병(조송자의 장남) 인터뷰(2018년 10월 13일, 강북구 수유동)

54) 최은창(崔殷昌, 1915-2002)은 16세부터 농악을 시작하여 이원보패에서 활동했다. 특히 1960년 남사당패가 재구성됐을 때 장구잽이였던 최은창은 최성구(꽹과리), 남형우(꽹과리), 양도일(장구), 송창선(날라리), 임광식(꽹과리), 김문학(벅구), 황점석(징), 지문수(북), 박종휘(북), 송순갑(벅구), 지운하(벅구), 홍홍식(벅구), 정일파(날라리) 등과 함께 풍물을 담당했다. 또한 남형우, 양도일, 최성구, 이수영, 박계순, 박용태, 지수문, 송창선 등과 함께 덜미를 맡기도 했다. 이후 직접 연희 단체를 꾸려서 활동을 했고 1985년 중요무형문화재 11-2호 평택농악(상쇠) 예능보유자로 지정되었다.

55) 이돌천(李乭川, 1919-1994)은 경기도 장호원 출신으로 법고의 명인이었다. 10대에 충청남도 천안으로 이주하여 16세에 마을 상쇠에게 쇠를 배웠고, 천안 인근 걸립패에서 주로 활동했다. 18세 때에 남운용에게 농악을 사사하고, 그 후 남운용을 중심으로 옛 명인들이 결성한 민속극회 남사당에서 법고수로 있었다. 1980년 제21회 전국민속경연대회에 평택농악단의 상버꾸로 출연하여 대통령상을 수상했다. 이를 계기로 1985년 중요무형문화재 제11-나호 평택농악 기예능보유자로 지정되었다.

56) 김재원(金在元, 1923-1993)은 충청남도 논산 출신으로 남사당패의 대잡이었다. 7세부터 무동으로 남사당패와 함께 유랑생활을 시작하면서 기예를 익혔다고 한다. 홍덕화(洪德和)에게 풍물(농악)과 버나(대접 돌리기), 살판(땅재주), 어름

1984년 제작된 정진우 감독의 영화 ≪자녀목≫에서 씨받이 사월이 사당패 시절을 회상하는 장면에 나오는 여러 놀이 중, 조송자는 한밤중에 횃불을 켜고 장단에 맞추어 줄타기를 하는 장면을 담당했다.[58] 동년 12월에는 일본 오사카 심포니홀에서 열린 일본문화재단 주최 〈여(旅)예인(藝人)의 세계〉 공연에서 남사당 공연이 펼쳐졌다. 이 공연에서는 송순갑이 땅재주를 조송자는 줄타기를 담당했다. 조송자의 줄타기는 재주와 함께 풍자와 해학이 섞인 익살과 몸짓으로 웃음을 자아낸 것으로 평가받았다.[59]

조송자는 스물셋에 객지에 나가 예순 살인 1986년에 고향인 경기도 광주로 귀향하게 된다. 당시 그녀는 광주군 초월면 무갑리에 거주하며 당지기가 되었다.[60] 조송자는 경기도 용인에서 태어났지만

(줄타기), 덧뵈기(탈놀음), 덜미(꼭두각시놀음) 등의 기예를 전수받았다. 1980년 중요무형문화재 남사당놀이 예능보유자로 지정을 받았다.

57) 『경향신문』 제11897호, 1984년 5월 29일.

58) 1984년 정진우 감독이 제작한 영화 ≪자녀목(恣女木)≫은 조선시대 봉건제도의 희생양이 되는 여성들의 비극적인 삶을 그린 작품이다. 열녀 가문으로 소문난 춘당댁에 시집온 연지가 태기가 없자, 노마님은 대를 잇기 위하여 씨받이인 사월이를 들인다. 사월이는 본래 사당패로서 씨받이로 살며 출산을 하면서도 사당패의 생활을 잊지 못하고 그리워한다. 남편과 사월이 사이에서 아이가 생기지 않자, 연지는 집안의 하인인 성삼이를 사월이의 방에 들여 합방하도록 한다. 이로써 마침내 사월이는 아들을 낳는다. 이후 우여곡절 끝에 사월이는 춘당댁에서 쫓겨나게 된다. 이때 연지는 가문의 홍복으로 여겨 애지중지하는 사월이의 아들을 쫓겨가는 그녀에게 빼돌려준 다음, 이제는 그녀 자신이 직접 수태하려는 욕심을 품게 된다. 머뭇거리는 성삼이를 다그쳐 그와 동침을 시도하지만, 이 모든 사실은 그녀를 연모하고 있던 윗마루 의원의 발고로 그녀의 행적은 낱낱이 밝혀지고, 옛날부터 부정한 여자를 목매달아 죽이던 자녀목에 스스로 목을 맨다.

59) "어름사니 조송자는 남사당 유일의 줄꾼이다. 굿거리장단으로 줄 위에서 춤을 추는가 하면 곰배팔이가 입을 삐뚤게 하고 처녀를 따라가는 병신육갑 걸음걸이 등 17가지 재주가 있다."(신찬균, 「남사당의 일본공연」, 『미술세계』, 통권 7호, 1985, 142쪽)

60) 조송자가 말년에 기거한 무갑리에서는 2년마다 정월초에 산신제를 지냈다. 제당은 당재 또는 당고갯이라고 불린다. 여기서는 당신(堂神)을 도당할아버지, 도당할머니로 호칭한다. 제를 모시는 사람은 당주 1인, 도주부 1인, 축관 1인 등 모두 3인으로, 제사일 며칠 전에 마을의 이장과 노인들이 모여 깨끗하고 부정이 없는 집안을 골라 그날 운수와 생기복덕을 보아 선정한다. 제사 전날 장승과 솟대를 먼저 세운 후 당주와 축관이 강신 재배하고 축을 읽은 이후에

어린 시절 대부분을 경기도 광주 외가에서 자랐다고 한다. 외할머니(유씨)와 어머니도 왕지무(큰 무당)였던 조송자의 모계는 초월읍 무갑리의 당제를 주관하던 세습무계이다. 조송자는 세습무계 예인이었던 이정업(李正業)[61]과 이동안(李東安)[62]도 자신의 친척 오빠뻘이 된다고 하며, 본인이 세습무계 출신임을 분명히 했다. 조송자는 이곳에서 줄타기에 입문하게 되었고 환갑의 나이에 이르러 광주군 무갑리로 이거하여, 경기도 무형문화재 보유자 지정을 받고 외손녀 박상미를 상대로 자신의 줄타기를 전승하게 된다. 안성과 유사하게 여러 물산이 집결되고 유통되는 경기도 광주는 조송자 줄타기가 생성되고 후대로 전수된 중요한 거점에 해당한다.[63]

마을이 평안하고 농사 잘 되고 만수무강을 기원하는 대동소지를 올린 후 제를 마친다. 제가 끝나면 음식을 나누어 먹고 결산을 본다. 과거에는 산신제 기간에 굿패나 화랭이패를 불러다가 사흘씩 굿을 하고 놀았는데 한국전쟁 이후 없어졌다고 한다. 한국전쟁 이전까지 무갑리에서는 도당굿이라는 이름으로 마을굿이 크게 벌어졌다고 한다. 그러나 현재는 산신제만이 2년마다 정월 그믐날께 행해지고 있다. 과거에는 도당굿을 총괄 연출했던 도당지기가 있어서 마을의 관리나 악사, 만신을 초청하여 굿을 치르곤 했다.

61) 이정업(李正業, 1908-1974)은 경기도 세습무 집안 출신인 이태평의 아들로 경기도 시흥에서 나서 김관보에게 줄을 배워 줄광대가 되었다. 하지만 사람들이 줄타기를 찾지 않게 되자 중년에는 KBS 민속합주단 고수로 활약했다.(예용해, 『인간 문화재』, 대원사, 1997, 69-73쪽) 이혜구는 1944년 2월에 청수골(현 청담동) 도당굿에서 이정업이 공연한 줄타기의 흥겨운 장면, 장기를 보인 후 행하를 받는 내용을 기록했다.(이혜구, 『보정한국음악연구』, 민속원, 1996, 164-165쪽) 이정업은 이미 7세부터 줄타기 공연에 참가해서 이름을 떨쳤다. "평양에서 평양신청일연극, 평안극장에서 흥행 중인 사리원 신청일의 일행은 김금선(金錦仙), 이금희(李錦姬), 가무 오은동(吳銀東) 지예(地藝) 칠세아(七歲兒) 이정업의 승현(乘絃)은 인목(人目)을 경케하며 매일 만원의 성황을 정했더라."(『매일신보』, 「평양에서」, 1916. 8. 22)

62) 이동안(李東安, 1906-1995)은 경기도 화성 재인청 출신이다. 그의 조부인 이화실은 중고제 소리와 굿판에서 피리, 젓대, 해금 등을 연주했고 작은할아버지 이창실 역시 줄타기로 내로라하는 광대였으며, 그의 아버지 이재학도 도당굿 음악과 소리의 명인이었다. 그는 7세부터 할아버지에게 줄타기를 기본기로 배우고 장단과 피리, 젓대, 해금도 배웠다.(정범태, 『경서도명인명창』, 깊은샘, 2005, 72쪽) 14살 되던 해부터, 김관보(金官甫)에게 5촌 되는 이복남, 이돌개, 이생민과 함께 줄타기를 배우고 광무대에서 활동했다. 1983년 그가 보유하고 있는 재인청 춤 등 여러 연희 가운데 발탈이 중요 무형문화재 제79호로 지정되었다. 김영철의 줄타기가 재담과 가요가 부족한 도막줄에 그친 데 반해, 이동안은 어릿광대(배우씨)와 줄광대가 재담을 주고받고 가요까지 곁들인 판줄 연희본을 남겼다.(심우성,「광대줄타기 연희본」, 『창작과 비평』 33호, 1974)

경기도 광주군 무갑리와 지월리 근처인 송정동에는 예로부터 '떵쿵네'로 불리던 지역이 있었다. 경기도 광주 송정동은 조선조 말기까지 송정리(松亭里) · 수하리(水下里) 두 마을이었으나, 1914년 일제 강점기에 두 마을을 합쳐 송정리로 만들었다. 조선조 말부터 이곳에 줄을 타고 민속놀이를 잘하는 예인(藝人) 들이 살았는데 외딴 곳에 그들만이 살았기 때문에 마을 이름은 없었다. 광주지역에서 큰 잔치가 벌어지면 이들 한 가족이 단체를 이루어 놀이를 펴고 한마당 줄타기와 꼭두각시놀음을 했는데, 그들이 살던 곳을 떵쿵네라고 불렀다.[64]떵쿵은 줄타기에서 줄꾼이 다음 기예를 보여주기 전 악사들에게 장단을 치라는 신호이다. 떵쿵, 또는 쩡쿵하는 추임새를 일컫는 말로 덩쿵네가 여기서 유래된 것으로 보인다.

1991년 조송자는 경기도 무형문화재 제9호로 지정됐으나, 이미 연로한 상태로 활발한 공연을 펼치지 못하고 당시 천안에 살던 정은영과 외손녀인 박상미에게 줄타기를 전수하고자 했다.[65] 그러나 이들이 중도에 전승을 포기했고 2000년 10월 조송자의 사망으로 줄타기 전승이 단절되었다. 이러한 단절의 내막에 대해서 윤한병은 다음과 같은 회고를 했다.

---

63) 경기도 광주는 예로부터 경기도의 중앙에 위치하며 땅이 넓은 고을이라는 뜻에서 광주(廣州)라고 표기했다. 조선시대의 광주군은 현재의 서울특별시 강남구 · 강동구 · 송파구, 성남시, 하남시까지 포함하는 넓은 지역으로, 10여개의 장시가 열리는 상업의 중심지였다. 조선 사회에서 장시는 농촌경제의 중심무대였을 뿐만 아니라, 사람의 왕래와 상품 교역이 이루어지면서 문화와 정보를 연결해주는 고리 역할을 했다. 5일마다 돌아오는 장날은 지역주민들에게 활기를 불러일으키는 날이었다. 광주는 조선시대 최대의 소비시장인 수도 한양의 각종 물자를 공급하는 배후지로서의 역할을 하며 장시가 성행한 지역이었다. 18세기 이후 광주지역에 성내장 · 경안장 · 송파장 · 사평장 · 우천장 등의 장시가 열리고 있었다. 광주는 물산의 집결과 유통을 통해 발생한 경제력을 바탕으로 공연과 민속 문화에 대한 수요가 충분해 했고, 이를 바탕으로 조건을 형성하여 여러 민속 문화의 전통을 계승 발전시켜왔다.

64). 광주문화원, 『광주의 지명 유래』, 광주문화원, 2005, 500쪽.

65) 박정진, 「재인의 계보연구-한국 기층문화론을 중심으로」, 『비교민속학』 11집, 1994, 317쪽.

상미는 제 둘째 딸과 1985년생 동갑이에요. 상미는 저의 이혼한 외사촌 동생의 딸인데, 서너 살 때 데려와 저희 누나의 딸로 호적에 올려놓았습니다. 광주 무갑리에서 어머님이 기르시면서 줄타기를 가르쳐 초등학교 들어갈 때 공연에 나가게 하셨죠. 남한산성, 광주공설운동장 같은 데서 공연하고 일본에도 공연을 다녀 왔어요. 그러다 저희 어머니께서 돌아가신 뒤부터는 줄타기를 하지 않고, 4-5년 전부터는 연락도 되지 않아요. 중간에 남사당패에서 직접 줄을 타지 않더라도 줄타기만 다른 사람에게 전수해 주면 좋은 대우를 해 주겠다고 했는데도 그 제안을 받아들이지 않았어요. 지금에서야 하는 이야기지만 제 둘째 딸에게 어머니의 줄타기를 배우게 했으면 좋았겠다는 마음이 들곤합니다.[66]

조송자가 남사당을 탈퇴한 후 남사당패에서 여성 어름줄광대로서 공연을 펼쳤던 연희자에는 김정순[67]이 있었지만 김정순은 조송자의 사승관계가 성립되지 못했다. 이는 다음과 같은 심우성의 회고를 통해 확인된다.

손태도 1980년 무렵 조송자씨가 남사당에서 나온 뒤, 김정순씨가 남사당에서 줄을 탔는데요. 그 분은 누구에게 배운 거죠?

심우성 남운룡씨, 양도일씨, 송순갑씨 등이 김정순씨는 조송자씨에게 배웠다고 하는데, 김정순씨는 그게 아니라고 했죠. 당시에는 돌아가신 다른 분에게 배웠다고 했습니다. 남운룡씨 등이 이랬다 저랬다 하는 게 있어요. 조송자씨도 그렇고……. 뭘 조금 배우기는 했겠

---

66) 이호승의 윤한병(조송자의 장남) 인터뷰(2018년 10월 13일, 강북구 수유동)

67) 남사당패에서 줄타기를 담당한 김정순에 대해 심우성은 조송자의 어름줄타기와는 내용상 차이가 커 본격적인 전수교육이 요망된다. 라는 평가를 했다.(심우성, 『남사당놀이』, 화산문화, 2000, 114쪽)

죠.

손태도 조송자씨가 남사당에서 나온 뒤 그 대신으로 들어온 사람이어서 사승 관계가 성립될 관계가 전혀 없는 것 같아요.

심우성 그럴 수 있죠. 그때만 해도 다른 줄타기꾼들이 있으니까, 김정순씨 말대로 다른 사람에게 배울 수도 있는 거죠.[68]

현재는 안성 남사당패에서 박지나[69], 서주향[70] 등이 여성 어름사니로서 대중들의 주목을 받으며 줄타기 공연을 펼치고 있다.

1965년 국립영화제작소의 기록 영화를 통해 공식적인 기록이 이루어지고 전승의 기초가 마련된 남사당패 어름줄타기는 현재 무형문화재 연희 종목 가운데 전승이 가장 위태로운 분야가 되었다. 보유자가 존재하지 않고 뚜렷한 전승 체계를 가지고 있지도 못한 상태에서, 일생을 바쳐 배우려는 전수자가 나타나지 않기 때문이다. 일제

---

68) 손태도의 심우성 인터뷰(2015년 12월 11일) - 『덩쿵네 조송자 줄타기 복원 및 활성화 세미나 자료집』, 광주광지원농악보존회, 2015, 70쪽.

69) 박지나(1988-)는 초등학교 3학년 때 사물놀이를 배우게 되었는데, 이를 계기로 남사당에 입문하게 되었다. 처음 줄타기를 시작 했을 때에는 발목 높이에서 서는 연습과 걷는 연습을 했고 조금씩 몸에 익어갈 때쯤 무릎 높이, 다음에는 허리높이, 어깨, 머리, 그 뒤로는 도약해서 뛰어도 손이 닿지 않는 높이 순으로 연습 강도를 높여갔다. 이어서 줄타기의 기술과 재담을 배우고 익히게 되었다고 한다. 박지나는 전통공연예술진흥재단이 제정한 2015 전통연희페스티벌 〈줄광대겨루기한마당〉에서 으뜸상을 수상했고 대중적인 여성 어름사니로서 활동하고 있다.

70) 서주향(1992-)은 1996년 경기도 성남에서 안성으로 이사를 하게 되었을 때 이웃집에 살았던 안성 남사당 풍물놀이 보존회 회원이었던 최순칠이라는 사람이 날마다 서주향의 집에 찾아와서 '주향이 풍물 한번 시켜보자'라고 졸랐다고 한다. 부모님의 거부가 계속되던 중 초등학교 입학을 한 달 앞둔 1997년 봄 최순칠은 '그러면 구경이라도 시켜주겠다'며 주향을 데리고 보존회 사무실로 갔다, 이날 얼떨결에 서울 한옥마을 놀이마당에 가게 됐고 거기서 무동을 하게 되면서 공연 활동에 참가하게 되었다. 이어서 초등학교 2학년 때부터 민속촌의 홍기철에게 줄타기를 배웠다. 초등학교 4학년 때부터 국내외를 순회하며 줄타기 공연에 임했고 안성 시립 바우덕이 풍물단의 학생단원과 객원단원을 거쳐 현재 정단원이 되었고 대중적 연희자로서 활동하고 있다.

강점기와 서양 중심의 근대화 시기를 거치면서 전통문화에 대한 무관심과 몰이해에 시달렸던 어름줄타기가 21세기 들어서도 위기에 처해 있는 것이다.

그러나 다행한 것은 뚜렷한 연희사적 성취를 지니는 조송자의 어름줄타기에 대한 기록이 영상 자료, 채록본, 인터뷰로 남아 있다는 점이다. 또한 조송자의 장남인 윤한병의 회고[71)]와 차남인 윤순병[72)]의 줄타기 음악에 대한 연구가 있고, 여러 학자의 관심으로 어름줄타기를 복원하려는 움직임이 사라진 것은 아니라는 것이다.

경기도 광주 광지원농악보존회는 2014년 8월부터 전수관에 연습줄을 설치하고 조송자 줄타기를 복원하기 위한 움직임을 시작했다. 이후 전통공연예술진흥재단의 예산 지원을 받아 조송자 어름줄타기 재담 및 기예 복원 사업을 진행하여 2015년 10월 31일에 남한산성 행궁 외행전에서 어름사니 조송자 줄타기 재담 및 기예 복원을 위한 공연을 시행했고, 동년 12월 13일에 광주문화원에서 '덩쿵네 조송자 줄타기 복원 및 활성화 학술 세미나'를 개최했다.[73)] 그러나 전통공연

---

71) 조송자의 장남 윤한병은 어머니가 남사당을 탈퇴한 뒤부터 자신이 대부분의 공연을 같이 다녔으며 여러 지방 공연 등을 통해 수입도 괜찮았다고 한다. 삼양동에 살던 시절 한번은 어머니가 몸이 매우 아팠지만 관객과의 약속을 어길 수 없어 지방 공연을 갔었다고 한다. 이때 어머니는 도저히 줄을 탈 수 없어 줄 위에 오르지 못하고 있었는데, 관객들이 공연이 시작하지 않자 공연장이 심하게 끓어올랐고 어머니가 무대로 나가 몸 상태를 설명하자 관객들이 얼굴을 보았으니 공연을 본 것이나 다름없다고 양해를 해주고 박수를 쳐준 것을 감격스러운 장면으로 기억하고 있었다. 윤한병은 어머니가 경기도 광주로 이거한 후 경기도 무형문화재로 선정되는 데 큰 도움을 준 심우성 선생에게 깊은 감사의 마음을 표했고, 최근 타계한 심우성 선생의 명복을 빌었다. - 이호승의 윤한병(조송자의 장남) 인터뷰(2018년 10월 13일, 강북구 수유동)

72) 조송자의 차남 윤순병은 청주대학교 국악과와 용인대학교 예술대학원 국악과를 졸업하고 전북대학교 예술대학원에서 박사 과정을 수료했다. 청주시립국악단 대금 수석을 거쳐 현재 중요무형문화재 98호 경기도당굿의 이수자이며 충북국악협회 회장, 충북국악 관현악단 지휘자를 맡고 있다.

73) 이 학술대회를 통해 김헌선, 「어름산이 조송자의 면모와 줄타기의 미학」; 이호승, 「어름사니 조송자의 연희 세계와 문화유산적 가치」; 양근수, 「조송자 선생의 줄타기 연구」; 손태도, 「한국 여성 줄타기의 성립과 그 전개」 등이 발표되었다.

예술진흥재단의 예산 지원이 종료된 이후 조송자 줄타기 복원을 위한 활동이 또다시 주춤해진 상태이다. 이에 대한 경기도 광주시의 지원과 광주시 문화원의 지속적 관심이 요청된다.

제2장 남사당패 어름줄타기의 연행 공간과 도구

1. 어름줄타기의 연행 공간

1930년대부터 1980년대까지 줄타기 공연을 펼친 조송자는 도당굿이나 별신굿 같은 마을굿, 회갑이나 칠순 잔치와 같은 민간의 각종 축연, 백중이나 추석 같은 세시 행사, 시장을 배경으로 한 상업행사, 대학가의 축제, 극장 무대 등을 연행 공간으로 삼아 연행을 지속해 왔다.

현재 줄타기의 연행 공간은 대체로 지방자치단체의 문화축제, 전통문화제, 각종 문화예술회관 초청 공연, 줄타기 공식 발표 공연, 각종 엑스포, 각종 기관 개국 기념 공연, 방송국 초청 공연, 각종 상설 공연, 외국 문화단체 초청 국외 공연, 대학 대동제 초청 공연, 문화 소외지역 자선 공연 등으로 매우 다양하다.

이에 비해 전근대 사회에서는 나례나 중국 사신 영접과 같은 공식 행사, 유가(遊街)·문희연(聞喜宴)·회혼례(回婚禮)·회갑연(回甲宴) 등과 같은 민간의 각종 축연에서 줄타기가 연행되었다.

유득공(柳得恭, 1749 -1807)의 『경도잡지(京都雜誌)』 유가 조에는 유가와 문희연에서 줄타기를 포함한 곡예 종목이 연행되었고, 『석북문집(石北文集)』에는 신광수(申光洙, 1712-1775)가 1750년에 진사에 급제하여 펼친 문희연에서 검무와 줄타기 등이 연행되었다는 기록이 전하고 있다. 서종화(徐宗華)는 1729년 자신의 문희연에서 공연한 우인(優人) 박만회(朴萬會)의 줄타기에 공연에 대해 다음과 같은 상세한 기록을 남기기도 했다.

> 우인 박만회는 무안 주산(舟山) 사람이다. 내가 사마시에 합격했을 때 데리고 온 사람이다. 창우 잡기를 못 하는 것이 없지마는 그 가운데서도 특히 줄타기를 잘한다. 들의 좌우에 몇 길 되는 나무를 세우고 나무 끝에 줄 하나를 가로로 걸친다. 그러고서 펄쩍 뛰어 줄에 올라타서 앉기도 하고 무릎을 꿇기고 하며 눕기도 일어나기도 한다. 다리를 꼬고 걸터앉기도 하고 한 발로 서기도 하며, 노래를 부르고 춤을 추기도 휘파람을 불고 젓대를 불기도 한다. 옷을 벗어 다시 입기도 하고 망건을 벗어 다시 쓰기도 한다. 활보하기도 하고 급히 뛰어가기도 하며, 몸을 돌려 동쪽으로 가기도 하고, 동쪽으로 가다가 몸을 돌려 서쪽으로 가기도 한다. 곤두박질했다가 뛰어오르기도 하고 줄을 안고 돌기도 한다. 거미처럼 휘늘어지고 학처럼 다리 들고 호미로 김매고 풀무질하며 얼음지치고 널뛰기하는 기술이 한둘이 아녀서 구경꾼들이 에워싸서 머리끝이 솟구치고 혀를 내밀며 기이하다고 칭송하지 않는 자가 없다. 참으로 빼어난 기예라고 할 만하다.1)

노상추(盧尙樞, 1746-1829)는 1780년에 무과에 급제하여 그해 4월 1-2일에 과거 급제자가 고향집에 돌아와 친지들을 초청하여 베푸는 잔치인 도문연(到門宴)을 열었는데, 이때 잔치를 보러 온 사람들은

---

1) 優人朴萬會者 務安舟山人 乃吾司馬新恩時所率者也 於優倡雜技 無所不能 而尤善於乘索之戲 植數仞之木於庭之左右 木頭橫亘一索 於時躍而升之 或坐或跪 或臥或起 或盤膝而蹲 或獨足 而立 或歌或舞 或嘯或笛 或脫衣而衣 或解巾而巾 或闊步或急趨 或轉身而東 旣東又轉身而西 或筋斗而超 或抱索而環 至於蛛彈鶴企鋤耘踏冶走氷探板之技 不一而足. 觀者堵立 莫不竦髮吐舌 嘖嘖稱奇 可謂技之精者也(徐宗華,『藥軒遺集』권4 33장「送優人朴萬會序」, 국립중앙도서관 소장 목판본.(안대회,「18-19세기 탈춤꾼·산대조성장인 탁문한 연구」,『정신문화연구』제121호, 2010 재인용)

거의 5-6천 명으로 뒷산까지 사람들이 빽빽하게 모여들었고 들판에서 풍악을 울리고 창을 하며 노는 일을 구경했고, 손님 접대에 피곤하여 놀이가 어떻게 행해졌는지도 몰랐으며, 낮에는 줄타기를 놀았고 저녁에는 창졸들의 놀이가 있었다는 기록을 『노상추일기(盧尙樞日記)』에 기록으로 남겼다.2)

문희연에서 펼쳐진 줄타기에 대한 세부적 내용은 송만재(宋晩載, 1788-1851)의 「관우희(觀優戲), 1843」에도 나타난다. 「관우희」 26수에서 35수의 줄타기 대목에는 문희연에서의 줄타기의 연행 양상이 세부적으로 묘사되어 있다. 여기서 펼쳐진 줄타기는 현재 줄타기의 연행 양상과 유사하다. 과거제도와 관련하여 문희연 이외에도 묘소(墓所) 소분(掃墳) 등이 줄타기가 펼쳐진 연행 공간이었다. 한성준(韓成俊, 1874-1942)의 회고를 통해서 이때 삼현육각 연주와 소리, 춤, 땅재주, 줄타기 등이 연행되었음을 알 수 있다.

> 스물한살 용성진영영장사도가 불너서가고 선달, 진사과거에 서산태산지방으로 많이 단였읍니다. 그리고 갑오연사월십육일-그것이 조선의 마즈막 과거때임이다. 그전에도 종종 서울에 왕래했는데 그때는 金學根氏孫, 金聖奎氏가 十四歲에 진사급제로 내려올 때임니다.3)

조선시대 문벌(門閥)이 높은 집안에서는 회혼, 회갑, 회방을 3대수연(壽宴, 장수를 축하하는 잔치)이라고 하여 크게 기념했다. 후손들은 회혼(回婚, 해로하는 부부의 혼인 60돌을 기념하는 의식), 회갑(回甲, 천간과 지지를 합쳐서 60갑자가 되므로 태어난 간지의 해가

---

2) 今日觀光人名 幾至五六千名後山人肩相磨 列肆野畓 設樂戲唱 稀罕所致也 …… 然困於接客 不知樂事爲如何矣 …… 晝設步索之戲 夜設唱卒之遊 眞所謂後宴也.

3) 한성준, 「고수오십년」, 『朝光』 제3권 제4호, 조광사, 1934, 129쪽.

다시 돌아왔음을 뜻하는 61세가 되는 생일), 회방(回榜, 과거에 급제한 지 60주년이 되는 해)에는 성대한 잔치를 열어 이를 축하했다. 이때에는 판소리 광대나 줄광대가 초청되어 공연을 펼쳤다.

1857년에 제작된 여흥(驪興) 민씨(閔氏)의 『회혼례도』에도 삼현육각의 반주에 맞추어 줄광대가 어릿광대를 대동하고 줄타기를 연행하는 장면이 그려져 있다. 전남 무안의 김금순은 젊은 시절 마을의 환갑잔치가 있으면 삼현육각이 연주되고 기생들이 검무와 승무를 추고 전남 순창에서 올라온 김두한이라는 사람이 줄을 타고 땅재주도 선보였다고 회고했다.[4)]

20세기 들어 과거가 없어졌기 때문에 회방 잔치가 행해지지 않았지만, 각 지역 명망가들의 회갑과 고희(古稀)와 같은 축하연에서는 줄타기가 연행되었다.

전통 사회에서 굿을 할 때는 땅재주나 줄타기가 굿 중간에 연행되었다. 황해도 만구대택굿의 광대거리는 가무악이 뛰어난 광대신과 창부신을 불러들여 위무하게 된다. 이때 여광대 남광대들을 모시고 흥겹게 놀리는데 가면을 쓰고 탈춤을 추기도 하고, 줄타기를 하기도 했다고 한다.[5)] 20세기 역말 도당굿 세습무인 김의신의 가계를 살펴보면, 김의신 집안은 언주와 청담동 일대의 단골판을 중심으로 굿을 펼쳤다. 이때 김의신의 아버지는 피리를 불고 어머니는 굿을 했고, 김의신은 줄타기를 연행하며 동생 김교선은 땅재주에 놀았다고 한다. 이처럼 세습무 집단은 굿거리 내에서 흥행을 목적으로 줄타기와 땅재주 같은 종목들을 적극적으로 연행했다.[6)]

---

4) 손태도, 『광대의 가창문화』, 집문당, 2003, 431쪽.

5) 하효길 외, 『한국의 굿』, 민속원, 2002, 47-48쪽.

6) 2005년 8월 18일에 서울시 강남구 도곡동 경로당에서 실시한 신동명 (남, 1920년생)과 윤상만 (남, 1934년생)에 대한 오문선, 이동아, 송지영의 현지 조사 자료(서지은, 「땅재주의 역사와 연희양상」, 고려대학교 대학원 석사학위논문,

이혜구가 1944년 11월 26일 청수골(현재 서울 강남구 청담동)의 동제인 도당굿을 조사하고 남긴 기록을 보면 도당굿에서 연행한 줄타기의 양상을 상세하게 살펴볼 수 있다.

때는 서기 1944년 26일(음력으로 10월 10일) 곳은 뚝섬 건너 광주군 언주면 청담리(청수골) 오후 4시쯤 되었을까, 동내 어구 가까이 도달했을 때 한 양복 입은 청년이 오늘 당에서 줄 탄다고 대답하면서 부리나케 다름질쳐 가는 쪽을 논길에 서서 바라보니 약 오백미 떨어진 산위에 송림사이로 흰옷 입은 사람이 이리 번쩍 저리 번쩍 하는 것이 보여서 벌서 줄 타는 것이 시작된 것을 짐작할 수 있었다. 동내 어구 들어서기 전까지는 산에서 한적한 시골 공중을 뚫고 오는 북소리만 들을 수 있었고 들어선 후부터는 피리와 저 소리마저 역력히 분갈할 수 있어 북소리가 피리나 저보다 더 멀리 들리는 것을 알았다. 굿하는 데에 가까이 가본즉 이정업(李正業)군이 도당(都堂) 앞뜰에 매어놓은 줄 위에 높이 서서 쉬고 있었다. 그 재인은 재담을 늘어놓은 연후에, 이번에는 줄을 발에 안 대는 것이라고 다음 할 재조를 설명하고 나서, 줄 위에 덜컥 궁둥방아를 찧으면서 앉으면, 반동으로 출렁하고 몸이 들리면서, 줄 위에 두 무릎을 꿇고 일어 앉았다. 이런 것을 몇 번 반복했고, 즉 발을 줄에 대지 않고 궁둥이와 무릎으로 번갈아 앉았고, 이어서 흔들흔들 하면서 무릎 세우는 재주를 보여 주었고, 그것을 마치고 나서 모씨에게서 십원이라고 외우면서 갖다 주는 행하를 줄 우에서 받아 재비에게 던지고 재담을 계속하면서 쉬고 있었다. 이번에는 '살판'을 하겠는데, 까딱 잘못하여 줄을 못 잡는 날이면 죽는 판이라고 광고 겸 자랑하고, 또 눈 깜박하는 동안에 할 터이니까 꼭 잘 보라고 주의를 끌어놓고는, 할 뻔 말 뻔 보는 사람의 마음을 조려놓았다가, 별안간 그야말로 번개같이 홱 몸을 뒤로 추켜 자빠뜨리자 마자, 거꾸로 줄을 두 손으로 붙잡고, 한 참 물구나무를 섰다

2006, 33쪽)

가, 천천히 몸을 바로 일으키고 도로 섰다. 순간의 일이었다. 구경꾼들은 스릴을 느낀 듯 여기에 한 행하도 제일 많았다. 끝으로, 머리에 사발을 이고 줄을 건너는 것인데, 이것은 전에 여자 줄 타는 사람이 하던 것을 지금 자기가 흉내 내 보겠다고 익살스럽게 설명하고 나서, 사발을 머리에 이고, 위태롭게 발걸음 내어 디디기 시작했다. 줄 타는 것 끝난 것이 오후 5시경이었다.[7]

이혜구는 저녁에 도당에서 무당이 굿을 하기에 앞서, 도당 앞마당에서 줄타기하는 줄광대 이정업의 모습을 자세하게 묘사하고 있는데, 이때 줄광대 이정업은 행하(行下) 즉 상급(賞給)[8]을 받는다. 줄판에서는 통상 줄타기 초청자 등이 상급으로 비단이나 돈을 올려주었다고 한다. 줄광대는 비단을 받았을 경우에 비단을 작수목 위에 걸쳐 날리게 하는 등 줄타기의 흥행성을 강화시켜 나갔다고 한다.

어름사니 지가(제가) 여자의 몸으로 이런걸 한다 해서 ○○께서 상급을 올리셨는데 이것은 어름 잘탄다고 쓰신건 절대로 아니겠고 여자로써 줄을 타니 안락시럽고 귀여운 마음으로 이 돈을 쓰셨는데 재수 있으시게 축원을 한마디 하는데, 이리 하는거였다.

어름사니 조송자도 도당굿에 줄타기를 연행했음을 밝히고 있는데, 이정업이 행한 줄타기 양상과 유사한 방식의 공연을 펼쳤다. 어름사니는 관중으로부터 상급을 받고, 거기에 대응하는 〈돈타령〉 등을 불러 상급을 올려준 관객의 재수를 빌어주었다. 어름사니는 비나리에 능해야 했다. 마을의 도당굿, 사가의 잔치, 상업 공간 등에서 줄타기

7) 이혜구, 「무악연구」, 『보정한국음악연구』, 민속원, 1996, 164-165쪽.
8) 상급(賞給), 실적이나 능력이 우수할 경우 치하하는 뜻에서 내리는 보상.

를 연행하며 마을의 안녕과 무사태평, 집안의 번성과 화목, 사업의 번창 등을 축원해 주었다.

조선 후기 박제가(朴齊家, 1750-1815)의 『정유집(貞蕤集)』에 수록되어 있는 「성시전도응령(城市全圖應令)」을 보면, 상인들의 장사가 끝난 다음에 그곳에서 배우들이 놀랍고도 괴이한 복색을 하고, 줄타기 등의 연희를 펼치고 있다.

> 거리를 한가로히 지나가노라니 홀연 왁자지껄 떠드는 소리 들리는 듯. 사고팔기 끝나 연희 펼치기를 청하니 배우들의 복색이 놀랍고도 괴이하네. 우리나라 솟대타기 천하에 으뜸이라 줄을 걷기도 하고 공중에 거꾸로 매달린 것이 거미와 같네. 또 다시 인형을 가지고 등장하는 사람이 있으니 칙사가 동쪽으로 왔다 하며 손뼉을 한 번 치네. 조그만 원숭이 참으로 아녀자를 놀래켜 제 뜻을 채워 주면 예쁘게 절하고 무릎 꿇네[9]

위 시는 박제가가 한양의 모습을 그린 『성시전도(城市全圖)』를 보고, 임금의 명(命)에 의해 지은 것이다. 여기서 사고파는 장사가 끝난 다음 그 곳에서 배우들이 놀랍고도 괴이한 복색을 하고, 솟대타기, 줄타기, 인형극, 원숭이 재주 부리기 등의 연희를 펼치고 있는 것을 볼 수 있다. 이것은 연희자가 상인들의 상업 활동과 연합하여 공연을 벌이는 것으로, 이전 시대의 줄타기와는 다른 상업적 면모의 강화를 보여준다.[10]

어름줄타기도 20세기 중반 전국의 시장을 돌며 시장의 홍행을 위

---

9) 忽若閒行過康莊 如聞嘖嘖相汝爾 賣買旣訖請設戲 伶優之服駭且詭 東國撞竿天下無 步繩倒空縋如蟢 別有傀儡登場手 勅使東來掌一抵 小猴眞堪嚇婦孺 受人意旨工拜跪

10) 사진실, 『한국 연극사 연구』, 태학사, 1997, 381쪽.

해 펼쳐졌다. 줄타기는 시장뿐만 아니라 상인들의 친목 모임에서도 공연되었다. 이것은 화랭이 이용우[11]가 보부상의 정기적인 놀이였던 하체놀이에서 삼현육각도 잡히며, 줄타기도 하는데 자신이 악사로 많이 참석했다는 회고를 남긴 것을 통해 확인할 수 있다.[12]

20세기 초반의 실내 극장 공연을 통해, 줄타기는 종합적 예술 형태인 판줄을 벗어나서 도막줄의 연희 형태로 전환하게 된다.[13] 이것은 도시민을 대상으로 하는 상업 극장이 신설되면서 판소리광대, 기생, 남사당패와 같은 민속 예인들이 극장 무대를 중심으로 공연 활동을 모색하게 되었음을 보여주는 것이다. 이러한 민속 예인들의 활동은 상업자본과 연결되어 대중적 흥행을 도모하는 근대적 공연예술로 성격을 변모시켰다.

공연예술에 있어서 상업화의 흐름은 20세기 내내 이어졌다. 여러 여성국악단, 여성농악단, 남사당패 등 다수의 유랑단체에서 줄타기를 연행했던 조송자도 관객의 흥미를 충족시켜주는 기예 중심의 도막줄을 탔다. 이는 20세기 들어 줄타기 공연 환경이 전대의 판줄이 공연될 만한 요건이 확보되지 못하는 방향으로 움직였기 때문에 나

---

11) 이용우(李龍雨, 1899~1987), 십여 대에 걸쳐 무업을 대물림한 전통적인 세습무계 출신의 화랭이로 부친인 이종하도 화성 재인청 출신이었다. 이용우는 도당굿에서는 군웅노정기나 뒷전을 도맡아서 연행했고 판소리나 대금, 꽹과리, 춤 등에도 능숙한 다재다능한 명인이었다. 이용우는 계모였던 박금초로부터 8세부터 판소리를 배웠으며 부친이 이끄는 창극단을 따라 전국을 유랑했는데, 이 때 함께 다닌 명창으로 송만갑과 이동백 등이 있었다고 한다. 15세부터 20세까지는 광무대를 비롯해서 협률사 등을 따라 전국 각지를 유랑하며 소리를 했다고 한다. 22세 되던 무렵부터 잽이로서 도당굿을 다녔다. 이후 숙부인 이종만에게서 도당굿에 필요한 춤, 노래, 무악 장단, 마달(문서), 굿의 진행 제차 등을 본격적으로 배우면서 도당굿에만 전념하여 화랭이로 이름을 얻었다.

12) 김헌선, 『화랭이 무속의 역사와 원리 1』, 지식산업사, 1997, 154쪽.

13) 줄광대가 어릿광대나 악사도 없이 혼자 소리나 춤도 없이 간단한 재담을 하고, 잔노릇(기예)를 추려서 짧은 시간에 줄타기를 연행하는 것을 도막줄이라 한다. 하지만 도막줄이 판줄에 비해서 수준이 낮은 줄타기라고만 치부하는 것은 곤란하다. 왜냐면 도막줄은 전통적으로 존재했었을 것이고, 20세기 들어 줄타기가 새로운 연희 공간과 관중에 적응하며 흥미로운 부분을 더욱 강화시킨 것이기 때문이다.

타난 현상이었다.

20세기 중반 이후 남사당패에 어름줄타기가 연행된 공간으로 주목되는 것은 영화와 텔레비전 방송 출연이다.

1965년 국립영화제작소에서 만든 16mm 어름줄타기 기록영화가 현재 전해지고 있다. 이 영상에는 경기도 안성에서 연행된 남사당패 덧뵈기, 풍물, 버나, 땅재주, 어름, 덜미 놀이 모두가 촬영되어 있다.[14] 여기서 조송자는 남사당패의 일원으로서 줄타기를 연행했다. 1968년 3월에도 제5회 남사당놀이 발표 공연을 일요신문사 주관으로 촬영했다.

1974년에 개봉된 이규환 감독의 영화 ≪남사당≫과 1984년 제작된 정진우 감독의 영화 ≪자녀목≫에도 어름줄타기를 하는 장면이 등장한다. 또한 1977년 추석에는 당시 문화방송의 인기 프로그램이었던 ≪묘기대행진≫[15]에서 어름줄타기가 공연됐다.

1960년 재건된 남사당패 공연이 시대 변화에 따라 극장 무대 중심으로 펼쳐지게 되자 어름사니 조송자도 극장 무대에서 어름줄을 펼치게 된다.

1965년 5월 명동 국립극장에서 제1회 남사당놀이 발표 공연 중줄타기 공연을 선보였고 1973년 7월 국립극장에서 펼쳐진 민속극회 남사당 창립 8주년 기념 및 공연 250회 돌파 기념 대공연과 1974년

---

14) 이 영화는 국립무형유산원의 홈페이지를 통해 내용을 확인할 수 있다. 어름줄타기와 함께 촬영된 땅재주는 연희자로 살판쇠 송순갑, 악사 양도일, 임광식, 송복산 등이 참여했다.

15) 1976년부터 1980년까지 방송된 MBC의 ≪묘기대행진≫에서는 당대 기인들이 매주 화요일 저녁 전국 시청자들의 눈과 귀를 사로잡았다. 매회 전국 곳곳에 흩어져있는 생활 속 묘기의 달인들을 찾아 서너 종류의 진귀한 묘기를 골라 선보이는 방식이었다. 여러 가지 다양한 재주가 선보였는데 톱 연주, 풀잎 연주, 성대 묘사, 새를 불러 모으는 구기, 컵 연주, 마술, 무술, 줄타기, 항아리 돌리기, 차력, 동춘서커스, 먹기 대회, 기억력 테스트, 지능 테스트, 암산 능력, 속독 능력 등 별의별 재능들이 소개되었다.

3.1절 경축 - 국립극장 소극장 개관 기념 공연에서도 어름줄타기가 연행되었다.

1970-80년대 민중을 문화의 생산과 소비의 주체로 상정하고 진행된 문화운동이 대학가에 유행하면서 탈춤과 풍물놀이, 마당극과 노래운동 등 민족적 전통을 표방한 다양한 공연 활동이 활발히 전개되었다. 이러한 배경 하에 어름줄타기도 여러 대학의 축제 공간에서 공연되었다. 어름사니 조송자가 1970년 5월 18일 전남대학교 운동장에서 펼친 줄타기 연희본이 현재까지 전하고 있다.

어름줄타기 공연 공간으로는 각종 문화 공간의 개관 공연과 국내외 발표 대회 등이 있다. 1974년 10월에는 한국민속촌[16)]개관 공연과 1984년 5월에는 경기도 파주 공릉에 공간마당극장 개관 기념 공연에서 어름줄타기가 연행됐다. 1970년 10월 전라남도 광주에서 열린 제11회 전국민속예술경연대회에 남사당이 서울시 대표로 참가했고 1984년 12월에는 일본 오사카 심포니홀에서 열린 일본문화재단 주최 〈여(旅)예인(藝人)의 세계〉 공연에서 남사당패 어름줄타기 공연이 펼쳐졌다.

정리하자면 일제 강점기와 서양 중심의 근대화시기를 거치면서 전통문화에 대한 무관심과 편견이 심한 시대적 분위기 아래에서, 남사당패 어름줄타기 공연은 회갑과 고희(古稀)와 같은 축하연, 지역의 축제인 도당굿, 전국의 시장, 남사당패 등 다수의 유랑단체 순회 공연, 영화와 방송 출연, 대학 축제, 각종 문화 공간의 개관 공연과 국내외 발표 대회 등을 배경으로 그 명맥을 유지해왔다.

---

16) 현 줄타기 중요무형문화재 보유자인 김대균은 1977년 초등학교 3학년 때 이곳에서 스승 김영철을 만나 처음 줄타기를 배우고 15세에 정식 전수자가 되어 첫 공연을 한 이래 1994년까지 13년간 거의 매일 두 차례씩 민속촌 줄타기 공연을 펼쳤다.

2. 어름줄타기의 연행 도구

공연예술에서 대도구(大道具, stage setting)는 건물 · 수목 · 암석 등을 그린 배경판이나 장치를 뜻하는데, 통상 연희자가 들고 움직일 필요가 없는 무대장치나 무대기구를 의미한다. 이에 반해 소도구(小道具)는 연희자의 의상 · 휴대품 등 배우의 분장을 돕는 도구류를 총칭한다.

줄타기 연행의 대도구는 줄, 작수목, 줄을 설치하는 말뚝 등이다. 줄타기 공연의 소도구는 연희자가 입는 의상, 줄에 올라갈 때 항상 휴대하는 부채, 손수건 등이 해당한다. 줄타기는 다른 연희 종목과 다르게 줄이라는 위험한 무대를 배경으로 펼쳐지는 연희 종목이기 때문에, 줄타기에서 도구는 매우 중요한 구실을 한다.

가. 어름줄타기의 공연 소도구 - 소품 · 복식

어름사니가 줄 위에 올라갈 때에는 손에 죽장, 담뱃대, 부채, 손수건 등을 드는 경우가 많다. 이것은 손에 든 물건으로 멋진 동작을 펼치려는 것이기도 하지만, 주로 몸의 균형을 잡을 목적으로 사용하는 것이다. 이 중 부채는 바람을 일으키고 또 막을 수도 있어서 몸을 가누는데 매우 유용하고, 부채 동작으로 멋을 부리는 데 쓰이기도 한다.[17] 부채는 바람을 일으키고 먼지를 날린다. 부채가 먼지 같은 가시적(可視的)인 오물을 날려 청정하게 하듯이 재앙을 몰고 오는 액

---

17) 부채는 크게 나누어 두 가지가 있는데 방구 부채, 접부채이다. 방구 부채란 부채살에 비단 또는 종이를 붙여 만든 둥근 형의 부채로, 한자로는 단선(團扇) 또는 원선(圓扇)이라고 한다. 접부채란 접었다 폈다 할 수 있게 부채살에 종이를 붙여 만든 것으로, 접는 부채라고도 하는데, 한자로는 접선(摺扇) 또는 접첩선(摺疊扇)이라고 한다. 어름줄타기에서 어름사니는 접부채를 사용한다.

귀나 병을 몰고 오는 병귀 같은 불가시(不可視)의 사(邪)를 쫓는다고 믿었기에 굿에서 필수적인 무구(巫具)로 사용되었다.[18] 또한 부채는 자유롭게 폈다가 접을 수 있는 것으로, 어름사니가 줄 위에서 세상만사를 자유롭게 움직일 수 있다는 의미를 내포하고 있다.

「관우희」에서는 현재 줄타기에서 사용하는 부채와 다르게 오십 살이나 되는 상당히 빼곡한 부채가 사용되었다.

손뼉치며 펼쳐보네 오십 살 부채, 좌우 소매 흔들면서 줄에 오르니
타령 장단 봄 하늘에 울려 퍼지자 나풀나풀 복사꽃이 바위에 지듯

拍處扇開五十疊 騰時袖拂一雙衫 劃然響入春空裏 片片桃花落半巖

밤이 깊어 술 다해도 웃음은 여전 재주 하나 마치면 행전을 고쳐
득의양양 객석 향해 절을 올리며 사방을 둘러보며 주저주저해

夜闌酒盡哄堂餘 一曲將終乍斂裾 得意當塔翻一拜 爲之四顧爲躊躇

이는 줄 위에서 부채 없이 기본 동작은 할 수 있지만, 큰 동작은 어렵다는 점을 고려해 볼 때, 수준 높은 기예를 선보이고자 사용된 것으로 보인다. 줄광대는 부채를 소도구로 삼아 줄 위에서 중심을 잡거나 관중의 시선을 집중시키고 재담을 효율적으로 전달했을 것이다. 또한 「관우희」에서 "재주 하나 마치면 행전을 고쳐"라는 대목이 나오는 것으로 보아, 줄광대가 행하(行下)[19]를 챙기고자 전대(纏帶)

18) 한국문화상징사전편찬위원회, 『한국문화상징사전』, 동아출판사, 1992, 367쪽.

19) 주인이 하인에게 품삯 이외에 주는 금품으로 위로의 명목으로 내리는 금품을 말하며, 공연이 끝난 뒤 기생이나 광대에게 준 보수도 행하라고 불렀음.

를 차고 있었음을 알 수 있다.

줄타기에는 본격적인 연행에 앞서 고사를 지내게 되는데 이때는 고사상과 진설하는 주과포가 필수적으로 필요하게 된다.

> 놀이에 앞서 높이 3m, 길이 5-6m의 녹밧줄(삼껍질로 꼰 직경 3cm 정도의 동아줄) 밑에서 줄고사를 올린다, 잽이로는 꽹과리, 징, 북, 장고, 날라리가 동원되며 형편에 따라 주과포를 진설하기도 하나 대개의 경우 술과 북어 몇 마리를 올려 놓고 어름산이가 고사를 올린다.[20]

19세기 말에 그려진 『기산풍속도(箕山風俗圖)』에도 고사상이 보인다. 여기서 줄광대는 삼현육각 반주에 맞춰 승복에 고깔[21]을 쓰고 부채를 들고 중 흉내를 내며 줄을 타고, 줄 아래에서는 어릿광대가 전복과 벙거지[22] 차림으로 손에는 부채와 수건을 들고 춤을 추는 모습이 형상화되어 있다.[23] 줄 아래에 차려져 있는 상은 줄고사상이지만, 몇 시간씩 연행되었던 줄타기 중간 중간에 줄광대가 허기를 달래기 위해서도 활용됐을 것이다.

1960년대 조사된 『남사당패 무형문화재 조사보고서』(1968)에 따르면 어름사니는 남색 갑사전복[24]에 저고리와 바지를 입고 띠를 둘

---

20) 심우성, 『남사당패 무형문화재 조사보고서』 제40호, 문화재 관리국, 1968, 131쪽.

21) 승려나 무당 또는 농악대들이 쓰는 끝이 뾰족하게 생긴 모자

22) 조선시대 궁중 또는 양반집 하인이 쓰던 털로 만든 모자로, 짐승의 털을 다져서 직물을 만들고 그것을 골에 넣어 위는 높고 둥글며 전이 평평하고 넓은 모자로 전립(戰笠)이라고도 한다.

23) 『기산풍속도첩』, 범양사, 1984, 38쪽.

24) 전복(戰服)은 조선시대 무복의 하나로 겉옷 위에 덧입는 소매와 깃이 없고 중심선이 트인 조끼 형태의 긴 옷이다. 사(紗)에는 대표적인 옷감으로 숙고사 · 생고사 · 갑사 등이 있다. 일반 직물은 날실(經絲)이 평행으로 배열되면서 씨실(緯絲)이 교차하고 있는데 반해 사직(紗織)은 두 가닥의 날실이 있어 한 가닥의 날실은 일반 직물처럼 직선상으로 씨실과 교차하나, 다른 한 가닥의 날실은 규칙적으로 날실의 좌우로 왕래하면서 날실과 씨실을 얽어매고 있다. 따라서 이러한 조직은 날실과 씨실이 얽혀 있으므로 실이 밀리지 않는 견고한 특징이

렸다. 종아리에는 정강이바침[25]을 하고 버선을 착용한다. 중놀이 복장으로는 머리에 고깔을 쓰고 장삼[26]을 입고 다홍띠를 맺다. 손에는 구절죽장과 단주[27]를 들고 목에는 염주를 걸었다. 바지를 입고 정강이바침을 했고 버선을 신었다.[28]

1970년대 김영철을 대상으로 하여 조사된『줄타기 무형문화재 조사보고서』에 따르면 광대줄타기 연희자는 황갈색 또는 흰색 저고리를 입고 머리에 관을 쓰고, 흰색 광목으로 된 버선을 신고 허리띠를 착용했다. 또는 장삼을 입고 고깔을 쓰고 가사를 걸치거나 때론 두루마기에 갓을 쓰기도 했다고 한다. 이때 줄 아래 어릿광대는 두루마기를 입고 갓을 쓰고 손에 막대기를 들거나 부채를 들었다. 삼현육각잽이는 두루마기에 갓을 쓰고 줄 아래 한편에 돗자리를 깔고 앉는 것으로 되어 있다.[29]

18세기 초의『봉사도』에 나오는 줄광대가 무릎까지 내려오는 화려한 저고리에 바지를 입고 머리에는 초립을 썼으며, 어릿광대로 볼 수 있는 사람은 갓 또는 초립을 쓰고 있다. 이는 현재의 줄광대의 복식과는 다소 차이를 보이는 것이다. 하지만 19세기의 여흥민씨『회혼례도』에서는 줄광대가 장삼과 고깔을 쓰고 있고,『기산풍속도』에서 줄광대가 장삼과 고깔 차림에 부채를 들고 있으며, 어릿광대는 전복에 벙거지를 쓰고 부채와 수건을 든 장면으로 나타나고 있는 것

있다.

25) 정강이뼈를 보호하고 아랫도리를 가볍게 하기 위해 발목에서 무릎 아래 바지위에 감거나 둘러싸는 물건을 말하며, 각반(脚絆)이라고도 한다.

26) 소매가 매우 넓고 허리에는 충분한 여분을 두고 큼직한 주름을 잡은 승복.

27) 단주(短珠), 5개 이하의 구슬을 꿰어 만든 짧은 염주.

28) 심우성,『남사당패 무형문화재 조사보고서』제40호, 문화재 관리국, 1968, 150-153쪽.

29) 김천흥・정화영,『줄타기 무형문화재 조사보고서』제118호, 문화재관리국, 1975, 418-419쪽.

을 통해 볼 때 현재 줄타기 연희자의 복식(服飾)은 19세기부터 지속되어온 것으로 볼 수 있다.

나. 어름줄타기의 공연 대도구 - 줄 · 작수목 · 말뚝

어름줄타기 연행의 대도구는 연행의 가장 중요한 요소인 줄, 작수목, 줄을 설치하는 말뚝 등이다. 이러한 대도구는 줄타기의 무대장치[30]에 해당한다. 줄타기는 다른 연희 종목과 다르게 줄이라는 위험한 무대를 배경으로 펼쳐지는 연희 종목이기 때문에 줄타기 대도구는 매우 중요한 구실을 한다.

현재와 같은 외줄의 설치방식이 구체적으로 등장하는 도상자료는 18세기 초의 『봉사도(奉使圖)』이다. 청나라 사신 아극돈(阿克敦, 1685-1756)은 1717년에서 1725년 사이에 4차례 조선에 와서[31], 영조 1년(1725)에 조선의 풍물과 영접행사를 그린 20폭짜리 화첩 『봉사도』를 완성했다. 이중 제7폭에는 모화관(慕華館) 마당에서 펼쳐진 여러 연희가 등장한다. 객사 바로 앞에서는 한 연희자가 대접돌리기를 하고 있고, 마당 가운데서는 두 명의 연희자가 땅재주를 하고 있다. 이들 양옆에서 각각 두 명씩 모두 네 명의 연희자가 탈춤을 추고 있다. 마당의 오른쪽에서는 줄타기가 펼쳐지고, 왼쪽에는 산거(山車) · 윤거(輪車) · 예산대(曳山臺) · 예산붕(曳山棚) · 헌가산대(軒架山

---

30) 공연을 위해 가상의 장소를 인위적으로 설치한 장소로, 공연 행위가 이루어지는 곳.

31) 아극돈의 제1차 조선 사행의 목적은 1917년 9월 숙종에게 공청(空靑)을 전달하려는 것이었고 2차 사행의 목적은 1차 사행을 마치고 환국한 지 3일 만에 1917년 12월 7일 청 세조(世祖)의 정비(貞妃)였던 효혜장황후(孝惠章皇后)가 사망하자, 그 부음(訃音)을 알리기 위해서였다. 제3차 사행의 목적은 1722년 4월 조선 경종의 동생 연잉군(延礽君) 이금(李昑)의 왕세제(王世弟) 책봉을 위한 것이었다. 제4차 사행은 1724년 12월 11일 조선 경종의 승하로 말미암은 조부사제(弔賻賜祭)와 부칙사로서 국왕 및 왕비 책봉을 위한 목적으로 이루어졌다.

臺) 라는 이칭으로 불렀던 소규모의 산대가 보인다.32) 『봉사도』에는 양편에 작수목을 설치하고 땅 위에 박은 말뚝에 매어 놓은 줄 위로 오름줄이 설치되어 있다. 따라서 현재와 같은 줄타기 연행 대도구의 사용과 줄을 설치하는 방식은 적어도 18세기 초부터 전승되어 온 것을 알 수 있다.

현재 동아시아 삼국에서는 쌍줄을 타는 전통이 사라지고 외줄타기가 보편적으로 연행되고 있다. 중국과 일본의 경우 오랫동안 외줄타기와 쌍줄타기는 혼재했지만 17-18세기 이후부터는 쌍줄타기에서 외줄타기로 연행 방식이 변화했다. 이는 줄타기 기예 면에서 볼 때 외줄타기보다는 쌍줄타기가 어려운 기법이기 때문에, 줄타기 연행 담당층이 점차 약화되어감에 따라 연행이 용이한 외줄타기로 줄타기가 변모된 것이라고 할 수 있다. 그러나 한국 줄타기의 역사적 전개 양상을 살펴보면 20세기 초반까지는 외줄타기와 쌍줄타기가 혼재해 있었다.

중국과 일본에서 쌍줄타기가 17-18세기에 들어서면서 약화된 것에 비해, 조선의 줄타기는 상류층을 대상으로 하는 광대들의 외줄타기와 유랑예인들이 민간을 대상으로 펼친 쌍줄타기로 이분화되어 전승되었다. 『봉사도』, 『평안감사환영도』, 「관우희」, 『회혼례도』, 『기산풍속도』 등에 등장하는 줄타기는 외줄타기이고, 감로탱에 다수 등장하는 유랑예인 집단의 줄타기는 쌍줄타기이다.33)

『봉사도』가 완성된 18세기 직전 시기인 17세기 이익(李瀷, 1629-1690)은 『성호사설(星湖僿說)』 만물문(萬物門) 답삭연당(踏索緣

32) 阿克敦 著, 黃有福 · 千和淑 校註, 『奉使圖』, 遼寧民族出版社, 1999.

33) 쌍줄타기는 외줄타기보다 기예의 수준이 훨씬 높은 줄타기이다. 중국에서 쌍줄타기의 전통을 살펴볼 수 있는 기록은 『진서(晉書』 악지(樂志) 하(下)에 한나라 때 "굵은 줄을 두 기둥에 매고" 줄타기를 연행했다는 것이 있다.

橦) 조에서 조선의 줄타기에 대해 다음과 같이 언급하고 있다.

> 지금 세상 광대에겐 답삭희(踏索戱) 라는 게 있는데 어떤 이는 이를 이승(履繩)이라고 한다. 한나라 때에 두 밧줄을 양쪽 기둥에 매어 놓고 그 두 광대가 마주 서서 춤을 추면서 밧줄 위로 다니는데 서로 오가는 길에 얼굴이 마주 닿고 어깨가 서로 갈려도 넘어지지 않았다 하니 장형이 「서경부」에 '양쪽 손에 공과 칼을 쥐고 휘두르면서 뛰는데 밧줄 위로 달리다가 서로 마주 닿는구나'라는 노래가 바로 그것이다. 요즘에 와서는 이런 재주가 더욱 교묘해져서 마주 서서 춤을 출 뿐만 아니라 더러는 능란하게 몸을 번드쳐서 재주를 넘고 손으로 해금을 퉁기는 등 흔들거리고 기울어지기도 하며 능히 아래로 떨어지지 않으니 교묘한 재주들이 이와 같다. 혹 두 줄을 매는 이유를 물으면 '외줄타기가 쌍줄 타기보다 쉽다.'라고 대답한다. …… 우리나라 풍속도 이런 재주는 아주 월등하게 잘하는바, 중국 사신이 가끔 와서 보고 천하에 없는 재주라고 한다.[34]

이 기록을 통해 원래 중국으로부터 한반도에 전래된 줄타기에는 기예의 수준이 매우 높은 쌍줄타기가 있었다는 사실을 확인할 수 있다. 이러한 쌍줄타기의 모습은 15세기 동월(董越)의 「조선부(朝鮮賦)」를 통해서도 확인할 수 있다. 하지만 『성호사설』에 인용된 광대들의 "쌍줄타기가 외줄타기 보다 어렵다"는 진술을 통해 볼 때, 17세기 중엽에는 이미 기예 면에서 용이한 외줄타기가 성행하게 되었다는 사실을 알 수 있다. 따라서 18세기 초의 『봉사도』에 나오는 줄타기는 17세기를 통해 주류로 등장한 외줄타기의 위상을 보여주는 것이다.

---

34) 今世優人有踏索戱 或謂履繩漢世兩繩繫兩柱 兩倡對舞行於繩上對面道逢肩功而不傾 張衡西京賦跳丸劍之揮霍走索上而相逢是也 比見此伎轉巧不特對舞 或能筋斗手彈奚琴蕩搖橫斜 而能不墜伎之巧捷乃如 或問之曰單繩易於兩繩也 …… 今我東之俗此伎絶巧 北使見之以爲天下無有云(이익, 『성호사설』, 5권, 만물문, 답삭연당)

이후의 지방관 환영 행사, 상류층의 연회 등에서 연행된 광대줄타기에 대한 기록에는 모두 외줄이 설치되어 있다.

조선 후기 감로탱 하단부에는 유랑광대들의 줄타기 장면이 풍부하게 그려져 있는데 19세기 초반의 『백천사 운대암 감로탱(1801)』, 『수국사 감로탱(1832)』에만 외줄이 걸려있다. 이후에 그려진 『수락산(水落山) 흥국사(興國寺) 감로탱(1868)』, 『개운사(開運寺) 감로탱(1883)』, 『경국사(慶國寺) 감로탱(1887)』, 『개인소장 감로탱(19세기 후반)』, 『불암사(佛巖寺) 감로탱(1890)』, 『봉은사(奉恩寺) 감로탱(1892)』, 『보광사(普光寺) 감로탱(1898)』, 『삼각산(三角山) 청룡사(靑龍寺) 감로탱(1898)』, 『백련사(白蓮寺) 감로탱(1899)』, 『신륵사(神勒寺) 감로탱(1900)』, 『대흥사(大興寺) 감로탱(1901)』, 『원통암(圓通庵) 감로탱(1907)』, 『통도사(通度寺) 사명암(泗溟庵) 감로탱(1920)』 등에는 모두 쌍줄타기가 등장한다. 여기에 묘사된 유랑예인들의 쌍줄타기는 줄광대가 줄에 밀착된 듯 붙어서 거미와 같이 움직이고 있다는 여러 표현들을 실감나게 한다.[35)]

---

35) 감로탱을 보며 쌍줄 위에서 펼치는 기예가 쌍줄타기와 쌍줄백이 두 종류이다. 유사해 보이지만 쌍줄백이와 쌍줄타기는 분명한 차이점을 지닌 다른 연희 종목이다. 감로탱에 등장하는 쌍줄타기는 평행한 쌍줄 위에서 연행하는 것이므로 줄의 높이가 다르면 줄타기를 공연할 수 없기 때문에, 양쪽 작수목의 높이가 같다. 그리고 한쪽 작수목은 X자로 교차되어 있고, 작수목 위에는 연희자가 올라갈 공간이 없다. 또한 다른 쪽 작수목에는 도르래가 설치되어 있어서 기예 따라 줄을 조절하기 쉽게 되어 있다. 그러나 솟대타기의 일종인 쌍줄백이는 양쪽 나무기둥의 높이가 현저하게 차이를 보인다. 쌍줄백이가 등장하는 감로탱은 『일본 조전사(朝田寺) 감로탱(1591)』, 『남장사(南長寺) 감로탱(1701)』, 『운흥사(雲興寺) 감로탱(1730)』, 『선암사 감로탱(의겸필, 1736)』, 『표충사(表忠寺) 감로탱(1738)』, 『자수박물관 소장 감로탱(18세기 중엽)』, 『봉서암(鳳瑞庵) 감로탱(1759)』, 『용주사(龍珠寺) 감로탱(1790)』, 『호암미술관 감로탱(18세기 말)』, 『동화사(桐華寺) 감로탱(1896)』, 『통도사(通度寺) 감로탱(1900)』 등이다. 여기에 묘사된 쌍줄백이는 가운데 장대를 하나 세우고 그 꼭대기에는 십자형의 나무막대를 설치하여 연희자가 그 위에서 재주를 부릴 수 있도록 했다. 그리고 나무기둥 양옆으로 각각 두 줄을 늘어뜨렸는데, 이 늘어뜨린 줄들을 묶는 말뚝은 가운데의 솟대에 비해 매우 낮다. 즉 쌍줄백이는 솟대와 말뚝에 매어놓은 줄 위에서 펼치는 연희이고 쌍줄타기는 작수목에 연결된 줄에서만 가능한 연희이다

20세기 쌍줄타기 연행의 전통을 볼 수 있는 자료로는 1902년 12월 16일자 「뎨국신문」의 논설이 있다. 이 기사는 협률사의 공연 내용을 소개한 것이다. "풍악을 가초고 혹 츈향이와 리도령도 놀니고 쌍쥴도 타며 탈츔도 취고 무동픠도 잇스며 기외에 쏘 무슴 픠가 더 잇는지는 ᄌ셰치 안으나"라는 내용을 통해 협률사의 공연 종목 가운데 쌍줄타기가 있었음을 알 수 있다. 이 시기의 쌍줄타기의 실제 연행 양상을 볼 수 있는 도상 자료로는 1902년부터 1903년까지 서울 주재 이탈리아 총영사였던 까를로 로제티(Carlo Rossetti)가 동료 사진작가와 함께 직접 찍은 사진이 전한다.[36]

위에서 언급한 외줄타기와 쌍줄타기에 대한 문헌과 도상 자료를 통해, 조선 후기 들어 상류층의 광대줄타기는 외줄타기로 공연 방식이 변모했지만, 감로탱에 묘사된 유랑예인들에 의한 민간의 줄타기는 쌍줄타기로 이분되어 지속되었다는 것을 알 수 있다.

이러한 연희사적 단계와 축적을 거치며 숙성된 줄에 대한 사용법(줄타기에서 사용하는 줄의 재질을 고르는 방법, 줄을 거는 방법, 줄의 길이와 높이를 결정하는 방법 등)을 조송자는 자신의 줄타기 스승인 손만대에게 전수받았다.

어름줄타기에서 사용하는 줄은 삼(杉)을 절여서 몇 번이고 곱고 질기게 다듬어서 꼰 것으로 녹바라 부르는 동아줄이다. 줄의 굵기는 직경 약 3cm, 전체 길이는 10m 내외이고 공중에 수평으로 걸려 있는 줄은 5-6m이다. 줄은 벽사의 상징인 왼 새끼로 꼬고, 줄이 완성되면 고사를 지낸다.

---

36) 까를로 로제티의 사진에 보이는 쌍줄타기는 작수목이 상당히 높은데, 작수목 중간쯤에 줄타기를 위해 올라가는 또는 줄타기를 끝내고 내려오는 연희자가 보인다. 이 사진 아래에 "천연두의 혼령을 위해 황제 폐하에 의해 베풀어진 야외 잔치"라는 설명이 달려 있다. (까를로 로제티 · 서울학연구소 번역, 『꼬레아 꼬레아니』, 숲과 나무, 1996, 159쪽)

윤한병 제가 작수목을 설치하고 줄을 매면서 어머니의 공연을 따라다녔기 때문에 이 부분은 잘 알고 있습니다. 어머니께서는 줄타기용 줄을 인천 부둣가에 가서 서너 해 정도 지난 것을 사다가 쓰셨어요. 왜냐하면 새 줄은 계속해서 늘어나기 때문에 줄타기를 할 수가 없어요. 이미 늘어날 만큼 늘어난 줄을 사다가 길을 들여서 사용하게 되는 겁니다. 소나무로 작수목을 만들어서 사용했는데, 말뚝을 박고 쐐기 나무들을 박아 고정된 작수목에 줄이 매여 있으면 작수목으로 줄을 밀어 올려 높이를 조절했어요. 작수목은 그냥 세워만 두었지 땅에 파묻거나 하지는 않았습니다.[37]

줄을 거는 소나무 재질의 작수목 4개는 원목 길이가 5-6m이고 2개씩 X 자형으로 서로 위를 안쪽으로 향하게 하여 땅에 놓고 다리를 벌려 뉘어 놓은 다음, 그 위에 줄을 늘여 한쪽 편 말뚝에 줄을 매고 단단히 당기며 저편 말뚝에 맨다. 줄은 지상으로부터 3m 내외의 높이에 건다.[38]

어름줄타기에 비해 김대균의 광대줄타기에서는 줄의 설치 방식이 약간 다르다. 먼저 줄을 걸려면 말뚝을 사선으로 두 군데 박는다. 이때 사용하는 말뚝은 소나무 재질로 1.2m 정도의 통나무 4개로, 줄을 고정하고자 양편에 2개씩 땅속 1m의 깊이로 사선으로 박는다. 말뚝을 사선으로 박은 것은 줄의 탄력을 얻을 수 있고, 줄을 타면 말뚝이 안쪽으로 이동하기 때문이다. 말뚝은 한 발쯤 박고 땅 위에 세 뼘쯤 내놓는다. 이것을 안말뚝이라 하고, 이 안말뚝의 바깥쪽에

37) 이호승의 윤한병(조송자의 장남) 인터뷰(2018년 10월 13일, 강북구 수유동)
38) 심우성, 『남사당패 무형문화재 조사보고서』 제40호, 문화재 관리국, 1968, 149쪽.

두 뼘 반 정도 사이를 두고 각각 말뚝을 박는데, 이것을 뒷말뚝 즉 보호말뚝이라 부른다. 뒷말뚝은 앞말뚝이 부러지거나 뽑혔을 때 안전장치 구실을 한다.39)

말뚝을 박은 다음 단단한 소나무 재질의 작수목 4개를 2개씩 X 자형으로 서로 위를 안쪽으로 향하게 하여 땅에 놓고 다리를 벌려 뉘어 놓은 다음, 그 위에 줄을 늘이어 한 쪽 말뚝에 줄을 매고 단단히 당기며 저편 말뚝에 맨다. 이 작수목 중 왼쪽에 세우는 것은 줄광대가 작수목 위에서 손잡이용으로 사용하려고 10cm 정도 길이를 늘인다.

광대줄타기에서 사용하는 줄은 삼(杉)을 절여서 몇 번이고 곱고 질기게 다듬어서 새끼줄로 꼰 다음, 이것을 다시 3번 합해 꼬아 만든다. 줄의 굵기는 약 2.43cm, 전체 길이는 35m이고 공중에 수평으로 걸려 있는 줄은 13m이다. 줄은 벽사의 상징인 왼 새끼로 꼬고, 줄이 완성되면 고사를 지낸다. 줄은 제작한 직후 사용하는 것이 아니라, 줄광대가 새 줄 위에서 반복 연습을 통해 공연에 적당한 굵기와 탄력이 생기면 줄을 만든 후 사용한다.

줄은 일정한 거리와 높이 그리고 수평을 유지하도록 설치한다. 오름줄의 길이와 높낮이에 따라 작수목과 작수목 사이에 걸린 줄 위의 장력은 민감하게 변동한다. 양편에 작수목을 세우고 그 위로 오름줄을 설치하면 줄의 탄력이 변화한다. 광대줄타기에서 본줄 : 오름줄의 비율은 4:3 정도이다. 줄의 반동이 느슨할수록 상대적으로 동작이 큰 물구나무서기 또는 재주넘기 등의 곡예를 하기는 좋지만, 상하로

39) 현재 광대줄타기에서는 길이 1,2m 정도의 강철로 된 쇠말뚝을 사용하고 있으며, 지름이 3.5cm이고 둘레는 약 10cm이다. 쇠말뚝을 가지고 줄을 고정하고자 땅속 1m 깊이로 사선으로 박는다. 줄을 설치하려면 작수목과 말뚝을 현장 상황에 따라 다르게 설치한다.(김대균, 「줄놀음의 연행체계와 연행 원리」, 안동대 대학원 민속학과 석사학위논문, 2006, 44쪽)

움직이는 폭이 커지기 때문에 신체 일부를 활용한 섬세한 동작은 어렵다. 줄을 설치하는 공간에 한계가 따르면 원활한 기예를 펼칠 수 있는 장력을 얻을 수 없다. 줄타기에서 줄을 맬 때는 놀이마당 가운데에 매고, 따로 방위(方位)를 가리는 것은 없다. 하지만 줄을 상당히 길게 매야 하므로 마당의 생김새를 보아 긴 쪽으로 줄을 맨다.

어름줄타기의 줄은 광대줄타기 줄에 비해 팽팽하지 않고 탄력 있게 걸리는 특징이 있다. 줄타기에서 줄의 반동이 느슨할수록 상대적으로 동작이 큰 물구나무서기 또는 재주넘기 등의 곡예를 하기는 좋지만, 상하로 움직이는 폭이 커지기 때문에 신체 일부를 활용한 섬세한 동작은 어렵게 된다. 전반적으로 조송자가 펼친 어름줄타기는 남성의 줄타기에 비해 줄 위에서 뛰고 노는 춤에 여유가 있다.[40] 이는 기예라 할지라도 위험한 곡예보다는 여유 있는 놀이 쪽으로 줄타기를 발전시켜 온 여성 어름사니의 연희적 지향성이 낳은 결과로 보인다.

40) 구희서, 「조송자-줄타기춤」, 『한국의 명무』, 한국일보사, 1985, 155쪽.

제3장 남사당패 어름줄타기의 기예 · 음악 · 재담

한국 줄타기는 동북아시아 문화권에 속한 중국과 일본 줄타기와 달리 단순한 기예를 초월하여, 고난도의 기예, 재담, 음악이 한 데 어우러지는 종합 예술의 성격을 지니고 있다. 이는 한국 줄타기만이 가지는 고유성으로 줄타기 연희자들이 동아시아 공동의 연희 자산인 산악 · 백희를 우리의 현실에 맞게 자국화한 결과라고 할 수 있다.

현재 전승되는 줄타기 연희본은 〈조송자본1〉[1], 〈조송자본2〉[2], 〈김봉업본〉[3], 〈이동안본〉[4], 〈김영철본1〉[5], 〈김영철본2〉[6], 〈김대균본〉[7] 등 총 7종이다. 여기서는 이 7종 중 어름줄타기 연희본인 〈조송자본1〉을 중심으로 줄타기의 기예 · 음악 · 재담을 총체적으로 살펴보고자 한다.

---

1) 심우성, 『남사당패 무형문화재 조사보고서』 40호, 문화재 관리국, 1968.

2) 심우성, 『서낭당』, 1971년 12월호(심우성, 『남사당패 연구』, 동화출판공사, 1974; 심우성, 『공간』 9권 5호, 1974; 심우성, 『마당굿 연희본 I』, 깊은샘, 1988; 심우성, 『남사당놀이』, 화산문화, 2000에 재수록)

3) 박헌봉, 『월간문화재』 27호(74, 3) 자료편(심우성, 『남사당패연구』, 동화출판공사, 1974; 『김봉업 줄소리 해금가락 CD』, 국립문화재연구소, 1999에 재수록)

4) 심우성, 「광대줄타기 연희본」, 『창작과 비평』, 33호, 1974(심우성, 『한국의 민속극』, 창작과 비평사, 1975 재수록)

5) 김천흥 · 정화영, 『줄타기 무형문화재 조사보고서』, 118호, 문화재관리국, 1975 (신찬균, 『민속의 고향』, 진흥출판사, 1978에 재수록)

6) 박순호, 「줄타기 민요」, 『한국민속학』, 7호, 1974(박순호, 「줄타기민요」, 『군산수산전문학교논문집』 10집 1호 1976; 박순호, 「줄타기민요」, 『한국민속학』 13호, 1980에 재발표)

7) 심우성, 『줄타기』, 화산문화, 2000.

어름줄타기의 연행 요소인 기예, 음악, 재담에 대한 세부적 논의의 방향을 살펴보면 다음과 같다.

첫째, 어름줄타기의 기예 부분을 상세하게 다루고자 한다. 잔재비라 불리는 줄타기의 기예는 상류층의 광대줄타기와 민간의 남사당패 어름줄타기가 차이점을 보이는 부분이 있다. 어름줄타기의 기예는 조송자의 연희를 중심으로 살펴보고, 광대줄타기의 기예는 현 예능 보유자인 김대균의 줄타기를 중심으로 논의를 진행할 것이다.

둘째, 어름줄타기 음악에 대해서는 악사의 편성과 반주, 가요, 활용 장단 등을 다루고자 한다. 여기서는 특히 줄타기 음악 부분 중 곡예 종목 공연에 가장 큰 영향을 끼치는 장단 활용 부분을 중점적으로 살펴볼 것이다.

셋째, 어름줄타기의 줄재담을 분석하고 그 생성원리를 밝히고자 한다. 줄재담이란 어름사니와 어릿광대가 연행 상황에 따라 주고받는 재치 있는 대사와 상황에 맞추어 부르는 가요의 가사를 포함하는 개념이다. 줄재담은 줄타기가 단순한 기예를 넘어 극적인 성격을 가지고 효과적으로 주제의식을 표출할 수 있는 수준 높은 연희로 성장할 수 있는 기반이 되었다. 줄재담은 현장 상황에 따라 변동이 가능한 재담 운용의 자율성이 강한 구비 연행 문학이다. 여기서는 이러한 특징을 지니는 줄재담의 언어적 특질, 연행 기능, 주제 의식 등에 대한 구체적 접근을 하고자 한다.

1. 어름줄타기의 기예

줄타기 기예는 기본적으로 줄의 탄력을 이용하며 줄광대의 호흡과 시선 처리를 통해 실행된다. 여기에 신체의 유연성, 하체의 힘과 중심력, 도약성과 회전성 등이 융합돼서 각각의 동작이 완성된다. 각 동작은 줄의 반동과 신체 부위에 따라 무게 중심이 한 곳으로 정해지기도 하고 분산되기도 한다.

광대줄타기와 남사당패 어름줄타기의 기예는 차이점이 있다. 남사당패 어름줄타기의 기예는 광대줄타기의 기예보다는 양이 적고, 인물 모방 동작 등을 기예에 포함하고 있다. 반면 광대줄타기는 순수한 체기(體技, 잔재비, 잔놀음)가 중심이 된다.

현재 실연되고 있는 줄타기 기예는 김대균의 것밖에 없지만, 채록된 연희본을 통해 그 기예의 연행 양상을 살펴볼 수 있는 것으로는 조송자, 김봉업, 이정업, 이동안, 김영철의 기예가 있다.

조송자의 기예 앞으로가기, 장단줄, 거미줄늘이기, 뒤로훑기, 콩심기, 화장사위, 참봉댁만아들, 억썩에미화장사위, 처녀총각, 외호모거리, 쌍호모거리, 허궁잽이, 가새트름, 외허궁잽이, 쌍허궁잽이, 양반걸음, 양반밤나무지키기, 녹두장군행차

김봉업의 기예 외홍잽이, 양다리허공잽이, 쌍홍잽이, 외다리쌍홍잽이, 접쌍홍잽이, 외칠보, 쌍칠보, 칠보빼기, 외간난, 접간난, 칠보다리치기, 칠보면장치기, 앞쌍홍잽이, 제기차기, 뒤쌍홍잽이, 외무릎꿇기, 두무릎꿇기, 황새두렁메기, 촛대서기, 두렁메기, 외무릎꿇고 훑어나가기, 두무릎꿇고 훑어나가기, 종지굽 붙이기, 살판, 개끔뛰기, 두발개끔뛰기

이정업의 기예 외옹잡이, 쌍옹잡이, 양다리허공잡이, 코차기, 앞쌍옹잡이, 뒤쌍옹잡이, 옆쌍옹잡이, 칠보보십빼기, 외무릎꿇기, 외무릎꿇기 풍치기, 황새두렁넘기, 외무릎가새

틀임, 외무릎 조아나가기, 두무릎꿇기, 두무릎꿇기 풍치기, 두무릎가새틀임, 두무릎조아나가기, 두무릎곱치기, 책상다리, 책상다리 황새두렁넘기, 책상다리 가새틀임, 종지뼈꿇기, 깃발붙이기, 드러눕기, 물사발이기, 허공살판8)

이동안의 기예 앞으로가기, 외홍잽이, 쌍홍잽이, 옆쌍홍잽이, 칠보난간치기, 외무릎꿇기, 외무릎풍치기, 황새두렁넘기, 두무릎꿇기풍치기, 두무릎꿇기, 풍치기, 꼽치기, 무릎타기, 책상다리, 칠보면장치기 , 허궁가새트림, 공중틀기, 쌍홍잽이틀기, 얼음지치기

김영철의 기예 고전줄타기, 뒤로걸어가기, 앞으로종종걸음, 뒤로종종걸음, 서서돌아서기, 앉아서좌로돌기, 닭의홰타기, 닭의홰타고좌우로가기, 외홍잽이, 외홍잽이풍치기, 양다리외홍잽이, 쌍홍잽이, 겹쌍홍잽이, 옆쌍홍잽이, 옆쌍홍잽이풍치기, 쌍홍잽이거중틀기, 외무릎꿇기, 외무릎풍치기, 외무릎가새트림, 외무릎황새두렁넘기, 외무릎훑기, 두무릎꿇기, 두무릎풍치기, 두무릎가새트림, 두무릎황새두렁넘기, 두무릎종종훑기, 책상다리, 책상다리풍치기, 책상다리가새트림, 책상다리황새두렁넘기, 앞쌍홍잽이, 뒷쌍홍잽이, 칠보면장, 앞칠보, 뒷칠보, 칠보다래치기, 칠보거중틀기, 허공잽이, 앵금뛰기, 종짓굽붙이기, 칠보보십빼기, 깃발붙이기, 배돛대서기, 살판, 어름지치기

김대균의 기예 외홍잽이, 양다리 외홍잽이, 코차기, 쌍홍잽이, 겹 쌍

8) 예용해, 『인간문화재』, 어문각, 1963. 이정업의 경우는 줄타기 연희본이 남아있지는 않지만, 예용해와의 인터뷰 중 자신의 줄타기 기예를 열거한 대목이 있다.

홍잽이, 옆 쌍홍잽이, 옆쌍홍잽이 풍치기, 쌍홍잽이 거중틀기, 외무릎 꿇기, 외무릎 풍치기, 외무릎 가새트림, 외무릎 황새 두렁넘기, 외무릎 훑기, 두무릎 꿇기, 두무릎 풍치기, 두무릎 가새트림, 두무릎 황새 두렁넘기, 두무릎 종종 훑기, 책상다리, 책상다리 풍치기, 책상다리 가새트림, 책상다리 황새 두렁넘기, 옆 쌍홍잽이 뒷쌍홍잽이, 칠보먼장, 앞먼장 뒷먼장, 칠보 다래치기, 칠보 가새트림, 허공잽이, 앵금뛰기, 종짓굽 붙이기, 칠보 보십빼기, 깃발 붙이기, 배 돛대서기, 살판, 얼음지치기

이러한 여러 줄광대의 기예 중 김대균의 기예는 현재 연행을 통해 알 수 있고 김영철은 승도보(繩渡譜)가 전하며 조송자의 줄타기는 영상이 남아 있어 그 실상을 구체적으로 파악할 수 있지만, 나머지 연희자들의 기예는 아쉽게도 승도보나 영상 자료 등이 남아있지 않아 실제 기예를 분명하게 알 수 없다.

조송자의 어름줄타기 기예와 광대줄타기 기예는 내용 면에서 차이점이 있다.[9] 조송자의 기예를 모방과 기술을 변별점으로 삼아 대

9) 김대균은 자신의 줄타기 기예를 개별동작, 연결동작, 결합동작, 모방동작으로 변별하여 다음과 같이 제시했다.
첫째, 개별동작은 한 호흡에 한 가지 동작을 연행하는 것으로, 종짓굽 붙이기, 칠보보습빼기, 살판, 앵금뛰기, 두무릎황새두렁넘기, 깃발 붙이기가 있다.
둘째, 연결동작은 독립적으로 존재하는 것이 아니라 개별동작이 변하여 연결동작이 된다. 외홍잽이→겹외홍잽이, 쌍홍잽이→겹쌍홍잽이, 외홍잽이→코차기·양다리 외홍잽이, 쌍홍잽이→외무릎풍치기·외무릎가새틀기, 옆쌍홍잽이→겹옆쌍홍잽이·칠보다래치기·칠보접난간·칠보보습빼기·깃발달기, 외무릎 꿇기→외무릎풍치기·외무릎가새트름·외무릎황새두렁넘기·외무릎훑기, 두무릎꿇기→두무릎풍치기·두무릎가새트름·두무릎황새두렁넘기·두무릎종종걸음 등이 연결동작이다.
셋째, 결합동작은 두 개 이상의 개별동작이 결합된 동작을 말하며, 그 내부에는 주종관계를 형성하고 있어서 한 동작이 다른 동작에 부수되어야 한다. 예를 들어 배돛대서기를 위해 깃발달기가 전제되어야 하는 식이다.
넷째, 모방동작은 일상의 동물이나 사람의 행위, 사물의 형태를 표현하는 것이다. 콩심기, 칠보보습빼기는 사람의 행위 흉내이고, 배돛대서기(물구나무서기),

별해서 살펴보면 다음과 같다.

모방		기술	
서민층 모방	지배층 모방	기본 기술	고급 기술
① 콩심기 ② 화장사위 ③ 처녀 총각 ④ 억썩에미 화장사위 ⑤ 녹두장군 행차	⑥ 참봉댁 맏아들 ⑦ 양반 걸음 ⑧ 양반 밤나무지키기	⑨ 앞으로 가기 ⑩ 장단줄 ⑪ 거미줄 늘이기 ⑫ 뒤로 훑기	⑬ 외호모거리 ⑭ 쌍호모거리 ⑮ 허궁잽이 ⑯ 가새트름 ⑰ 외허궁잽이 ⑱ 쌍허궁잽이

① 콩심기 : 두 발을 오므렸다 폈다 하며 콩 심을 때 콩 무덤 밟는 시늉을 계속하며 앞으로 가기

② 화장사위 : 줄 위에 걸터앉아 화장하는 시늉하기

③ 처녀 총각 : 처녀와 총각이 서로 소리를 주고받는 장면 흉내내기

④ 억썩에미 화장사위 : 병신 아전 마누라의 화장하는 모양내기

⑤ 녹두장군 행차 : 동학 혁명의 선봉 전봉준 장군의 당당한 걸음걸이 흉내

⑥ 참봉댁 맏아들 : 양반집 아들의 병신 걸음걸이 흉내내기

⑦ 양반 걸음 : 양반이 거드름을 피우며 느릿느릿 걷기

⑧ 양반 밤나무지키기 : 밤 따러 온 아이들을 쫓기 위해 노인이 이리 뛰고 저리 뛰는 시늉하기

⑨ 앞으로 가기 : 떨어질 듯 고의로 실수를 해 보이며 앞으로 걸어가기

⑩ 장단줄 : 타령장단에 맞추어 앞으로 걸어가기

깃발붙이기 등은 사물의 형태를 모방한 것이다. 동물의 행동을 모방한 동작으로는 닭의홰타기, 닭의홰타고좌우로가기, 외무릎황새두렁넘기, 두무릎황새두렁넘기, 책상다리황새두렁넘기 등이 있다. (김대균, 「줄놀음의 역사와 연행체계」, 안동대 대학원 석사학위논문, 2006, 51-53쪽)

⑪ 거미줄 늘이기 : 한쪽 발만 딛고 한 발은 밑으로 늘여 휘젓는 동작을 두 발 교대로 계속하며 앞으로 가기
⑫ 뒤로 훑기 : 두 발을 안고 뒤로 훑어가기
⑬ 외호모거리 : 오른발 정강이를 줄 위에 꿇고 왼발로 밀고 나가기
⑭ 쌍호모거리 : 양발 정강이를 줄 위에 꿇고 교대로 밀고 나가기[10)]
⑮ 허궁잽이 : 가랑이 사이로 줄을 타며 줄의 탄력을 이용하여 높이뛰기를 계속하기
⑯ 가새트름 : 앉았다 일어났다 하면서 앞으로 가다가 두 발 뛰어서 돌아앉기
⑰ 외허궁잽이 : 한 발로 계속 뛰며 앞으로 나가기
⑱ 쌍허궁잽이 : 두 발을 모아 붙이고 위로 뛰며 앞으로 나가기

광대줄타기와 어름줄타기의 기예를 비교해 보면 어름줄타기는 우선 35가지가 넘는 광대줄타기 기예보다 기예의 종류가 적다. 또한 어름줄타기 기예는 광대줄타기에 비해 곡예적 역동성보다는 줄 위에서 여러 개성 있는 인물의 외모나 행위 흉내 등 세밀한 표현이 중심이 된다.

그러나 어름줄타기 기예를 광대줄타기와 단순 비교하여 한 수 아

---

10) 심우성은 『남사당패 무형문화재 조사보고서』 40호, 문화재 관리국, 1968, 129쪽에서 ⑩을 외호모거리, ⑪을 허궁잽이, ⑫를 빼놓고 ⑬을 가새트름으로 기록하는 오기를 범했다. 그러나 심우성은 조송자 줄타기의 기예가 18가지임을 『남사당패 무형문화재 조사보고서』의 기예를 다루는 장과 조사보고서에 수록된 연희본을 통해서 분명하게 제시했다. 안타깝게도 이후 이 오기는 수정되지 않았고 『남사당패연구』(1974)에 와서는 도리어 조송자 줄타기의 기예를 17가지로 기록했고, 수록된 연희본에서도 쌍호모거리와 돈타령 대목을 생략했다. 이를 통해 향후 남사당패 어름줄타기에 대한 연구나 단체의 전승에서는 어름줄타기 기예는 17가지로 축소됐고 축약된 연희본이 원본을 대신하게 되었다. 필자는 금번에 『남사당패 무형문화재 조사보고서』를 꼼꼼하게 확인해가며 연구에 임하면서 오랜 기간 지속되어 온 오류를 확인할 수 있었다.

래의 기예로 치부해서는 안 된다. 왜냐하면 조송자의 기예는 여성 어름사니로서 본인의 신체 특성과 개성에 맞게 특화되어 있기 때문이다. 조송자의 줄타기 줄은 서양줄처럼 팽팽하지 않고 탄력 있게 걸어놓아 줄 위에서 뛰고 노는 춤에 여유가 있다.[11) 이는 신체적 기예라 할지라도 아찔한 곡예보다는 여유 있는 놀이 쪽으로 줄타기를 발전시켜온 조송자의 개성에 따른 것으로 볼 수 있을 것이다.

어름사니 조송자는 줄타기의 명수이지만 ⑨ 앞으로 가기나, ⑩ 장단줄을 연행할 때 일부러 미숙한 기량을 지닌 것처럼 떨어질 듯 말 듯한 아찔한 모습을 보여준다.

어름사니 거 한번 갔다 오기가 힘이 드는구나. 여기서 보기에는 얼마 안 되게 맘 푹 놓고 건너갔다가 죽을 똥 쌀뻔 했네. 그러나 갔다 오긴 갔다 왔으나 또 건너가기 난감하군. 가심이 두근번 서근반하고 다리가 벌벌 떨리고 정신이 아찔! 그러나 여길 또 건너가 보는데 장히 어렵겄다. 매호씨! 타령을 한번 울리고 장단줄로 건너 가는데.

어름사니는 공중에서 기예를 펼칠 때 줄 위를 걸어가다 갑자기 뒤로 떨어지는 동작을 취하거나, 관중을 깜짝 놀라게 하는 의외의 동작을 펼친다. 숙련된 어름사니는 일부러 자신이 미숙한 것처럼 줄 위에서 떨어질 듯 떨어질 듯 하는 모습을 보이는데, 이렇게 줄을 잘 못 타는 척 하는 것이 실은 용의주도하게 연출임을 관중들은 곧 눈치 채게 된다. 즉, 완숙한 어름사니는 줄을 못 타는 흉내를 자연스럽게 할 수 있는 연희자이고, 이것이 바로 고졸(古拙)의 미이다.

---

11) 구희서, 「조송자-줄타기춤」, 『한국의 명무』 한국일보사, 1985, 155쪽.

고졸의 경지에 올랐던 조송자의 어름줄타기는 현재 전승이 끊긴 상태에 있고, 뜻있는 기관과 단체가 나서서 복원을 시작해야 하는 실정이다. 하지만 향후 있을 어름줄타기의 보존과 전승을 위해서는 단순히 기예의 복원에만 그쳐서는 안 된다. 왜냐하면 공연 활동으로서 자생력을 지니지 못하는 연희는 다시 소멸의 길에 들어서게 될 것이기 때문이다. 따라서 어름줄타기의 복원은 충실한 원형의 재건과 함께 솟대타기 · 땅재주 · 첩치기 · 농환 · 나무다리걷기 등 다른 전통연희 종목들과의 접목에도 적극적으로 나서서, 흥미있는 공연이 이루어질 수 있도록 해야 한다.[12)]

2. 어름줄타기의 음악

줄타기 음악은 공연 현장의 상황과 연희자의 신체 상태, 연행 시간 등에 따라 유연하게 변화시킬 수 있는 즉흥성이 강조된다. 줄타기의 연행 요소 중 음악에 해당하는 것은 반주와 공연 중간에 부르는 가요, 기예에 리듬감과 흥을 불러일으키는 장단 등을 들 수 있다.

18세기 초반에 그려진 『봉사도』를 통해 얻을 수 있는 조선 후기 줄타기의 연행 양상에 대한 정보는 현재와 같은 삼현육각과 어릿광대를 대동한 줄타기 공연 방식의 성립 시기가 『봉사도』가 그려진 18세기 초반이 아니라 적어도 18세기 중엽이라는 것이다.[13)] 왜냐하면

---

12) 다른 연희 종목과 줄타기가 연합해서 공연을 펼치는 예는 과거의 연희 전통에서 충분히 찾을 수 있다. (이호승 · 신근영, 『한국전통연희총서 1 - 줄타기 · 솟대타기』, 근간 참조)

13) 연구자에 따라서 『봉사도』의 줄타기 장면을 줄의 설치방식과 어릿광대와 악사를 수반하고 있기 때문에, 이를 판줄로 해석하고, 판줄의 성립 시기를 18세기 초반이라고 보는 견해가 있다. 하지만 판줄이란 이보형의 지적대로 어릿광대와 삼현육각을 대동하고 잔노릇, 줄소리, 살판을 포함한 기예를 연행하는 것이다.

『봉사도』에 등장하는 줄타기는 그 역할이 모호한 줄 아래 한 명의 연희자와 삼현육각 편성이 아닌 악사 한 명의 소박한 타악 반주 속에서 연행되고 있기 때문이다. 이는 당시 가장 중요한 국빈인 중국 사신 영접 행사에서 연행되었던 조선 최고 수준의 줄타기 공연이라는 점을 고려해 볼 때,[14] 왜 현재와 같이 어릿광대와 삼현육각이라는 전형적 공연 형태가 동원되지 않은 공연을 했을까라는 의문을 갖게 한다. 이것은 역할이 분명하게 구분된 어릿광대와 삼현육각 악사 등을 동반하는 공연 방식이 아극돈이 조선을 출입한 18세기 초반에는 아직 확립되지 않았음을 보여주는 것이다.

그러나 18세기 중반인 1763-1764년에 걸친 일본 기행 기록인 김인겸의 『일동장유가(日東壯遊歌)』를 통해서, 18세기 중엽에는 현재와 같은 줄타기 연행 방식이 확립되었음을 알 수 있다.[15]

따라서 삼현육각의 풍성한 반주가 빠져 있는 18세기 초반의 『봉사도』에 나타나는 줄타기를 판줄이라 볼 수는 없다. 명나라 왕기(王沂)가 1607년에 저술한 『삼재도회』에도 어릿광대로 해석할 수도 있는 어린 아이 1명이 줄 아래에서 춤을 추고 악사 1명이 꽹과리와 같은 타악 반주를 하고, X자형의 작수목에 줄을 걸어놓고 여성 줄꾼이 봉을 이용해서 중심을 잡으면서 줄타기를 연행하는 장면이 그려져 있다. 이는 『봉사도』와 줄의 설치방식, 어릿광대와 악사의 숫자, 연주하는 악기의 유형이 유사한 것이다. 하지만 이것은 판줄이라 할 수 없다. 왜냐하면 연희자가 음악 반주에 맞추어 줄타기를 연행하는 것은 이미 한나라 때부터 시작된 것이기 때문이다. 따라서 관악, 타악, 현악이 아우러지는 삼현육각이라는 풍부한 음악 반주가 수반되지 않은 『봉사도』의 줄타기를 줄의 설치방식 등이 현재와 유사하다고 해서 판줄로 보는 것은 무리가 따른다.

14) 김대균은 『봉사도』의 줄광대가 부채, 버선, 각반 소도구를 착용하지 않았기 때문에 현재와 같은 섬세한 동작을 펼치지 못했을 것으로 해석하고 있다. (김대균, 「줄놀음의 연행체계와 연행 원리」, 안동대 대학원 민속학과 석사학위논문, 2006, 10쪽) 하지만 17세기 줄타기의 수준 높은 기예에 대한 이익의 평가와 1729년 서종화(徐宗華)가 우인(優人) 박만회(朴萬會)의 줄타기를 묘사한 글 그리고 여러 『감로탱』 등에 비추어 보면, 당시 줄광대는 줄에 거꾸로 매달려 악기를 연주하는 등 현재의 줄타기 기예보다 수준 높은 연행 기술을 가지고 있었음을 알 수 있다. 따라서 『봉사도』의 줄타기 장면만을 보고, 현재와 같이 섬세한 동작은 하지 못하고 큰 동작 위주로만 줄타기를 공연했다고 해석할 수는 없을 것이다.

15) 아극돈의 『봉사도』와 달리 『일동장유가』에는 삼현육각의 편성, 줄광대와 어릿광대가 협력하여 짜임새 있는 줄판을 운용하는 연행구조, 어릿광대의 존재와 역할이 나타난다. 18세기 초까지만 해도 어릿광대와 악사의 존재가 불분명하지만, 18세기 중엽에 이르러서는 이들의 역할이 구체적으로 구분되었음을 알 수

삼사신 한데 모다 삼현을 장히 치고 소동으로 대무하며 재인으로 덕담하고 줄 걸리고 재주시켜 종일토록 단란하니 왜놈들 구경하며 기특고 장히 여겨 서로보고 지저귀며 입벌리고 책책한다.

11월 19일에도 날씨가 좋아 또 재인을 불러서 줄을 걸리고 저무도록 풍류를 논다

위의 인용문을 통해 18세 중반에는 삼현육각 편성의 반주를 배경으로 하여 어릿광대와 줄광대가 재담을 주고받는 줄타기가 연행되었음을 알 수 있다. 여기서 줄을 걸어 놓고 종일 줄타기를 연행했다는 것을 보면 단순한 기예 중심의 도막줄이 아니라, 어릿광대와 삼현육각 악사를 대동한 판줄 형태의 공연이 이루어졌다는 것을 짐작해 볼 수 있다. 따라서 기예・음악・재담이 어우러지는 종합 예술적 형태의 판줄은 18세기 중반 경에 성립되었을 것이라는 추정이 가능하다.[16]

이후 19세기 초반에 기록된 「관우희」와 19세기 중엽에 제작된 여흥 민씨의 『회혼례도』, 19세기 말 『기산풍속도』에 보이는 줄타기는 모두 현재와 같이 외줄을 걸어놓고 어릿광대와 삼현육각 반주를 대동한 공연방식을 취하고 있다. 또한 『회혼례도』와 『기산풍속도』에는 모두 줄광대가 장삼을 입은 모습으로 등장하고 있어, 줄타기의 중놀이 대목을 연행하고 있는 것으로 보인다. 따라서 현재 연행되고 있는 줄타기 연희 내용이 조선후기부터 지속되었음도 알 수 있다.

함화진은 줄타기를 연행할 때에는 음악 반주가 필요했고 악기의

있다.

16) 이호승, 「한국 줄타기의 역사와 연행 양상」, 『공연문화연구』 14집, 2007, 410-411쪽.

편성에는 북 · 피리 · 거문고 · 저 · 해금 · 장고 등이 사용되었음을 분명히 전해 준다.

> 창악에는 다만 고수(鼓手) 한 사람이 북 하나로 노래의 박자를 조절하고, 그 노래의 효과를 발휘할 뿐이나, 재인(才人)은 줄을 타거나 땅재주를 할 때에는 또 음악의 반주를 필요로 하고, 여기에는 피리 · 저 · 해금 · 장고 · 북 등을 사용하니……[17]

줄타기의 반주 음악은 삼현육각으로 편성되어 있다.[18] 줄광대는 줄 위에서 연행을 펼치고 어릿광대는 지상에서 줄광대와 재담을 주고받는다. 이때 악사들은 줄 아래 한 편에 한 줄로 앉아서 악기를 연주한다. 삼현육각의 쓰임새는 매우 다양해서 승무와 학무 등의 민속무용 반주뿐 아니라, 각종 연례(宴禮)와 연향(宴享)의 거상악(擧床樂)과 지방의 향교(鄕校)나 마을제사에도 사용되었고, 줄타기 등 곡

---

17) 함화진, 「국악 오십 년 회고사」『음악생활』 1월호, 국민음악연구회, 1966, 148쪽.

18) 삼현육각(三絃六角)은 악기 편성에서 향피리 2 · 대금 · 해금 · 장구 · 북의 6인조가 원칙이지만, 경우에 따라서 악기의 종류나 편성 인원에 조금 차이가 있을 수 있다. 조선 후기 김홍도(金弘道)나 신윤복(申潤福)의 풍속도에서 모두 향피리 2 · 대금 · 해금 · 장구 · 북으로 편성되어 있으나, 근래의 무용 반주에서는 피리 2개 대신 피리 1개로 연주하는 경우가 많다. 현행 삼현육각 편성은 대개 악기의 종류나 편성 인원이 옛날의 원칙과는 다르게 편성된다. 특히 민속 삼현육각이라고 할 수 있는 굿판(巫儀式)의 삼현육각이나 탈춤판의 삼현육각은 형편에 따라 매우 다양하게 편성된다. 〈서울굿〉의 경우 피리 · 대금 · 해금 · 장구 · 바라로 편성되고, 〈경기도당굿〉의 경우 피리 · 대금 · 해금 · 장구 · 징으로 편성되며, 〈양주별산대놀이〉의 경우 피리 · 해금 · 대금 · 장구로 편성된다. 삼현육각의 연주형태로는 무용 반주로 사용되는 경우에는 김홍도와 신윤복의 풍속도에 그려진 것처럼 모두 일렬로 앉아서 연주하게 되는 데 앉는 순서는 꼭 일정하지 않다. 삼현육각을 연주하는 장소는 〈양주별산대놀이〉의 경우 '삼현청(三絃廳)'이라고 한다. 삼현육각은 행악(行樂)으로 사용될 때는 여러 가지 연주 형태를 취한다. 임금의 행차에는 어가(御駕)의 앞뒤에 2개조의 악대(樂隊)가 따르고, 앞의 것은 전부고취(前部鼓吹)라 하여 대취타(大吹打)의 악기편성이고, 뒤의 것은 후부고취(後部鼓吹)라 하여 삼현육각의 편성이다. 이 삼현육각 악사들은 '세악수' 또는 '삼현수(三絃手)'라고도 불렸다. 민속음악의 삼현육각은 과거에는 지방 관아의 연례(宴禮)나 행차에서도 사용되었다.(장사훈, 『한국음악사』, 정음사, 1970; 이보형, 『무형문화재 음악조사보고서 Ⅳ-삼현육각』, 문화재관리국, 1984 참조)

예(曲藝)의 반주 음악과 각종 행진의 행악(行樂)으로도 활용되었다. 삼현육각으로 구성된 줄타기 반주 음악은 줄광대의 동작을 날렵하고 율동감 있게 만들어준다. 또한 어릿광대가 없이 줄타기를 연행하는 경우에는 악사 중 장구잡이가 어릿광대 역할을 대신 하기도 한다.

삼현육각은 줄고사, 줄광대가 줄에 오를 때부터 줄타기 연행의 전 단계에 쓰여서, 아슬아슬한 줄판의 분위기를 고조시킨다. 또한 줄광대의 휴식을 위해서 단독 연주와 합주를 하는 등 줄광대의 연행을 원활하게 수행할 수 있도록 도와주는 기능을 담당한다.

현재 조사된 남사당패 어름줄타기 음악의 반주에는 어릿광대 양도일, 꽹과리 최은창, 장고 송순갑, 북 지수문, 날라리 송창선 등이 연행을 펼친 것으로 되어 있다.[19] 즉 조송자의 줄타기 반주 음악은 삼현육각 중 피리, 대금, 해금 등이 빠져있다. 필자는 이 조사에만 매몰되어 남사당패 어름줄타기는 삼현육각을 사용하지 않았다고 단정해서는 안 된다고 본다. 이는 당시 풍물 중심의 남사당패 악사 편성에 기인한 것이지, 전통적으로 남사당패는 삼현육각을 사용하지 않은 것은 아니기 때문이다. 조선 후기 감로탱에 그려진 다양한 유랑예인집단들의 줄타기에는 대금, 피리, 해금을 포함해서 여러 악기 반주를 하고 있는 모습을 발견할 수 있다.[20]

윤한병 줄 밑에 사람이 있으면 집중이 안 됩니다. 제가 어머님이 재담을 하거나 노래를 부를 때 유선 마이크를 들고 다녔습니다. 요즘은 무선 마이크가 있으니 그럴 필요가 없지만요. 배우씨는 반주자가 배우씨입니다.

---

19) 심우성, 『남사당패 무형문화재 조사보고서』 40호, 문화재 관리국, 1968, 160쪽.

20) 이에 대한 자세한 연구는 권보나, 「감로탱에 나타난 사당패 연희 연구」, 서울대 석사학위논문, 2015, 76-87쪽 참조.

반주에는 장구, 북, 징, 피리, 해금, 호적 등이 있었어요.[21)]

어름사니 조송자의 아들 윤한병의 회고에서도 반주 음악에 해금과 피리가 사용되었다는 것이 드러난다. 따라서 어름줄타기 복원에는 1968년 발표된 『무형문화재조사보고서』에 삼현육각 반주가 사용되지 않았다고 해서 타악 반주 중심으로만 복원이 이루어져서는 안 될 것이다.

줄타기 음악에서 기예의 수행을 결정짓는 가장 중요한 음악적 요소는 무엇보다도 장단이라 할 수 있다. 현전하는 줄타기에서는 줄광대가 대부분 타령 장단이나 염불 장단에 맞추어 연행을 펼친다. 이러한 타령 장단과 염불 장단은 18세기 중반 이후에야 존재할 수 있었던 당시로는 비교적 빠른 속도의 장단이다.[22)]

줄타기 장단은 모두 삼분박(三分拍)이 주류를 이루고 있다. 삼분박은 ♩.=♩♪=♪♪♪처럼 한 박자를 셋으로 나눌 수 있는 박자를 가리킨다. 특히 우리 음악의 삼분박(♩.)은 앞이 긴 삼분박(♩♪)이 특징이다. 굿거리 장단, 중중모리 장단, 자진모리 장단, 타령 장단 등 우리나라의 기본적인 장단들은 모두 삼분박을 사용하고 있다. 줄타기·땅재주·버나·인형극·가면극·판소리 등 대부분의 전통연희에서 이러한 삼분박을 사용하고 있고 노래와 춤사위 등도 삼분박에 맞추어져 공연되고 있다.[23)]

조송자 어름줄타기 음악의 장단은 염불 장단[24)]과 타령 장단[25)]이

21) 손태도의 윤한병 인터뷰(2015년 11월 19일) - 『덩쿵네 조송자 줄타기 복원 및 활성화 세미나 자료집』, 광주광지원농악보존회, 2015, 68쪽.

22) 백대웅, 『전통음악의 랑그와 빠홀』, 통나무, 2003, 207쪽.

23) 전경욱, 『한국의 전통연희』, 학고재, 2004, 98쪽.

24) 염불(念佛)장단은 대[竹]풍류에서 쓰이는 장단이다. 대풍류는 대나무로 만든 관

주를 이룬다. 이는 광대줄타기에도 해당된다. 줄타기에서 이러한 빠른 장단이 사용되고 있는 것으로 보아 현전하는 줄타기의 기예, 가요, 재담은 기존의 오랜 연희 전통 아래 18세기 이후 발생한 빠른 장단에 맞춰 변화 발전 형성되었을 것으로 보인다.

어름줄타기에서 어름사니가 줄에 오를 때는 긴염불 장단이 사용된다. 긴염불 장단은 삼현육각으로 연주되는 무용 반주 음악으로 쓰이는 3분박 4박자의 느린 장단이다. 긴염불 장단으로 줄에 오른 어름사니는 타령 장단에 맞춰 장단줄, 거미줄 늘이기, 콩심기, 화장사위 등 날렵한 기예를 펼친다.

아래 인용문은 어름사니가 타령 장단을 배경으로 펼치는 억석에미의 화장하는 모습 흉내이다.

어름사니 이번엔 억석에미 쭈구렁 할망구가 아전 밑돌 십년에 돈푼이나 있다구 제법 아주 모양을 내는데, 밀가루를 큰 자배기에 쏟아붓고 밀가루 반죽을 한번 처대 보는데 막 떼어다가 왕토쟁이 체벽치듯 막 발라보는데 야단나는 거렷다. 매호씨! 정기 정기 정적궁(타령 치라는 뜻)

이후 어름사니는 매호씨에게 "국을 부글부글"이라는 말로 굿거리

악기 위주로 편성하여 연주하는 음악을 말하며, 편성은 주로 두대의 피리(목피리와 곁피리)와 젓대(대금), 해금, 장구, 북으로 편성되며, 흔히 삼현육각이라고 한다. 대풍류 음악은 민간에서 승무 같은 춤의 반주음악으로도 쓰이고, 굿판에서 무당춤의 반주음악이나 거상악으로도 쓰인다.

25) 타령장단은 전통 사회에서 궁중의 의례나 정재, 민간의 풍류나 잔치에서 사용되었고, 굿이나 가면극, 민속무, 줄타기 등과 같은 연행에서도 사용되었다. 서울과 경기 지역의 산대놀이와 해서 지역의 탈춤에서는 삼현육각의 장단으로 사용되고, 영남 지역의 야류나 오광대에서는 풍물의 장단으로 사용된다. 가면극에서 연주되는 타령장단은 등장인물이나 극적 상황에 따라 느린 속도부터 빠른 속도까지 다양하게 활용된다.

장단을 청하고 장단에 맞추어 참봉댁 맏아들 흉내내기를 연행한다.

어름사니 그러나 저러나 이번엔 댓골 막바지 똥백골 참봉댁 맏아들이 한양으로 벼 백석 나귀 실코 탕관 사러 갔는데, 붙으라는 과거에는 말미가 부족하여 급살탕국을 먹고 오관수통 기생 하나 꿰차고 와 머리는 올렸으니 감투는 감투렸다. 그 거동 좀 볼 거렷다. 매호씨! 국을 부글부글(굿거리 치라는 뜻)

굿거리장단을 활용한 후에 연출하는 대부분의 기예는 타령 장단에 맞추어 공연한다. 양반 밤나무 지키기 대목에는 허둥대는 양반의 모습을 보여주기 위해 자진가락이 사용되고, 녹두장군 행차에서는 길군악이 쓰인다.

어름사니 이만하면 내 재주도 바닥이 났으려니와, 그뿐만 아니라 이제 막판에 녹두장군께서 행차를 하신다고 여쭤라! 매호씨!

어릿광대 네에이!

어름사니 이놈! 질(길)군악을 몹시 치렷다!

길군악[26]은 행악(行樂)에 주로 쓰이며, 줄타기에서는 줄광대와 어릿광대(매호씨)의 등장과 퇴장 음악으로 사용된다.[27] 이러한 장단의 활용을 통해 조송자의 어름줄타기는 단순한 묘기가 아닌 춤, 사설,

---

26) 길군악은 길을 가면서 연주하는 행악(行樂)이다. 관현악으로 연주하는 취타(吹打)의 뒤를 이어 관악기만으로 연주하는 곡이다. 길군악을 연주하는 악기는 앉아서 연주해야 하는 현악기가 빠진 대금, 향피리, 해금, 소금, 장구, 좌고 등 휴대가 편한 악기들로 편성한다.

27) 윤순병, 「줄타기 연희와 음악에 대한 연구」, 용인대 예술대학원 석사학위논문, 2004, 37-40쪽.

음악이 한데 어우러진 종합 예술의 면모를 갖추게 된다.

3. 어름줄타기의 재담

줄타기에서 연희자들이 펼치는 재담[28]을 줄여서 줄재담이라 한다. 줄재담이란 어름사니와 어릿광대가 연행하는 갖가지 재치 있는 대사로서, 가요를 포함하는 개념이다. 이러한 재담은 가면극, 인형극, 무당굿놀이, 농악 잡색놀이 등 민속극들에 풍부하게 나타난다. 사실상 이러한 전통극의 사설 대부분이 재담으로 이루어져 있다 해도 과언이 아니다. 우리나라의 민속극들은 그동안 마당과 같은 개방된 공간에서 마치 당대 사람들 공동의 작품처럼 향유되고 전승되어 왔다. 그 결과 이것들은 당대의 여러 문제를 문학적 방식으로 극복하고 즐기려는 요소들을 갖추게 되었다. 그러한 문학적 방식의 대표적인 것 중 하나가 바로 재담의 구사이다. 재담이야말로 인간이 자연과 사회의 여러 문제들을 극복하고 제대로 즐길 때만 가질 수 있는 자유로우면서도 창조적인 정신의 결과물이기 때문이다. 말 중에서 가장 재미가 있고 재치가 있는 재담은 그 의도성으로 인해 실제에 있어 다양한 모습들로 나타난다. 여러 전통극에 사용된 재담들은 실제 말 그대로의 재담, 곁말, 열거의 말, 부연(敷衍)의 말, 과장의 말, 과소(誇小)의 말, 동음이의어(同音異義語), 이어동음어(異語同音

28) 재담(才談)이란 일상생활에서 구전하여 온 여러 가지 전승물(傳承物)에서 듣거나 실제로 하는 재치 있는 말을 뜻한다. 통상 재담이란 실제 생활의 재담을 가리키기보다는 일반적으로 설화를 중심으로 하는 구전 상의 재담과 전문 예능집단의 연희에서 관중의 흥미를 돋우기 위하여 구연되는 재치 있는 말을 지칭한다. 재담을 할 때는 연희자가 그 내용에 알맞게 표정을 짓고 음성을 달리하며 적절한 손발의 동작을 취해야 한다. 축소와 과장 또는 관객의 허점을 찌르는 착상이나 무심히 있는 관객을 끌어들이는 기교가 등장하기도 한다. (임석재, 「재담」, 『한국민속의 세계』, 고려대학교 민족문화연구원, 2001, 391쪽)

語), 이어동의어(異語同義語), 이어유의어(異語類義語), 짐짓 틀리게 하는 말, 잘못한 말, 인과(因果)의 말 등 여러 모습으로 나타난다.[29]

어름줄타기는 단순한 기예가 아니라 음악 · 기예 · 재담이 어우러지는 종합예술이다. 어름줄은 기예를 중심으로 재담과 음악을 유기적으로 결속하고 융합시키는 유형에 해당한다. 이와 유사한 종목에는 땅재주, 솟대타기, 대접돌리기 같은 곡예 종목들이 있다. 이러한 연행 요소의 결속과 융합은 중국 일본 줄타기와 다른 한국 줄타기만의 특수성으로 줄판을 풍부하게 하고 연희자와 관중의 벽을 허물어 줄판이 줄광대와 관중 모두의 신명(神明)의 장이 되게 한다.

어름사니는 줄 위에 올라가서 줄판 전체를 조망하며 연행을 펼치지만, 줄이라는 공간적 제약에 얽매여 있다. 어름사니는 이러한 한계를 극복하고자 줄재담을 통해 어릿광대, 악사 등과 상호 협력하여 연행 공간을 극적 공간으로 확장시킨다.

어름사니는 줄재담을 통해 기본적으로 기예의 내용과 상황을 설명하고, 나아가 풍자와 해학을 통해 관중의 내적 분노와 갈등을 이완시킨다.

어름사니는 자신의 기예뿐만 아니라 줄재담이 관중의 흥미와 공감을 얻지 못하면, 관중의 집중력은 약화되고 공연이 흥행할 수 없기 때문에, 관중의 성향과 반응을 파악하여 호기심을 유발할 수 있는 재담을 지속적으로 구사해 나갈 수 있어야 한다. 어름사니는 연행 상황에 따라 다채로운 전환이 가능한 줄재담을 통해 관중의 공감을 유도하고 관중과의 직접적 소통을 시도하게 된다. 결국 줄재담은 줄타기가 단순한 기예를 넘어 극적인 성격을 가지고 효과적으로 주제

29) 손태도, 「재담」, 『한국민속예술사전 : 민속극』, 국립민속박물관, 2015, 446쪽 요약 인용.

의식을 표출할 수 있는 연희로 성장하는 동인이 되었다.

또한 줄재담은 각각의 연희본마다 개성적인 면이 있어 주목된다. 이것은 줄재담이 애초에 공연 현장에서 기예를 돋보이게 하고, 공연 내용을 관중에게 극적으로 전달하려는 의도에서 비롯된 것이므로, 어름사니 개인 특성 또는 공연 현장의 분위기에 따라 다양한 변이를 일으키게 되기 때문이다.[30] 따라서 줄재담의 이러한 성격은 가면극이나 판소리와 같은 구비 연행 문학의 보편적 특성에 해당한다. 그러나 가면극과 판소리의 재담에 대해서는 지금까지 정치(精緻)한 분석이 이루어졌지만,[31] 이에 비해 대중성이 약한 줄타기의 재담은 그간 연구자들의 주목을 받지 못해 왔다. 따라서 아직 연구가 활발하게 이루어지지 못한 실정이다.

(1) 어름줄재담의 언어적 특징

가. 비속어와 음담

비속어(卑俗語)는 남을 낮추어 부르는 말이나 품격이 낮은 상말을 뜻한다. 비속어는 일상 언어가 지루하다고 느껴져서, 새로운 것을 요

30) 줄재담은 현장 상황에 따라 변경할 수 있는 재담 운용의 자율성이 강한 말하기 기능이 활성화된 구비 연행 문학이다. 따라서 줄타기가 활성화되고 효율적으로 전승되려면 기예의 전승에만 힘쓸 것이 아니라, 줄재담이 박제화된 연희본을 넘어서 현장 상황에 맞는 수많은 변이가 가능할 수 있도록 줄광대의 재담 운용 능력을 신장시키는 방향에도 중점을 두어야 할 것이다. 구비문학 전승의 효과적 방법으로 사설 운용 능력의 강화에 중점을 둔 논의로는 강등학, 「노래의 말하기 기능과 민요 전승의 방향 모색」, 『한국민요학의 논리와 시각』(민속원, 2005)이 있다.

31) 서대석, 『한국 구비문학에 수용된 재담연구』, 서울대학교출판부, 2004; 전경욱, 「우희와 판소리 가면극의 관련 양상」, 『한국민속학』 34호, 2001; 전경욱, 「가면극 대사의 표현언어」·「가면극의 대사와 가요의 형성원리」, 『한국 가면극, 그 역사와 원리』, 열화당, 1998 등이 대표적 연구이다.

구하는 욕망을 만족시키고자 하는 동기, 해학이나 쾌감의 욕망을 만족시키려는 동기, 통상 언어에 어떠한 변화를 가함으로써 정상적이고 보편적인 것에 대한 반감을 표현하고, 이것을 희화(戱畵)하려는 동기에서 발생한다.[32)]

어름줄타기 줄재담에는 일상 세계라면 피해야 하는 비속어가 사용되고 이를 통해 일상을 넘어서는 자유로운 의식 세계를 보여준다.

어름사니 엑기 이놈 네미 쓸개가 붙을 놈, 자 그러면 이번엔 거미가 줄을 늘이는데 양발을 늘이는 거렷다.

어름사니 이리 소리를 한참 부르고 나니, 옆에서 어떤 놈이 부시시 일어나기에 보니, 몸뚱이는 집채만하고 대갈통은 물레덩어리만하고 눈깔은 사기 요강만한 놈이 두리번 두리번하며 일어서는데, 코는 꼭 주리병만하겄다. 이런 놈이 꼴에 사내라고 계집을 호려볼려고 하는데, 이 청춘이 한번 끌어볼 작정인데, 이놈이 소리를 한번하는데 제가 제법 나를 호리겠다고 하는 장면이 우습것다.

줄재담은 공연언어이다. 따라서 관중의 즐거움을 배가시키는 쪽으로 유희성을 강화하기 마련이다. 줄재담이 청중에게 영향력을 행사하지 못할 때, 공연은 실패하므로 어름사니는 관중에게 친밀한 재담을 만들어 사용해야 한다. 따라서 줄재담에서는 관중에게 익숙한 비속어를 사용해서 순간순간 관중들의 관심을 효율적으로 끌어 모은다.

---

32) 최학근 외 편, 1973, 「방언과 특수어」, 『국어방언학』, 형설출판사, 116-119쪽.

음담이란 성에 대한 속되고 투박스러운 음란(淫亂)한 말을 뜻한다. 음담과 비슷한 용어에는 외설어(猥褻語)가 있는데, 여기서 외설이란 성욕을 자극하는 난잡한 행위를 뜻한다.[33] 따라서 음담이란 남녀 간의 성애에 관해 난잡하게 묘사하는 말이다.

어름사니 이 중 행세가 이러하디 중노릇은 다 집어치고 인간세계에 내려가서 남과 같이 살아보세. 매호씨! 이것 갖다 네 마누라 주면 아들 새끼 잘날걸세(확 집어던진다) 남무 남무 남무 남무 남무 남무로다

비속어와 음담의 사용은 관객들의 호기심을 자극함으로써 억압적인 일상의 질서 아래 긴장감을 느끼며 살아가는 관객들의 마음을 풀어주고 여유를 제공한다. 어름사니는 관중에게 익숙한 비속어와 음담을 사용함으로써 순간순간 공연 분위기를 살리고 관중의 관심을 강화시켜나간다.

나. 속담과 기존가요

속담(俗談)이란 민간에서 전해 내려오는 속된 이야기를 뜻한다.[34] 일반적으로 속담은 구성하는 낱말의 의미를 통해 전체적인 표현의 의미를 추정할 수 있다. 속담은 대화 중에 삽입되어 의사소통을 원활하게 만드는 효과를 거두고 구체적이고 특수한 사례를 진술함으로써 일반적이고 보편적인 의미를 깨닫게 해주는 기능을 한다. 어름사니는 줄재담에서 간결한 형식의 속담을 사용해서 구경꾼들의 흥

33) 『동아 새국어 사전』 5판, 두산동아, 2004, 1740쪽.
34) 『동아 새국어 사전』 5판, 두산동아, 2004, 1361쪽.

미를 유발하고, 자신이 표현하고자 하는 기예의 효과를 적절하게 전달한다.

어름사니 - 내 한번 건너가는데 잘 건너가면 재주가 용코 못 건너가면 재주가 메주가 되는 판이렷다.

어릿광대 - 허 그놈 낙동강 오리알 떨어지듯 딱 떨어질 줄 알았더니 메주가 재주로구나.

어름줄타기 줄재담은 기존의 가요들을 차용하고 개작해서 재담 속에 삽입시켜 재담의 폭과 깊이를 확장하고 공연장에 신명과 흥겨움을 가져온다. 1965년 국립영화제작소에서 제작한 조송자 어름줄타기 16mm 기록 영화를 보면 조송자는 〈뱃노래〉, 〈새타령〉 등의 기존 가요를 불렀다. 여기서는 연희본에 수록된 가요를 중심으로 논의를 진행하고자 한다.

중 중 중 나려온다 대사가 나려온다
저 중아 거동 바라 저 중아 호사 바라
굴갓 씨고 장삼 입고 염주는 목에 걸고
단주 팔에 걸고 백세포 장삼에 진홍빛 띠고
소연당사 미륵관자는 귀 우에대 딱 붙이고
그리 백통 반화장도 고름에다 늦이 차고
구절죽장 손에 들고 이리 흔들 저리 흔들
철철 철철거리고 나려온다
(중략)
에라 이 중아 물러앉거라 어어 저 중 행패마오
귀 우에만 중이지 귀밑에도 중인가

좋은말로 허락하면 백 년 동락 어떠한가
당글맞고 빼골이 터져도 딘중거리고 들거간다
얻었구나 얻었구나 평생 소원을 얻었구나
마쳤도다 마쳤도다 평생 소원을 마쳤도다
중놈이 좋아라고 장삼자락이 훨훨 너울거리고 춤을 춘다

- 민요 〈중타령〉[35]

민요 〈중타령〉은 파계한 중의 치장과 외관을 묘사하면서 남성적 욕망을 직접적으로 드러내고 있다. 이를 조송자는 다음과 같이 응용하여 표현하고 있다.

(중타령)
중 하나 내려온다
중이 하나 내려온다
저 중에 거동 보소
억단 말로 빈말이요
검단 말도 빈말이요
저 중에 거동 보소
다홍띠 둘러 띠고
백팔염주 목에 걸고
단주는 팔에 걸고
구절 죽장 손에 짚고
흐늘거리며 내려온다.
저 중에 거동 보소
광채는 푹 퍼지고
저 중에 잇속 보소

35) 조동일, 『서사민요연구』, 계명대출판부, 1970.

당사실로 엮은 듯이
저 중에 두 눈은
소상강 물결 같고
저 중에 두 눈썹은
왼 얼굴 뒤덮은 듯
저 중에 양 귀는
왼 어깨 축 처지고
염불하며 내려온다
저 중에 거동 보소
광채는 처절 철
목탁은 또드락 똑딱
바라져서 중상인가
가사 메어 중상인가
고깔을 써서 중상이런가
이 중상 거동 보소
염불하며 내려왔네
청암은 칠벽산
때구르르 궁글려도
실금도 아니갈 중
저 중에 행세 보소

어름사니는 젊음의 열병에 들뜬 처녀 총각의 심정을 드러내는 부분에서 경기 민요 〈오봉산타령〉을 차용하여 다음과 같이 표현했다.

오봉산 꼭대기 에루화 돌배나무는
가지가지 꺾어도 에루화 모양만 나누나
에헤요 어허야 영산홍록(暎山紅綠)의 봄바람

오봉산 제일봉에 백학이 춤추고
단풍진 숲속엔 새울음도 처량타

오봉산 꼭대기 채색 구름이 뭉게뭉게
만학(萬壑)의 연무(烟霧)는 에루화 아롱아롱

오봉산 꼭대기 홀로 섰는 노송 남근
광풍(狂風)을 못 이겨 에루화 반춤만 춘다

그윽한 준봉(峻峯)에 한 떨기 핀 꽃은
바람에 휘날리어 에루화 간들거리네

달도야 밝구요 에루야 별도나 밝구요
임 오실 문전에 에루화 빛도 밝구나

바람아 불어라 에루화 구름아 일어라
부평초(浮萍草) 이내 몸 끝없이 한없이 가잔다

바람아 불어라 에루화 비 올 줄 알면은
부평초 이내 몸 빨래질 가느냐

오봉산 기슭에 아름다운 꽃들은
방실방실 웃으며 이 봄을 즐겨 주노라

- 경기민요 〈오봉산타령〉[36)]

오봉산 꼭대기
에루화 돌배나무는

---

36) 하응백 편저, 『창악집성』, Human&Books, 2011, 583쪽.

가지가지 꺾어서
영산홍이로구나요
에헤이요 데헤이야
연사홍록에 봄바람
가는 님 허리를
에루화 더덤썩 안고서
가지를 말라고
에루화 통사정을 하누나
에헤이요 에헤이야
영산홍록에 봄바람

- 조송자 〈오봉산타령〉

〈오봉산타령〉은 아름다운 오봉산에서 보내는 하루를 묘사하는 노래로 사설의 첫머리가 오봉산으로 시작하기 때문에 〈오봉산타령〉이라 부른다. 굿거리 장단에 경쾌하고 흥겨운 선율로 이루어져 있으며, 노래하는 동안 가창자가 중간마다 입타령을 넣어 흥을 돋우는데 싱숭생숭한 젊은이의 마음을 잘 표현했다.

또한 어름줄타기에서는 임일남 작사, 박귀희 작곡의 창작 신민요 〈내 고향의 봄〉을 차용하여, 풍년을 노래하는 문맥에 맞게 내용을 일부 개작하여 처녀 총각 소리로 〈풍년가〉를 다음과 같이 표현하고 있다.

뒷동산 살구나 꽃은 가지가지가 봄빛이요
꽃 피고 뻐꾹새 우는 보리밭 머리엔 풍년일세

얼럴럴 럴럴럴 상사디요 얼럴럴 럴럴 상사뒤요
오 음 얼널럴 널 상사디요

앞 냇가 능수나 버들 꾀꼬리 앉아서 울음 울고
저 가지 휘어나 꺾어 우리님 울밑에 꽂아보세

- 신민요 〈내 고향의 봄〉[37]

뒷동산 살구꽃은 가지가지가 봄빛이요
곳곳에 푸른 산은 보리밭 머리가 풍년이요
에헤이요 올로로이 상사디야 에헤이요 올로로이 상사디야
에헤이 에이 에루화 좋다 풍년이로구나.

- 조송자 〈풍년가〉

어름사니는 신민요 〈내 고향의 봄〉을 원곡보다 육감적이고 해학적으로 변화시켜 맥락에 적합하게 사용했는데, 이는 기존 가요의 표현을 존중하며 극적 구성에 맞게 변형시킨 결과이다.

어름사니는 관중으로부터 상급을 받고, 거기에 상응하는 〈돈타령〉을 불러 상급을 올려준 관객의 재수를 빌어주었다.

어름사니 지가(제가) 여자의 몸으로 이런걸 한다 해서 ○○께서 상급을 올리셨는데 이것은 어름 잘탄다고 쓰신건 절대로 아니겠고 여자로써 줄을 타니 안락시럽고 귀여운 마음으로 이 돈을 쓰셨는데 재수 있으시게 축원[38]을 한마디 하는데, 이리 하는거였다.

(돈타령)

---

37) 하응백 편저, 『창악집성』, Human&Books, 2011, 845쪽.

38) 축원(祝願), 신적 존재에게 자기의 뜻을 아뢰고 그것을 성취시켜 달라고 비는 일. 성주풀이굿에서 곡식과 돈을 상 위에 받아놓고 외는 고사문이나 그것을 외는 사람을 가리키는 말로도 쓰였다.

돈봐라 돈봐라
이돈 근본을 알아보자
잘난 사람은 못난돈
못난 사람은 잘난돈
돈봐라 돈봐라
어델갔다 인젤왔나
하날에서 떨어졌나
땅에서 불끈 솟아났나
바람결에 싸여왔나
구름 끝에 흘러왔나
맹정구원 술레바퀴 같은
둥굴 둥굴 생긴돈
생사지곤이 붙은돈
의리행톡에 붙은돈
이돈을 쓰신후에
재수사망을 생겨주자
외상자리는 물리치고
맞돈자리로만 들어올 때
앞노적에 뒷노적에
담불 담불에 불어주고
농사를 짓터라도
수천석이 쏟아지고
의지가지가 좋을소냐
아들낳면 효자충신
딸을 낳면은 열녀충신
글책명 발책명
도와주고 도와주세
남의집 가정은
이러니 저러니 할지라도

○○씨역에 가중
우환채련 걱정근심
모지랑비로 싹쓸어
의주 압록강에다가 수면하고
웃음으로다 연락하고
춤으로다 대기하고
의지가지가 좋을소냐
얼시구나 절시구나
지화자가 좋을시고
요런 좋데가 또있겄나

- 조송자 〈돈타령〉

흥보 마누라 나온다. 흥보 마누라 나온다
어디 돈, 어디 돈, 돈 봅시다. 돈 봐
놔두어라 이 사람아 이 돈 근본을 자네 아나
잘난 사람도 못난 돈, 못난 사람도 잘난 돈
맹상군(孟嘗君)의 수레바퀴처럼 둥굴둥굴 생긴 돈
생살지권(生殺之權)을 가진 돈 부귀공명
이 붙은 돈. 이놈의 돈아 아나 돈아 어디 갔다 이제 오느냐
얼씨구나 절씨구 돈 돈 도오온 돈 돈 돈 돈 돈 봐라
여보 마누라 이 돈 가지고 쌀 팔고 고기 사서
육죽을 누그럼하게 열한 통만 쑤소
아이도 한 통 어른도 한 통 각기 한 통씩을 먹여놓으니
식곤증이 나서 앉은자리에서 고주배기잠을 자는디
죽 멀국이 코끝에서 소주(燒酒) 후주 내리듯 댕강댕강 허것다.

- 판소리 ≪흥보가≫

〈돈타령〉은 판소리 흥보가 중 흥보가 환자(還子)[39]를 얻으러 갔다

가 호방의 권유로 매품을 팔기로 약속한 후 매삯으로 닷 냥을 받아 집에 돌아와 아내에게 큰소리치며 부르는 소리 대목을 말한다. 〈돈타령〉 사설은 돈의 생김새와 돈의 속성을 그 내용으로 한다. 우선 돈의 생김새를 묘사한 맹상군(孟嘗君)의 수레바퀴처럼 둥글둥글 생긴 돈이라는 구절은 부자였던 맹상군의 이름이 돈을 가리키는 전문(錢文)과 동음이었던 데 착안한 것이다. 〈돈타령〉에서 노래한 돈의 속성은 그것이 무소불위(無所不爲)의 위력을 지녔다는 점이다. 돈은 못난 사람이든 잘난 사람이든 모두가 다 원하는 바이며, 부귀공명의 매개물이면서 생살지권(生殺之權)까지 지녔다고 한다.

어름사니는 판소리의 〈돈타령〉의 경우처럼 서민 생활에 가장 중요한 요소인 경제적 번영을 상급을 올려준 사람뿐만 아니라 놀이판에 모인 관중 모두가 누리기를 기원해 주는 것이다.

(2) 어름줄재담의 기능과 주제 의식

어름사니는 공연 도중 여러 가지 기예를 펼쳐나가면서 장면 장면마다 줄재담을 매우 효과적으로 활용하고 있다. 줄재담의 가장 기본적 연행 기능은 줄타기의 기예에 대한 설명, 앞으로 펼쳐질 기예에 대한 예고 등이다. 만약 한국 줄타기가 줄재담이나 음악 반주도 없이 기예만 보여준다면 한국 줄타기는 서양의 서커스와 별반 다를 것이 없을 것이다. 하지만 한국 줄타기는 재담을 통해서 기예가 전개될 상황을 조성하고 연행의 개연성을 부여한다. 줄재담은 자연스럽게 관중들을 줄판의 일원으로 끌어들여서 쌍방향적 소통을 가능하게

39) 환곡(還穀), 조선 시대 관에서 곡식을 사창(社倉)에 저장했다가 백성들에게 봄에 꾸어 주고 가을에 이자를 붙여 거두던 일.

한다. 줄재담의 대표적 연행 기능은 다음과 같다.

첫째, 줄타기 기예의 내용을 풀어서 설명하는 것이다. 하나하나의 기예마다 재담을 바꾸어 가면서, 전체적인 판의 분위기를 긴장과 흥분으로 집중시키는 것이다.

어름사니 매호씨! 내가 이렇게 왔다갔다 놀고만 있을 것이 아니라 콩을 한번 심어볼 것인데, 호미로 땅을 파고 심을 것이지만 이놈은 발로다 심되 이리 한번 심는 거렷다.

어름사니 어하 장히 어렵구나. 옛날옛적 고린장(고려장) 적에 아낙네들이 화장을 하는데, 장분이라는 게 있어가지구 물을 찍어다가 손꼬락으로 개서 발라 보는데 이리 한번 발라보는 거렷다.

둘째, 앞으로 전개될 기예에 대한 정보를 제공하여 관중의 관심을 환기하는 기능을 하기도 한다.

어름사니 매호씨! 이번엔 뒤로 한번 걸어나가는데 앞으로 가다가도 아차 하면 떨어지는 판인데 이놈은 뒤통수에도 눈이 달렸는지, 뒤로 한번 가보는 거렷다.

어름사니 그러나 저러나 이번엔 이 어른께서 외호모거리를 하는데 장히 어렵것다. 까딱하면 못보는 재주렷다. 매호씨 정기 정기 정적쿵

셋째, 해학과 풍자를 가능케 해주는 것이다. 어름사니는 재담을 통해 지배계층을 조롱하고 희화화해서 웃음을 유발한다.

어름사니 이번엔 양반걸음으로 걸어나가는데, 엇찌나 느릿느릿 걷는지 성질 급한 사람은 못보것다. 양반이 멋이 잔득 드니 사죽(사지)이 오구러드는데, 장단을 맞춰서 걸어 나가는데 오뉴월에 쇠불알 늘어지듯하니, 한번 걸어 가는데 정기정기 정적쿵.

어름사니 이번에는 뭐냐하면은 작골 막바지 꼰대꼴댁 샌님이란 분이 한 분 계신데 저 건너다 밤나무를 많이 심어놓고 밤을 지키되 어린애놈들이 밤을 막 따는데 밤 따지 말라고 막 소리를 쳐도 가지는 않고, 이 영감이 화가 잔뜩 나가지고 두 주먹을 불끈 쥐고 쫓아가는 장면인데, 장단을 바짝 몰아 놓고 밤따지 마라!
장기 장기 장작쿵(자진가락의 뜻)

줄재담은 결국 해학과 풍자라는 주제 의식을 구현하게 된다. 어름사니는 줄재담을 통해 지배층을 조롱하고 희화화해서 웃음을 유발하고, 불우한 광대로서 자신의 신분적 제약과 울분 또한 표현한다. 공연에서 이뤄지는 풍자는 공연의 주체와 관객 사이의 내면적 소통이 본질적인 목적이다. 전복(顚覆)을 추구하는 연희자와 관중 사이 역동적인 대화를 실현하는 것이야말로 놀이의 진정한 의미가 된다.

어름사니는 효과적인 의사소통과 관중과의 친화력을 강화시키고자 민중들의 일상어를 재담으로 적극적으로 수용해서, 민중들이 겪는 차별과 불평등이 진하게 배어 나오도록 만든다. 이를 통해 현시대를 살아가는 관중들이 현실적으로 겪는 모순과 갈등을 자극함으로써 사회적 비판 의식을 내면화하게 만든다.

어름사니 그러나 저러나 이번엔 똥골댁 똥땍골 참봉댁 맏아들이 한양으로 벼 백석 나귀 실코 탕관(탕근) 사러 갔는데, 붙으라는 과거에는 말미(뇌물)가 부족하여 급살탕국을 먹고 오관수통 기상(기생) 하나 꿰차고와 머리는 올렸으니 감투는 감투렸다. 그 거동 좀 볼 거렸다.[40]

줄재담의 주제 의식은 지배 계층의 문화인 공식적 문화보다는 피지배 계층의 문화인 비공식 문화와 관련되어 있다. 줄재담에는 공식적인 질서에 의해 움직이는 일상 세계에서라면 사용하기 어려운 욕설이나 저주와 같은 언어들이 비교적 자유롭게 사용되고, 남성과 여성의 적나라한 성애를 보여주는 음담 등이 상당히 많이 사용되고 있다. 줄재담의 이러한 비속성은 전통 사회 민중 언어의 일상적인 속성으로 서민층의 자아 발견을 통해 불평등한 신분적 특권, 남성의 횡포 등 당대의 사회적 갈등을 발산하고 거기서 탈출하려는 몸부림

---

40) 여기서는 조선 사회에서 만연했던 매관매직의 문제를 비판하고 있는 것이다. 조선 후기 주한 일본 외교관의 기록에 따르면 1866년(고종 4)의 시세로 감사는 2만 냥에서 5만 냥, 부사는 2천 냥에서 5천 냥, 군수와 현령은 1, 2천 냥에 거래되었다고 한다. 황현(黃玹, 1855-1910)도 『매천야록』에서 수령 · 진장을 비롯하여 감사 · 유수 · 병사 · 수사 등에 이르기까지 외직은 모두 매도되었는데 돈을 많이 써야 실직을 받을 수 있었기 때문에 만 냥을 주고 벼슬을 제수받기도 했다며 개탄했다. 1863년(고종 1) 함경도 이원 땅에 사는 장세흡(張世洽)이라는 사람은 3만 냥을 내고서야 겨우 수령 자리를 하나 보장받을 수 있었다. 매관매직은 수요에 비해 공급이 턱없이 부족했기 때문에 공정한 거래가 이루어질 수 없었다. 먼저 돈을 내더라도 마치 경매를 하는 것처럼 돈을 더 내는 사람이 있으면 그 사람을 관직에 제수하는 바람에 부임하던 중간에 돌아오거나 부임한 달에 바로 해임되는 진풍경이 벌어지기도 했다. 그 때문에 벼슬을 구하려다 가산을 탕진하는 사람들이 적지 않았다. 조선 후기 소설 중 매관매직 문제를 다루고 있는 고전소설 작품에는『채봉감별곡』이 대표적이다. 이 작품에서 김진사가 화적 떼를 만나 벼슬을 사려고 마련한 돈을 모두 빼앗기는 대목은 관직을 구하려다 패가망신한 이들의 모습에 다름 아니다. 19세기 후반 양반가의 일기에는 참봉 벼슬을 제수하는 대가로 3만 냥을 요구받았다는 기사가 여러 곳에서 보인다. 민간에서는 이렇게 울며 겨자 먹기로 제수받은 반갑지 않은 관직을 벼락감투라고 했다. 갑자기 벼슬을 얻었다는 의미가 아니라, 한번 관직에 임명되면 가산을 탕진하는 것이 마치 벼락을 맞은 것과 같다는 뜻에서 나온 말이다.(신병주 · 노대환, 「매관매직의 실상 - 채봉감별곡」, 『고전소설 속 역사여행』, 돌베개, 2005, 359-360쪽)

을 보여준다.

어름사니 이번엔 억썩에미 쭈구렁 할망구가 돈푼이나 있다고 제법 아주 모냥을 내는데 밀가루 한푸대를 큰 자배기에 쏟아 붓고, 밀가루 반죽을 한번 치대 보는데, 막 떼어다가 왕토갱이 체벽치듯 막 발라 보는데 야단나는 거렷다. 매호씨! 정기 정기 정적쿵(타령 치라는 뜻)

어릿광대 이놈아! 목구멍에 풀칠할 것도 없는 판국에 낯짝에다 떡칠을 해. 주리를 틀 놈아!

결국 줄재담은 비공식 문화, 집단적 민중적 특성, 웃음과 패러디를 통해 지배 계층의 권위와 전통을 약화시키고 대립하는 것이 뒤섞이는 대동의 세계를 지향하고 있는 것이다. 따라서 민중 의식의 발현, 서민적 해학의 창출이라는 줄재담의 주제 의식은 줄타기가 놀이의 즐거움과 사회적인 비판 의식을 동시에 충족시켜 주는 수준 높은 공연예술이라는 것을 보여준다.

제4장 남사당패 어름줄타기의 공연 구조

어름줄타기는 일정한 공연 구조 아래 연행을 펼쳐지게 된다. 이장서는 어름줄타기의 연행 구조를 밝히기 위한 작업을 진행하게 되는데, 이를 위해 먼저 살펴보아야 할 점이 있다. 그것은 현존하는 줄타기가 전통사회에서 상류층을 대상으로 했던 광대줄타기와 민간에서 공연을 펼친 유랑예인 남사당패의 어름줄타기로 계열이 나뉜다는 것이다. 그러나 현재 전승되고 있는 광대줄타기와 어름줄타기 연희본을 비교해 보면, 어름줄타기는 도구와 줄의 설치 방법, 재담, 음악 등에서 광대줄타기와 대동소이(大同小異)함을 부인할 수 없다. 이는 어름줄타기와 광대줄타기가 서로 직간접적 영향 관계 속에서 전승되어 왔다는 점을 보여주는 것이다.

줄타기 공연 구조에 대한 이해를 위한 기본적인 자료가 되는 현전 줄타기 연희본의 계통과 현황을 살펴보면 다음과 같다. 연희본의 명칭은 필자가 임의로 정한 것임을 밝혀둔다.

표 1. 줄타기 연희본의 현황

	명칭	채록 시기 및 채록자	최초 발표 지면
어름 줄타기	〈조송자본1〉	1960년대 중반 심우성 채록	심우성, 『남사당패 무형문화재 조사보고서』 40호, 문화재 관리국, 1968.[1]

	〈조송자본2〉	1960년대 중반 심우성 채록	심우성, 「조선줄타기 연희본」, 『서낭당』, 1971년 12월호[2]
광대 줄타기	〈김봉업본〉	1960년대 초반 박헌봉이 채록	박헌봉, 『월간문화재』27호(74, 3) 자료편[3]
	〈이동안본〉	1966년 심우성이 채록	심우성, 「광대줄타기 연희본」, 『창작과 비평』, 33호, 1974.[4]
	〈김영철본1〉	1975년 김천흥 · 정화영 채록	김천흥 · 정화영, 『줄타기 무형문화재 조사보고서』, 118호, 문화재관리국, 1975.[5]
	〈김영철본2〉	1974년 박순호 채록	박순호, 「줄타기 민요」, 『한국민속학』, 7호, 1974.[6]
	〈김대균본〉	2000년 심우성 채록	심우성, 『줄타기』, 화산문화, 2000.

---

1) 이 연희본에는 〈돈타령〉과 쌍호모거리가 포함되어 있다. 그러나 심우성은 이 연희본을 이후 다른 지면에 발표하면서 〈돈타령〉과 쌍호모거리를 제외시켰다. 심우성은 『남사당패 무형문화재 조사보고서』에서 조송자의 줄타기 기예를 18종으로 보고했는데, 1971년 이후 발표된 글에서는 줄타기 기예를 17가지로 축소시키는 오류를 범하게 되었다. 안타까운 사실은 이 오류가 이후의 모든 연구와 전승에서 답습되고 있다는 것이다.

2) 심우성, 『남사당패연구』, 동화출판공사, 1974; 심우성, 『공간』 9권 5호, 1974; 심우성, 『마당굿 연희본 I』, 깊은샘, 1988; 심우성, 『남사당놀이』, 화산문화, 2000에 재수록. 이 연희본에는 1965년 8월 20일 장충단공원, 1968년 10월 24일 경복궁 후정, 1970년 5월 18일 전남대학교 운동장 등에서 있었던 어름사니 조송자와 어릿광대 양도일의 실연(소요 시간은 대략 1시간 30분) 녹음을 정리했다는 구체적 채록 정보가 제공되어 있다.

3) 심우성, 『남사당패연구』, 동화출판공사, 1974; 『김봉업 줄소리 해금가락 CD』, 국립문화재연구소, 1999에 재수록.

4) 심우성, 『마당굿 연희본 I』, 깊은샘, 1988에는 채록 시기를 1963년으로 쓰고 있는데, 이는 1974년에 발표한 「광대줄타기 연희본」에 1974년 5-7월까지 이동안과 대담 및 녹음을 진행했고, 이동안의 채록본 확인 작업이 이루어졌다는 사실이 자세하게 언급되어 있어 1963년이 오기라는 점을 명확하게 알 수 있다. 이 연희본은 심우성, 『줄타기』, 화산문화, 2000에도 재수록되어 있음.

5) 신찬균, 『민속의 고향』, 진흥출판사, 1978, 재수록. 이 연희본은 줄타기의 일반적 공연 구조가 보이지 않고 어릿광대가 없는 줄타기 기예가 중심이 된 도막줄 연희본이다.

6) 박순호는 김영철의 줄타기 연희본을 포함하여 줄타기 전반에 대한 논의를 「줄타기에 대하여」라는 제목으로 1976년 『군산수산전문학교논문집』 10집 1호에 발표한 후, 이를 보충하여 『한국민속학』, 13호, 1980에 같은 제목으로 재발표했다. 이 논문에는 이동안, 조송자 줄재담과의 간략한 비교가 실시되었다. 하지만 이 논문들에 수록된 연희본은 1974년에 발표된 「줄타기 민요」의 연희본보다 많은 내용이 생략되어 있다. 박순호는 1976년 발표한 「줄타기에 대하여」에서

현재까지 전승되는 줄타기 연희본은 ①〈조송자본1〉, ②〈조송자본2〉, ③〈김봉업본〉, ④〈이동안본〉, ⑤〈김영철본1〉, ⑥〈김영철본2〉, ⑦〈김대균본〉 등 총 7종이다. 이들 중 ①과 ②는 남사당패 어름줄타기 연희본이다. ④, ⑤, ⑥, ⑦은 모두 ③의 영향을 받은 것이다. ③은 현전하는 줄타기 연희본 중 가장 고형에 해당하고, 전통 사회 줄타기의 모습을 가장 충실하게 보존하고 있는 것이라 할 수 있다. ⑦은 가장 최근의 것으로 ③, ④, ⑤, ⑥의 장점을 수용한 종합적 성격을 띠고 있다.[7]

줄타기는 현장성이 강한 전통연희 종목이기 때문에 항상 일정한 흐름에 따라 공연이 진행되는 것이 아니어서, 공연 구조를 파악하는 일이 쉽지 않다. 게다가 현재는 김대균을 제외하고는 광대줄타기의 김봉업, 이동안, 김영철과 어름줄타기의 조송자가 모두 사망한 관계로, 실제 공연 현장을 통해 연행 양상을 파악하는 것 또한 쉽지 않은 상태이다. 그러나 다행한 것은 조송자가 전승의 기본이 되는 영상자료와 채록본 및 인터뷰를 남겼다는 점이다.

여기서는 남사당패 어름줄타기 연희자인 조송자의 연행을 중심에 놓고 여러 광대줄타기와 공연 구조를 구체적으로 비교해 보고자 한다. 아래의 도표는 현재 전해지는 줄타기 연희본의 공연 구조에 따

김영철이 1974년 6월 아리랑 여성 농악단의 일원으로 군산에서 공연한 내용을 채록한 「줄타기 민요」의 줄재담과 가요는 김영철이 젊은 시절부터 연행해온 것이 아니라, 김영철이 김봉업의 줄재담 테이프를 구해 듣고 여기에 기억을 되살려 재구한 것임을 밝혔다. 또한 필자가 김영철의 재담과 이동안의 재담을 대조해 본 결과 김영철은 이동안의 재담도 참고해서 줄재담을 재구했음을 알 수 있다. 〈김영철본2〉도〈김영철본1〉처럼 어릿광대와 삼현육각 반주가 없는 기예 중심의 도막줄 연희본이다.

7) 현재 전승되는 줄재담 채록본 중 ①, ②, ⑤, ⑥, ⑦은 실제 연행 현장을 통해 이루어진 것이고, ③과 ④는 채록 당시 연희자들이 고령이었던 관계로 구술에 의존한 것이다. 하지만 20세기 말에 복원된 ⑦을 제외하고 현재 채록된 연희본들은 현장을 통해 채록된 것이나 구술에 의존한 것이나, 모두 채록 당시 연희자들이 전통 판줄을 공연한지 오래되었기 때문에 많은 재담과 가요를 잃어버린 형태일 것으로 보인다.

라, 연행 양상을 정리한 것이다. 이를 통해 줄타기의 공연 구조는 각각의 연희본마다 창의적인 면이 있다는 것을 볼 수 있다. 이것은 줄타기 연행이 줄광대의 개성과 공연 현장의 상황에 따라 여러 변이를 일으키기 때문에 발생한 결과이다.

줄타기 연행은 구조상 다소의 생략과 첨가가 있기는 하지만 광대줄타기는 대체로 줄고사로 시작하여 전반기예로 관중의 극적 긴장을 압박하고, 중놀이와 왈짜놀이를 통해 전반기예로 인하여 형성된 관중의 극적 긴장을 이완시키고 흥미를 유발한다. 이렇게 이완된 관중의 극적 긴장은 후반기예를 통해 극도로 압박되었다가 마무리되는 흐름을 가지고 있다.

이에 비해 어름줄타기는 줄고사, 중놀이, 전반기예, 전반흉내내기, 후반기예, 후반흉내내기, 마무리 순서로 줄타기를 연행해 나간다. 어름사니는 이러한 연행의 기본 틀을 손상하지 않는 범위에서 상황에 따라 다소의 변화를 추구하게 된다. 줄타기는 이러한 내적 질서 속에 기예, 재담, 음악이 지속적으로 협연(協演)하는 방식에 의해 실현된다. 이것은 창과 아니리의 반복적 서사 구조를 지니면서, 긴장의 압박과 이완을 반복하는 판소리의 공연 구조와 유사한 측면이 있다.[8)]

표 2 줄타기의 공연 구조

공연 구조	광대줄타기				공연 구조	어름줄타기
	김봉업	이동안	김영철	김대균		조송자
줄고사		줄고사	줄고사	줄고사	줄고사	줄고사
전반기예	기예	기예	기예	기예	중놀이	등장, 외모, 파계, 환속

8) 조동일 · 김흥규, 「판소리의 서사적 구조」, 『판소리의 이해』, 창작과 비평사, 1978, 116-126쪽.

중놀이	등장	등장	등장	등장	전반기예	앞으로 가기
						장단줄
	외모	외모	외모	외모		거미줄 늘이기
	왈짜와 문답	왈짜와 문답	왈짜와 문답	왈짜와 문답		뒤로 훑기
	팔선녀 희롱	〈새타령〉	팔선녀 희롱	팔선녀 희롱		콩심기
	생원의 징치	팔선녀 희롱	생원의 징치	생원의 징치	전반 흉내내기	화장 사위
	신세 자탄	생원의 징치	신세 자탄	신세 자탄		참봉댁맏아들
	중의 환속	신세 자탄	중의 환속	중의 환속		억석에미 화장 사위
		중의 환속				오봉산타령
왈짜 놀이	왈짜 등장	왈짜 등장	왈짜 등장	왈짜 등장		풍년가
	앉음새	걸음걸이	〈새타령〉	〈새타령〉	후반기예	외호모거리
	화장하기	앉음새	앉음새	걸음걸이		쌍호모거리
	〈새타령〉	화장하기	화장하기			돈타령(축원)
			걸음걸이			허궁잽이
후반기예	기예	기예	기예	기예		가새트름
마무리	줄에서 내려옴	줄에서 내려옴	줄에서 내려옴	줄에서 내려옴		외허궁잽이
						쌍허궁잽이
					후반 흉내내기	양반 걸음
						양반 밤나무 지키기
					마무리	녹두장군 행차

1. 줄고사

어름사니는 작수목에 줄을 걸고 의상·소도구를 착용하고 줄에 오를 준비를 끝내면 줄고사를 지낸다.[9] 줄고사의 고사문은 어름사

9) 한국 전통연희 공연에서는 연희를 시작하기에 앞서 고사를 지내는 경우가 많았다. 양주별산대놀이와 봉산탈춤 등에서는 가면극을 연행하기 전에 고사를 지내며 세 종류의 과실, 소머리, 돼지다리, 술 등을 차려 놓는다. 양주별산대놀이에서는 길놀이를 마친 후 놀이마당에 탈을 진열해 놓고 탈고사를 지낸다. 탈의 배열 순서는 신할아비와 미얄할미가 연장탈이라 하여 가장 위에 위치하고, 다음에 노장과 연잎을 놓고, 나머지는 등장 순서에 따라 배열한다. 제물로 소머리·편·누름적·삼실과·강정·북어 등을 진설한 다음에 일동이 제상 앞에 도열하여 고사를 지낸다. 초헌관이 술을 올리고 절을 하면 모두 함께 절을 하고, 모두 엎드려 절한 상태에서 축문을 읽는다. 축관이 축문을 읽은 다음에 소

니가 읊는데 그 내용은 이미 사망한 줄타기 스승과 선배에게 아무 사고 없이 무사히 줄을 타게 해달라고 빌고, 줄타기 관중들에게는 건강과 행운이 깃들기를 기원하는 것이다.

고설 고설 고설 고설
고설 고설 고오설
섬겨 드리는 고사로다
이 고사를 드리는 건
다름이 아니오라
○○(장소) ○○(때)에
줄할머니 줄할아버지께
고사를 드리는데
축원덕담대로 재수 있고
맘 먹고 뜻 먹은 대로
소원 성취 이뤄주고
조씨(趙松子) 귀주가

지를 올리고 나서 초헌관과 일동이 같이 재배한다. 이어 아헌관·종헌관 등이 차례로 술을 올리면서 탈고사를 마치는데, 이를 서막고사라고도 한다. 수영야류에서는 정월 대보름 오전 가면극을 연행하기 전에 마을의 주요 장소를 돌며 고사를 지낸다. 놀이꾼들은 풍물을 대동하고 수영 지역의 동제당인 송씨할매당과 조씨할배당, 마을 사람들의 식수원인 먼물샘, 그리고 최영장군당에 가서 고사를 지낸다. 이것은 새해를 맞은 마을의 안녕과 풍요를 기원하는 동시에 들놀음을 무사히 마치기를 비는 의미도 있다. 또 탈을 제작한 뒤 놀이가 무사히 마치기를 기원하는 탈제도 올린다. 야류에 쓰이는 탈과 도구는 부정을 타지 않는 일정한 장소에서 제작한다. 제작자들은 여러 날 동안 정성껏 탈을 만들며 부정한 짓을 하지 않는다. 특히 탈 제작이 끝나면, 마당에 만든 탈을 모두 모셔 놓고 간단한 제물을 차려 고사를 지낸다. 이처럼 수영야류는 연행을 준비할 때부터 마칠 때까지 탈제, 산신제, 고사 등 무속적 의식이 가면극과 긴밀하게 연결되어 거행되고 있다. 가산오광대에서는 가면극을 연행하기 위해 궤짝에 보관해 두었던 가면을 꺼낼 때 놀이꾼이 모인 가운데 양반 역을 맡은 사람이 고사를 지냈다고 한다. 통영오광대에서도 보관해 두었던 가면을 꺼낼 때, 그리고 가면극을 시작하기 전에 간단히 고사를 지냈다고 한다. 하회별신굿탈놀이에서도 평상시에 가면을 보려면 상임 제주(祭主)인 산주(山主)가 제물을 차려 놓고 고사를 지낸 다음에야 궤문을 열어 가면을 볼 수 있었다. 그렇지 않으면 탈이 난다고 믿었다.(전경욱 편저, 『한국전통연희사전』, 민속원, 2014, 108쪽)

줄할머니 줄할아버지를 위하여
이 정성을 드리오니
나비몸 되고 새몸 되어
남의 눈에 꽃과 잎으로 보이고
소원성취를 발원하오니
여기 오신 여러 손님
이 구경을 보시고 가시더라도
귀설수 실물수 수몰하고
소원성취 이루어
만사가 대길하게시리
점지하여 주옵소서.

줄고사가 끝나면 어름사니, 어릿광대, 잽이는 배례하고 어름사니는 조상에게 올렸던 술을 양쪽 줄기둥과 줄 그리고 줄판의 한복판에 조금씩 붓는다. 줄의 동편에서부터 오르기 시작한다. 어름사니 조송자의 줄고사에는 광대줄타기와는 다르게 줄할머니와 줄할아버지에게 고사를 지내고, 관중들에 대한 축원이 더욱 확장되어 나타나는 특징이 있다.

줄고사가 줄타기의 가장 첫머리에 등장하는 것은 줄타기가 실제로 매우 위험한 종목이기 때문에 신성한 힘의 도움으로 낙상(落傷)을 피하고 안전하게 공연을 마치고자 하는 염원 때문이다.[10] 또한 줄고사에는 줄광대가 관중과 함께 음복하고 소원을 빌면서 신명나는 줄판을 만들고자 하는 의도도 담겨 있다.

---

10) 심우성과 허용호의 대담: "줄타기하는 조…… 조송자 조송자. 예 예 이게 줄에서 그냥 어떻게 잘 떨어지는지. 어 (웃음) 예. (책을 찾아보면서) 어려웠습니다. (국립예술자료원 한국 근현대사 예술사구술채록사업 심우성 2차 구술채록문, 76쪽)

2. 중놀이

광대줄타기의 공연 구조에서 중놀이는 전반기예를 통해 압박된 극적 긴장을 이완시키는 작용을 한다. 줄광대는 이 대목에서 흥겨운 줄타기 가요와 재담을 구사하여 관중의 여유를 회복시킨다. 중은 줄타기뿐만 아니라 무가, 판소리, 가면극 등에도 다양하게 등장한다.[11] 왜냐하면 중은 전통 사회에서 사회의 정신과 윤리를 선도하는 대표적 지도층이기 때문이다. 줄광대는 근엄한 중의 파계를 통해 고답적(高踏的) 윤리의 위선을 풍자하고, 욕망을 긍정하는 민중적 현실성을 부각시킨다.

그러나 어름줄타기에서는 어름사니가 줄에 오르자마자 중놀이 벌이게 된다. 어름사니는 줄에 올라 중의 등장과 외모를 형용하고 신세를 자탄하고 파계하는 모습을 연기한다. 어름줄타기의 서두에 중놀이가 공연되는 것은 꼭두각시놀음 평안감사마당의 세 번째 거리에서 상좌중들이 절을 짓고 허는 과정을 보여주는 건사거리가 남사당패와 절과의 관련성을 보여주기 위해 활용되는 것을 통해 해명이 가능할 것이다. 인형극 꼭두각시놀음에서는 건사거리로 극을 끝맺지만, 줄타기에서는 중놀이를 통해 연희를 시작하면서 남사당패와 불

---

11) 판소리에서 〈중타령〉은 ≪심청가≫에서 물에 빠진 심봉사를 구하는 몽은사 화주승의 출현, ≪흥보가≫에서는 가난한 흥보에게 집터를 잡아주는 대목 등에 나온다. 가면극에서는 임석재 본 강령탈춤 제5과장, 가산오광대 5과장 등에 〈중타령〉 대목이 나온다. 김헌선은 판소리 ≪흥보가≫, 제석굿, 어름줄타기의 〈중타령〉 대목을 비교하여, 〈중타령〉이 상황 제시적 현재 진술과 인물의 외모와 거동 묘사라는 필수적 요소를 지니고 있다는 점을 발견했다. 김헌선은 판소리 ≪흥보가≫를 예로 들어 판소리에서 〈중타령〉의 기능은 고난에 처한 인물들의 원조자의 구실을 하고, 제석굿의 〈중타령〉은 인물의 성격만을 드러내는 묘사에서 사용되고, 줄타기에 보이는 〈중타령〉은 어름사니가 줄을 타면서 중의 흉내를 내면서 노는 중놀이 대목에서 부수적으로 사용되고 있음을 보여주었다. 따라서 판소리의〈중타령〉만이 묘사적 기능을 넘어 인물의 성격을 창출하는 독자적 기능을 하고 있다.(김헌선, 「중타령 연구」, 『판소리연구』 1집, 1989, 67-74쪽)

교와 밀접하게 관련되어 있다는 것을 보여주는 것으로 보인다.[12)]

가. 중의 등장과 외모 형용

어름줄타기에는 중과 왈짜의 문답이 없다. 광대줄타기와 다르게 중이 청룡사에서 내려온 것이 아니라 금강산 암자에서 내려온 것으로 설정되어 있다.("강원도 금강산 일만 이천 봉 팔만 구 암자 절에서 내려온 중이 하나 있는데") 어름사니는 중의 이목구비(耳目口鼻)를 구체적으로 묘사하고 옷고름과 소맷자락을 흔들거리며 절을 내려오는 중의 유쾌한 거동을 보여준다.

중 하나 내려온다
중이 하나 내려온다
저 중에 거동 보소
억단(얽었단) 말도 빈말이요
검단 말도 빈말이요
저 중에 거동 보소
다홍띠 눌러띠고
백팔염주 목에 걸고
단주는 팔에 걸고
구절 죽장 손에 짚고

---

12) 이능화는 『조선해어화사』에서 "항간에 전해지는 말에 의하면, 사당은 사노비(寺奴婢)에서 비롯되었는데, 안성군의 청룡사가 그 본거지라고 한다. 그래서 남녀 사당이 중을 대하게 되면 반드시 공경하고 예(禮)를 행하여, 마치 노비가 상전을 섬기듯 한다고 한다" 라고 하며, 사당패가 사찰과 밀접한 관련이 있음을 지적했다. 사당패는 절에서 내준 부적을 가지고 다니며 팔고, 그 수입의 일부를 사찰에 바쳤다. 그래서 사당패들은 자기들의 수입으로 절의 중수(重修) 등 불사(佛事)를 돕는다며 공연의 명분을 내세웠다. 사당패나 걸립패의 구성원에 승려나 보살이 직접 참여하고 있거나 배후에서 조종하고 있었고, 그들의 수입은 사종(四種)이란 명목으로 사찰에 시주됐다.

흐늘거리며 내려온다.
저 중에 거동 보소
광채는 푹 퍼지고
저 중에 잇속 보소
당사실로 엮은 듯이
저 중에 두 눈은
소상강 물결 같고
저 중에 두 눈섭은
왼 얼굴 뒤덮은 듯
저 중의 양 귀는
왼 어깨 축 처지고
염불하며 내려온다
저 중에 거동 보소
광세는 처철
목탁은 또드락 똑딱
바라저서 중상인가
가사메여 중상인가
고깔을 써서 중상이런가
이 중상 거동 보소
염불하며 내려왔네
청암은 칠벽산
때구르르 궁굴려도
실금도 아니갈 중
저 중의 행세 보소

어름줄타기에서는 광대줄타기처럼 줄광대가 관중에게 먼저 기예를 선보이는 절차 없이 바로 중이 되어 등장한다. 그리고 줄 위에서 줄광대가 승복으로 갈아입는 것이 아니라 처음 줄에 오를 때부터 남장 여인의 의상을 중의 복장 속에 껴입고 줄 위에 올라와서, 중놀이 대목이 끝나면 줄 위에서 겉옷을 벗고 간편한 남장 여인 복장으로 나머지 부분을 연행하게 된다.

나. 중의 신세 자탄과 환속

중의 신세 자탄(自嘆)과 환속(還俗)은 계통에 상관없이 모든 줄타기에 공통으로 나타난다. 광대줄타기에서는 중이 옹생원에게 심한 형벌을 당하고 난 뒤 호의호식(好衣好食)하는 팔자 좋은 양반네들의 모습과는 달리, 시주받으러 걸식하며 어린아이에게까지 공손해야 하는 자신의 처지를 한탄하면서 중노릇을 그만두겠다는 자탄을 담고 있다. 이는 가산오광대 제5과장의〈중신세타령〉을 차용하여, 연행 문맥에 맞게 내용을 개작한 것으로 보인다.[13)]

노장 (허리를 펴며 일어서서 지팡이를 짚고 좌우를 돌아보며) 아이구 허리야, 아이구 허리야, 아이구 아이구 내 신세야 아이고 아이고 내 팔자야. 어뜬 사람 팔자 좋아 고대광실 높은 집에 부귀영화를 잘살건만, 이내 팔자는 어이 되어 삭발하고 중이 되어 요놈의 신세가 웬말인고. 일월이 음양이더냐, 천지가 음양이더냐. 나무라도 행자목은 음양으로 마주서고, 돌이라도 망부석은 음양으로 마주서고, 챙이 같은 내 팔자야. 여봐

---

13) 가산오광대의 노장은 제5과장 중과장에 상좌와 함께 등장하여 탈판을 빙빙 돌다가 서울애기를 발견하는데 성적 충동을 억제하지 못하고 결국 파계하게 된다. 노장은 은가락지를 보여주는 등 온갖 방법을 써서 서울애기를 유혹하는데 성공한다. 이어서 노장은 서울애기를 업고 달아나는데 상좌는 뒤에서 노장을 부축하며 퇴장한다. 이후 양반의 명령에 따라 말뚝이에게 붙들려온 노장은 신분의 차이에 따라 온갖 고초를 겪는다. 그리고 중신세타령을 부르며 법문을 떠나야겠다면서 자신의 신세를 한탄한다.

라, 상좌야!

상좌 예.

노장 이내 중이 속가에 내려왔다가 잡스런 맘을 먹었더니, 양반에게 매를 맞고 절로 다시 갈라하니 노자 없이 어이 갈꺼나. 상하등등 오신 손님 십시일반 동정하소.

상좌 (구경꾼 쪽으로 가서 꽹과리를 들고) 십시일반을 동정하시소.(하며 동냥하는 시늉을 한다.)

노장 (唱) 중노릇을 파하자. 중노릇을 파하자. 썼든 굴갓을 훨훨 벗어서 되는대로 내던지니 모개불 놓기가 좋을시고. 목에 걸었던 염주도 뚝 떼서 시내 강변에 내던지니 콩 줍기가 좋을시고. 손에 든 목탁도 캉캉 깨어 되는대로 내던지니 짱쫑그랭이 좋을시고. 짚었던 죽장도 와짝끈 분질러 시내 강변에 내던지니 통소 파기가 좋을시고. 중놈의 장삼도 훨훨 벗어 되는 대로 내던지니 요만하면은 속인(俗人)일세. (이때 중이 노래를 부르며 굴갓·염주·목탁·죽장·장삼을 차례차례 내던진다. 상좌가 뒤따르며 차례차례 집어든다.)

- 〈가산오광대, 중신세타령〉

광대줄타기뿐만 아니라 어름줄타기에서도 가산오광대의 〈중신세타령〉을 다음과 같이 변용하여 표현했다.

어름사니 이리 한참 염불을 하고 내려오던 중 한 옆에 떡 앉더니, 아 이 중의 행세 보소. 자기 짚었던 죽장을 반 뚝 꺾어 들고 이리 보고 저리 보고 하더니, 불 때는 부지깽이 했으면 적합하구나 하고는(꺾는 시늉을 하며 아래로 휙 던져 버린다)

다음에는 띠를 떡 벗어 들고 이것은 뭘 했으면 적합할

까, 첫아들 낳으면 돌띠감이 적합할세 돌띠감 사가시오!
(구경꾼 중에서 띠를 사가지고 장고 앞에 갔다 놓는다)
이 중의 거동 보소, 장삼을 훌훌 벗어 이리 뛰고 저리 뛰고, 이리 보고 저리 보고, 뭣을 했으면 적합할까. 갈기갈기 주름잡아 마누라 초마(치마)감이 적합할세. 초마감 사가시오.
(구경꾼이 사다가 장고에게 준다)
고깔을 벗어들고 보니 무엇을 했으면 적합할까 이리 보고 저리 보니 콩나물 시루가 적합하구나. 아서라, 이 짓도 쓸 곳 없다 재삼태기가 분명하구나. 아서라 이 것도 쓸데 없다. 이리 저침 저리 저침 양귀에 끈을 달아 마누라 서답감이 적합하다.
이 중 행세가 이러하니 중 노릇은 다 집어치고 인간세계에 내려가서 남과 같이 살아보세.
매호씨! 이것 갖다 네 마누라 주면 아들 새끼 잘 날걸세(홱 집어 동댕이 친다) 나무 나무 나무 나무 나무 나무로다
나무아미타불
관세음보살
(중 복색이던 어름산이가 그 동안에 전복차림의 남장 여인이 되었다)

어름줄타기에는 광대줄타기에 나오는 중이 팔선녀와 희롱하는 장면과 양반의 중에 대한 징치가 없다. 대신 중 스스로 죽장을 꺾어 던지며 부지깽이나 했으면 좋겠다고 하고, 허리에 맨 다홍띠는 첫아들을 낳으면 돌띠감으로, 장삼은 마누라의 치맛감으로, 머리에 쓴 고

깔은 마누라의 서답으로 각각 사용함이 좋겠다고 너스레를 떨면서, 이젠 지루한 중노릇을 집어치우고 인간세계에 내려가 남들과 같이 살고 싶다는 재담을 늘어놓는다. 이는 관념적 세계관의 허위를 벗어 던지고 일상을 긍정하는 현실적 사고방식을 택하는 세계관의 전복을 잘 보여 주는 것이다.

전통연희의 여러 종목 중 가면극에는 중에 해당하는 인물이 다수 등장한다. 가면극에서 중은 노장(양주별산대놀이, 송파산대놀이, 퇴계원산대놀이, 봉산탈춤, 가산오광대, 진주오광대, 남사당 덧뵈기), 노승(강령탈춤, 은율탈춤), 중(고성오광대), 중광대(하회별신굿탈놀이)로 지칭된다. 노장은 불교에서 나이 많고 덕이 높은 승려를 높여 이르는 말로, 오랫동안 불도를 닦은 노승(老僧)이지만 가면극에서는 파계승으로 형상화된다.

어름줄타기가 포함되어 있는 남사당놀이 중 가면극에 해당하는 덧뵈기에서 노장은 연희의 넷째마당인 먹중잡이 대목의 먹중으로서 부채로 얼굴을 가리고 나와서 타령장단으로 피조리를 데리고 한동안 춤을 춘다. 이때 취발이가 등장하여 먹중과 수작하며 서로 대무하다가 먹중이 취발이에게 밀려나 퇴장한다. 그러면 취발이는 피조리와 더불어 굿거리장단에 맞추어 신나게 춤을 추다가 피조리 둘을 얼싸안고 퇴장한다. 먹중잡이에서 먹중과 피조리는 재담 없이 모든 행위를 묵극의 형식으로 드러내는 반면, 취발이는 잽이와 대사를 주고받으면서 자신의 의사를 표현한다. 취발이는 자신을 가리켜 "여기저기 싸다니며 한푼 두푼 모아다가 갑자거리 취발내고 내새복에 치부하고 중놈 급살탕국[14] 멕이는 취향"을 가지고 있다고 말한다. 취발이는

---

14) 취발이가 중에게 급살탕국을 먹이겠다고 하는 것은 어름줄타기에서 똥골댁 똥땍골 참봉댁 맏아들이 한양으로 벼 백석 나귀 싣고 탕관 사러 갔는데, 붙으라는 과거에는 말미가 부족하여 급살탕(急煞湯, 갑자기 닥치는 재난이나 재앙)을 먹

먹중에 대하여 격렬한 공격을 퍼붓는다. 한편, 취발이와 대결하는 먹중은 춤을 능수능란하게 춤으로써 세속인(世俗人) 이상의 현실성을 드러낸다. 결국 싸움은 취발이의 승리로 돌아가는데, 먹중은 데리고 놀던 피조리들을 그대로 둔 채 달아난다. 취발이는 다시 피조리들과 어울린다. 먹중잡이에서 먹중은 다른 가면극의 노장과 같은 역할을 한다.

남사당패의 가면극과 비교해보면 어름줄타기의 중놀이 대목은 가면극에서처럼 승려의 타락과 민중의 현실적인 모습을 사실적으로 보여주며 실제적인 세계관의 확장이라는 지향성을 선명하게 보여준다.

3. 전반기예

어름사니는 중놀이를 마친 후 객기(客氣)를 부리며 줄 위로 나아가지만, 줄 위에서 몇 걸음도 가지 못하고 다시 작수목으로 돌아오기를 반복하며 관중들에게 웃음과 긴장을 유발한다.

어름사니 매호씨 또두락 딱딱(염불 가락을 치라는 의미)
잽이(악사) 오냐
어릿광대 오냐
어름사니 잘 건너가면 재주가 용코, 못 건너가면 메주가 되는 판이렸다.
어릿광대 오냐.
(염불가락에 맞춰 비틀거리며 ①의 앞으로 가기)
어름사니 거 한번 갔다 오기가 힘이 드는구나. 여기서 보기에는

는 것으로 활용되고 있다.

얼마 안되기에 맘 푹 놓고 건너갔다가 죽을 똥 쌀 뻔 했네. 그러나 갔다 오긴 갔다 왔으나 또 건너가기 난감하군. 가심(가슴)이 두근반 서근반하고 다리가 벌벌 떨리고 정신이 아찔! 그러나 여길 또 건너가 보는데 장히 어렵것다.

매호씨! 이번엔 타령을 한번 울리고 장단줄을 건너를 가는데.

②의 장단줄(타령가락)

어릿광대 허 그놈 낙동강 오리알 떨어지듯 딱 떨어질줄 알았더니 메주가 재주로구나.

어름사니 에끼 이놈 네미 실게가 붙을 놈. 자 그러면 이번엔 거미가 줄을 늘이는데 양쪽 발로 늘이는 거렸다.

③의 거미줄늘이기(타령가락)

어름사니 매호씨! 이번엔 뒤로 한번 걸어 나가는데 앞으로 가다가도 아차하면 떨어지는 판인데 이놈은 뒤통수도 눈이 달렸는지 뒤로 한번 가보는 것이렸다.

④의 뒤로 훑기(타령가락)

어름사니 매호씨! 내가 이렇게 왔다 갔다 놀고만 있을 것이 아니라 콩을 한 번 심어 볼 것인데, 호미로 땅을 파고 심는 것이지만 이놈은 발로다 심되 이리 한번 심는 거렷다.

어릿광대 이놈 콩멍석에 엎우러저 마마떡(곰보)이나 처먹어라

⑤의 콩심기(타령가락)

부채를 들고 바지저고리에 행전을 찬 전복 차림의 어름사니가 어릿광대와 줄을 건너가는 것의 어려움에 관한 재담을 주고받으며 줄 위에서 염불장단에 맞추어 앞으로 가기, 타령장단에 맞추어 장단줄과 거미줄늘이기, 뒤로 훑기, 콩심기 등을 연행한다.

4. 전반흉내내기

줄타기의 공연 구조에서 흉내내기는 줄판을 더욱 흥겹게 만들어 준다. 어름사니는 이 대목에서 흥겨운 줄타기 가요와 재담을 구사하고 여러 개성 있는 인물들을 흉내 내서 관중의 흥미와 공감을 자아낸다.

어름줄타기에서는 전반흉내내기 대목에서 부인네 화장하는 흉내, 참봉댁 맏아들 흉내, 억썩에미 화장사위, 타령장단에 맞추어 처녀 총각들이 부르는 〈오봉산타령〉, 〈풍년가〉 등을 공연한다.

어름사니 그러나 저러나 이번엔 똥골댁 똥땍골 참봉[15]댁 맏아들이 한양으로 벼 백석 나귀 실코 탕관(탕근) 사러 갔는데, 붙으라는 과거에는 말미(뇌물)가 부족하여 급살탕국을 먹고 오관수통 기상(기생) 하나 꿰차고와 머리는 올렸으니 감투는 감투렸다. 그거동 좀 볼 거렸다. 매호씨! 국을 부굴 부굴(굿거리 치라는 뜻)

잽이 오냐

어릿광대 오냐

위의 인용문은 참봉댁 맏아들이 한양에 매관매직을 하러갔다가 뇌물이 부족해서 관직을 얻지 못하고 대신 한양 기생을 데리고 온 모습을 묘사했다.

양반들을 무능력하게 표현하는 것은 전통연희 여러 종목 중 가면극과 인형극이 대표적이다. 가면극에서는 작품마다 양반의 역할이

15) 참봉(參奉)은 조선시대 있었던 종9품 벼슬로 조선시대의 원(園), 능전(陵殿), 내의원(內醫院), 예빈시(禮賓寺), 군기시(軍器寺), 군자감(軍資監), 소격서(昭格署) 등 많은 관서에 속해 있었던 관직으로 최말단 품관이다.

조금씩 차이는 나지만, 대체로 허세를 부리지만 본질적으로 무능하고 무기력하므로 하인 말뚝이에 의해서 사람들 앞에서 망신을 당한다. 따라서 양반은 서민으로부터 증오와 조롱, 풍자의 대상이 되는 인물이다.

여러 가면극 중 어름줄타기와 영향 관계가 가장 깊은 남사당패의 덧뵈기에서 양반의 모습을 형상화하는 양상을 살펴보면 다음과 같다. 남사당 덧뵈기에 등장하는 양반 역할 인물은 샌님이다. 샌님은 셋째마당인 샌님잡이에 나오는 등장인물로 흰 바지저고리에 흰 도포를 입고, 짚신 머리에 탕건이나 갓을 쓴 채 장죽을 물고 부채와 지팡이를 들고 등장한다. 샌님의 얼굴은 살구색인데 검은색으로 눈썹과 주름살을 그렸고, 언청이에 입술은 붉은색이다. 본래 샌님이란 조선시대 소과(小科)인 생원시에 합격한 사람을 뜻하는 생원의 다른 말로, 조선 후기로 넘어오면서 나이 많은 선비에 대한 존칭어로 사용되기도 했다. 샌님은 자신의 마누라인 노친네가 자신을 따라다닌다며 구박한다. 샌님은 잽이와 자신의 하인인 말뚝이를 찾으러 다니는 사정을 묻고 대답하며 재담을 펼친다. 샌님은 말뚝이가 등장하자 자신이 양반임을 내세워 절을 하라고 요구한다. 이에 말뚝이가 시큰둥하자 말뚝이에게 절을 가르치게 된다. 말뚝이는 샌님의 행동을 그대로 따라하며 샌님의 약을 올리고 놀리면서 절을 배우다가 샌님과 노친네에게 절까지 받는다. 마지막으로 샌님은 여러 해 만에 만난 말뚝이에게 춤이나 한 번 출 것을 제안하고, 굿거리장단에 맞춰 말뚝이가 노친네와 함께 춤을 춘다. 이어 말뚝이와 노친네가 퇴장한 이후에 샌님은 피조리들이 들어와서 춤을 추는 것을 보고는 퇴장한다. 샌님은 자신의 하인인 말뚝이에게도 조롱을 당하는 풍자적인 인물로 허세에 치우친 인물로 그려진다.

조선 후기들어 양반에 대한 풍자는 시가 문학에도 자주 등장하는

데 그 대표적인 예가 〈우부가(愚夫歌)〉의 개똥이라는 인물이다.[16]

내 말씀 광언인가 저 화상 구경하세
남촌한량 개똥이는 부모덕에 편히 놀고
호의호식 무식하고 미련하고 용통하여
눈은 높고 손은 커서 가량없이 주제넘어
시체 따라 의관하고 남의 눈만 위하것다
장장춘일 낮잠자기 조석으로 반찬투정
매팔자로 무상출입 매일장취 개트림과
이리 모여 노름놀이 저리 모여 투전질에
기생첩 치가하고 오입장이 친구로다
사랑에 조방군이 안방에는 노구할미
명조상 떠세하고 세도 구멍 기웃기웃
염량 보아 진봉하기 재업을 까불리고
허욕으로 장사하기 남의 빚이 태산이다
내 무식은 생각 않고 어진 사람 미워하기
후할 데는 박하여서 한 푼 돈에 땀이 나고
박할 때는 후하여서 수백냥이 헛것이다

- 〈우부가〉

"내 말슴 광언(狂言)인가 저 화상을 구경하게 남촌한량(南村閑良) 개똥이는 부모덕에 편히 놀고"로 시작해서 개똥이의 행실을 나열했

16) 〈우부가〉에는 양반인 개똥이뿐만 아니라, "저 건너 꼼생원은 제아비의 덕분으로 돈천이나 가졌더니 술 한 잔 밥 한 술을 친구 대접 했든가"로 시작하는 중반부를 통해 꼼생원의 행실을 보여준다. 남의 문서를 대신 써 주고 구문(口文)을 먹는다든가 문서를 위조한다든가 하는 행실로 보아 꼼생원은 서리계층이다. "산넘어 꾕생원 그야말로 하우(下愚)로다 거들어서 한 말 자랑 대장부의 결기로다"로 시작하는 후반부는 꾕생원의 행실을 나열했다. 꾕생원은 육체적인 횡포를 일삼는 무뢰한으로서 서민층이다. 이 작품은 세 계층의 어리석은 인물들의 행실을 나열하면서 계층에 상관없이 이들이 모두 패가망신하여 몰락하고 말았음을 교훈 삼아 이러한 행동을 하지 말 것을 훈계했다.

다. 개똥이는 양반의 무능하고 타락한 모습을 보여주는 인물이다.

광대줄타기에서도 부인에 대한 흉내로 현숙한 부인네와 정숙하지 못한 부인네의 걸음걸이, 얌전한 부인네의 앉음새, 이마 잔털을 실로 뽑는 흉내, 굵은 털을 족집게로 뽑기, 얌전한 부인네의 분 바르기, 성미 급한 부인네의 분 바르기 등의 행동 묘사가 공통으로 나타난다. 이는 생활 현장에 기초한 것으로 관중들의 즉각적 공감을 유발한다.

어름줄타기는 광대줄타기와 다르게 여인네의 걸음걸이나 털 뽑기가 없고, 큰 자배기에 밀가루를 쏟아 놓고 화장을 하는 억썩에미의 화장하는 모습만이 형상화된다. 1965년에 촬영된 국립영화제작소의 16mm 기록영화에는 여자의 걸음걸이를 흉내내는 대목이 나온다. 하지만 이 연기는 큰 웃음을 주지 못한다. 여성 줄광대였던 조송자가 같은 여성의 걸음걸이를 흉내 내서는 관중의 흥미를 촉발하는 것이 쉽지 않았기 때문이다.

어름사니 어하 장히 어렵구나. 옛날옛적 고린장(고려장) 적에 아낙네들이 화장을 하는데, 장분이라는 게 있어가지구 물을 찍어다가 손꼬락으로 개서 발라 보는데 이리 한번 발라보는 거렷다.
⑥의 화장사위(타령가락)

어릿광대 이놈아 지랄초풍을 했구나. 별의별 잡동사니 뙤국놈 끓듯 하는구나.

어름사니 이번엔 억썩에미 쭈구렁 할망구가 돈푼이나 있다고 제법 아주 모냥을 내는데 밀가루 한푸대를 큰 자배기에 쏟아 붓고, 밀가루 반죽을 한번 치대 보는데, 막 떼어다가 왕토쟁이 체벽치듯 막 발라 보는데 야단나는 거렷다. 매호씨! 정기 정기 정적쿵(타령 치라는 뜻)
⑧의 억썩에미 화장사위(타령가락)

어릿광대 이놈아! 목구멍에 풀칠할 것도 없는 판국에 낯짝에다 떡칠을 해. 주리를 틀 놈아!

사치와 소비, 게으름, 외모 치장 등을 일삼는 부정적이고 억척스러운 인물의 모습은 조선 후기 들어 종종 등장하기 시작한다. 〈용부가(庸婦歌)〉의 저부인과 뺑덕어미, 〈복선화음가(福善禍淫歌)〉의 괴똥어미, 『꼭두각시전』의 이부인, 『변강쇠가』의 옹녀 등 유교적 규범에서 일탈한 인물들이다.

흉보기도 싫다마는 저 부인의 거동 보소
시집간 지 석달만에 시집살이 심하다고
친정에 편지하여 시집흉을 잡아내네
계염할사 시어버니 암상할사 시어머니
고자질에 시누이와 엄숙하기 맏동서며
요악한 아우동서 여우 같은 시앗년에
드세도다 남녀노복 들며나며 흠구덕에
남편이나 믿었더니 십벌지목 되었구나
여기저기 사설이요 구석구석 모양이라
시집살이 못하겠네 간수병을 기우리며
치마 쓰고 내닫기와 보찜싸고 도망질에
오락가락 못견디어 중들이나 따라갈가
긴 장죽 벗이 되고 들구경 하여볼가
문복하기 소일이라 겉으로는 시름이요
속으로는 딴 생각에 반분대(半粉黛)대로 일을 삼고
털 뽑기가 세월이라 시부모가 경계하면
말 한 마디 지지않고 남편이 걱정하면
뒤받아 맞넉수요 듣고나니 초롱군에
팔자나 고쳐볼까 양반자랑 모두하여

색주가나 하여볼가

남문 밖 뺑덕어미 천성이 저러한가
배워서 그러한다 본데 없이 자라나서
여기저기 무릎맞침 싸움질로 세월이며
남의 말 만전주와 들며는 음식 공론
조상은 무지하고 불공하기 위업할세
무당소경 푸닥거리 의복 가지 다 내주고
남편 모양 볼작시면 삽살개 뒷다리요
자식 더동 볼작시면 털 벗은 솔개미라
엿장수야 떡장수야 아이 핑계 다 부르고
물레 앞에 선하품과 씨아 앞에 기지개라
이 집 저 집 이간질과 음담패설 일삼는다
모함잡고 똥 먹이기 세간은 줄어가고
걱정은 늘어간다 치마는 짧아지고
허리통이 길어간다 총 없는 헌 짚신에
어린 자식 들처업고 혼인장사 집집마다
음식추렴 일을 삼고 아이 싸움 어른 쌈에
남의 죄에 매 맞히기 까닭없이 성을 내고
이쁜 자식 두드리며 며느리를 쫓았으니
아들은 홀아비라 딸자식을 다려오니
남의 집은 결단이라 두 손벽을 두드리며
방성대곡 괴이하다 무슨 꼴로 생트집에
머리싸고 드러눕기 간부달고 달아나기
관비정속 몇 번인가

- 〈용부가〉

이들 일탈형 여성들이 가진 물욕, 식욕, 색욕, 수면욕은 당시 사회에서는 부정적으로 인식된다. 과도한 사치로 인한 폐해는 남성보다는 여성에게 더 부각되어, 세속 사회에 만연한 사치 풍속을 바로 추종하는 어리석은 형태를 비판하고 풍자한다. 이러한 조선 후기의 풍자 전통을 계승하여 어름줄타기에서도 여성들의 사치와 소비, 게으름, 외모 치장 등을 부정적으로 묘사하고 있는 것으로 보인다.

어름줄타기의 전반흉내내기 대목에서는 기존의 가요인 〈중타령〉, 〈오봉산타령〉, 〈풍년가〉, 〈돈타령〉 등을 차용하고 개작하여 재담 속에 삽입시켜 재담의 폭과 깊이를 확장하고 공연장에 신명과 흥겨움을 가져온다. 하지만 1965년에 촬영된 국립영화제작소의 16mm 기록영화에는 이 노래들을 부르지 않고 〈뱃노래〉와〈새타령〉만을 연행했다. 이것은 공연 현장의 분위기에 따라 어름사니가 가요를 선택해서 공연에 임한다는 것을 보여주는 것이다.

현재 채록된 광대줄타기 연희본에 보이는 줄타기 가요는 〈새타령〉, 〈방아타령〉, 〈양산도〉, 〈난봉가〉 등이 있다. 이 줄타기 가요들은 반드시 상황의 전개와 관련지어 극적인 성격을 지닌 채 불려 진다는 특징이 있다.

5. 후반기예

어름사니는 전반부에 형성된 관중들의 극적 긴장감을 흉내내기를 통해 이완시킨 후 후반 기예를 통해 다시 극적 긴장을 고조시킨다. 이것은 연희자가 기예를 극적 방식에 따라 구성하고 있다는 것을 보여주는 것이다.

어름사니 그러나 저러나 이번엔 이 어른께서 외호모거리[17]를

하는데 장히 어렵것다. 까딱하면 못보는 재주렷다. 매오씨 정기 정기 정적쿵

⑩의 외호모거리(타령가락)

어름사니 장히 어렵것다. 이번에도 적쿵(타령가락)으로 쌍호모거리로 나가는데 밑에 계신 손님은 내가 썩은 호박 떨어지듯 하는 날이면 납작떡이 될 터이니 정신 바짝 차리시오. 나가는데

⑪ 쌍호모거리(타령가락)

어름사니 이번엔 뭐냐 하면 허궁잽이를 하는데 정기 정기 정적쿵.

⑫의 허궁잽이(타령가락)

어름사니 요번엔 정작 위험시런 가새트름을 해볼 작정인데 장히 어렵것다.

매호씨. 정기 정기 정적쿵

⑬의 가새트름(타령가락)

어름사니 이번에는 외허궁잽이로 가는데 이것도 역시 어렵것다.

어릿광대 아니 네가 그것도 한단 말이냐?

어름사니 암 여부가 있나.

어릿광대 이놈아 네가 하긴 뭘 해.

어릿광대 그럼 네가 해 봐라.

어릿광대 한다! 한다! (하며 땅 위에서 흉내를 낸다) 이만하면 됐지?

어름사니 되긴 뭘 돼! 자 어르신네 나시는 걸 봐라!

정기 정기 정적쿵

⑭외허궁잽이(타령가락)

어름사니 자, 그럼 하나를 더붙여서 쌍허궁잽이[18]로 나가신다.

어릿광대 좋지

17) 오른발 정강이를 줄 위에 꿇고 왼발로 밀고 나가는 줄타기 기예.

18) 두 발을 모아 붙이고 위로 뛰며 앞으로 나가는 줄타기 기예.

잽이 좋을시고

⑮의 쌍허궁잽이(타령가락)

어름줄타기 공연 전반부에서 펼쳐지는 기예는 비교적 난도가 낮다. 염불장단에 맞추어 앞으로 가기, 타령장단에 맞추어 장단줄과 거미줄늘이기, 뒤로 훑기, 콩심기를 연행 등이 주를 이룬다. 하지만 후반부에서 펼쳐지는 기예는 외호모거리, 쌍호모거리, 허궁잽이, 가새트름, 외허궁잽이, 쌍허궁잽이 등의 고난도의 동작이 주로 연행된다. 고난도의 기예 때문에 압박되는 관중의 극적 긴장감은 이후 어름사니와 어릿광대가 주고받는 재담과 인물이나 사물에 대한 모방 동작을 통해 반복적으로 이완된다.

6. 후반흉내내기

어름사니는 고난도의 후반 기예를 선보인 후 인물에 대한 모방 동작을 통해 해학과 풍자를 이룩한다. 특히 양반에 대한 흉내는 상류층을 희화하고 권위를 추락시킨다. 줄타기에서는 판소리와 같이 언어적 유희를 통해 양반의 권위를 끌어내리는 것이 아니라, 어름사니와 어릿광대가 특정 인물의 동작을 흉내 내거나 우습게 표현함으로써 웃음을 자아낸다.

김봉업을 위시한 광대줄타기에서는 부유층 양반인 노론 양반의 기세 당당한 걸음걸이와 형편이 구차한 소론 양반의 소심한 걸음걸이를 대비해서 흉내 내고, 양반이 책상다리로 앉는 모습과 서민이 양반의 책상다리를 따라 하면서 생기는 서툰 모양새를 표현해서 관중들의 웃음을 자아낸다.

어름줄타기의 후반홍내내기에서는 오뉴월에 쇠불알 늘어지듯 병신스럽게 걷는 양반의 걸음걸이, 양반 밤나무 지키기 즉 밤 따러 온 아이들을 쫓아 노인이 이리 뛰고 저리 뛰는 모습 등을 통해 양반을 풍자하고 비판한다.

어름사니 이번에는 양반이 걸음으로 걸어 나가는데 어떻게 느릿 느릿 걷는지 성질 급한 사람은 못 보것다. 양반이 멋이 잔뜩 드니 과연 아니갔다. 장단을 맞춰서 양반이 걸음을 걸어 나가는데 오뉴월에 쇠불알 늘어지듯 하니, 한번 걸어가는데 정기 정기 정적쿵.

⑯의 양반걸음(타령가락)

어름사니 이번에는 뭐냐하면은 작골 막바지 꼰대꼴댁 샌님이란 분이 한 분 계신데 저 건너다 밤나무를 많이 심어놓고 밤을 지키되 어린애놈들이 밤을 막 따는데 밤 따지 말라고 막 소리를 쳐도 가지는 않고, 이 영감이 화가 잔뜩 나가지고 두 주먹을 불끈 쥐고 쫓아가는 장면인데, 장단을 바짝 몰아 놓고 밤따지 마라! 장기 장기 장작쿵(자진가락의 뜻)

⑰의 양반 밤나무지키기(자진가락)

양반에 대한 풍자나 격하가 심한 민속극에서는 양반은 비정상적인 외모를 지니고 있다. 양반의 외모는 대부분 흰색 바탕의 얼굴에 언청이의 모습, 입과 코가 비뚤어진 모습, 머리에 혹이 난 모습, 얼굴이 털로 덮여 있는 모습, 얼굴의 반쪽은 흰색이고 나머지 반쪽은 붉은색으로 된 홍백의 모습, 얼굴 전체가 검은 모습, 마마 자국으로 얽은 모습 등이다. 이는 사람들에게 혐오감을 불러일으키고 양반의 부정성을 근본적으로 드러낸다.[19)]

이익의 『성호사설(星湖僿說)』 유선(類選) 권 5 하(下)의 기예문(技藝門) 이유위희(以儒爲戲)조에서는 당시 양반을 풍자하는 놀이인 유희(儒戲)에 대해 다음과 같이 전한다.

지금 등과한 자들이 반드시 창우를 써서 낙으로 삼는다. 창우들의 놀이에는 반드시 유희(儒戲)라는 것이 들어 있다. 다 떨어진 옷과 찢어진 갓을 쓰고 꾸며낸 이야기와 억지웃음으로 온갖 추태를 연출하여 축하연의 즐거움으로 삼는다. 대저 요새 벼슬하는 사람들이 모두 다 유(儒)로서 이름을 삼으면서도, 천한 사람들로부터 이렇게까지 모욕을 당하니, 저 배우들은 책망할 것도 없으려니와, 요즘 사대부들이 태연히 수치를 알지 못하는 것이 괴이할 뿐이다.[20]

---

19) 민속극에서 양반은 비정상적 외모를 지닌 존재일 뿐만 아니라, 영물에게 배척받는 반사회적 존재로도 그려진다. 수영 야류, 동래 야류, 통영 오광대, 가산 오광대에서는 영노, 고성 오광대에서는 비비가 사회적으로 공인된 양반의 실체를 폭로한다. 영노 과장이나 비비 과장에서 양반 아흔 아홉을 잡아먹고 하나만 더 잡아먹으면 하늘로 올라간다는 영노와 비비가 나타나서 양반을 잡아먹으려고 위협한다. 이때 양반은 목숨을 부지하기 위해 자신의 숨겨진 정체를 드러낸다. 백성의 처지에서 보면 양반들은 적대적인 대상이며 사회적 재앙에 상응하는 역귀와 같은 존재이다. 이들은 부정적이고 적대적이며 혐오의 대상이기 때문에 온갖 수단을 동원해서 사회에서 배척해야 할 존재이다.
또한 본질적인 애정 대결에서 패배하는 무기력한 존재로도 묘사된다. 강이천의 한시 〈남성관희자〉에는 샌님과 포도부장춤 대목이 등장한다. 샌님(늙은 유생)이 소매(젊은 여자)를 차지하고 있는데, 칼을 찬 젊은 포도부장이 등장해 소매를 뺏고 칼춤을 추는 내용이다. 이는 현재 양주 별산대놀이, 송파 산대놀이, 봉산 탈춤 등의 샌님·포도부장 과장과 유사한 내용이다. 양주 별산대놀이에서 포도부장은 샌님의 첩인 소무를 빼앗는 강한 추진력을 지닌 인물이다. 늙고 나약한 샌님과 비교되며, 젊고 건장하며 성적 능력이 있는 인물로 나온다. 샌님을 물리치는 힘은 권력이나 세력 등의 의미가 아니라 실제적인 가치가 있는 힘을 의미한다. 송파 산대놀이에서 포도부장은 제11과장 샌님·미얄·포도부장놀이에 등장하는 인물이다. 샌님의 첩인 작은마누라와 눈이 맞아 작은마누라를 빼앗는 강한 힘과 집념을 지닌 인물로 나온다. 그러나 조선 후기 들어 성립된 가면극에 등장하는 여성을 사이에 둔 양반과 포도부장의 삼각관계에는 정조 관념이나 기존 질서의 회복이 중시되지 않는다. 그 대신에 자유로운 애정의 갈등 양상이 더욱 중요하게 등장한다. 한 여인을 두고 두 명의 남성이 격렬하게 다투는 모습과 긍정적이고 새로운 애정을 선택하는 모습을 통해 인간 본연의 욕망이 자연스럽게 표출되었다. 이러한 자연스러운 대결에서 패배한 양반의 모습은 사회적 존재로서의 추락뿐만 아니라, 본질적인 애정 관계에서도 실패를 보여 주는 것이다. 결국 양반이라는 존재의 총체적 무능을 표출하게 된다.
(이호승, 『한국민속예술사전: 민속극』, 국립민속박물관, 2015, 339-340쪽)

"다 떨어진 옷과 찢어진 갓을 쓰고 꾸며낸 이야기와 억지웃음으로 온갖 추태를 연출한다" 라는 표현처럼 유희에서는 연희자들이 유자(儒者)로 분장할 때, 유자를 조롱하고자 비정상적인 모습으로 치장하고, 우스꽝스러운 행동을 한다. 이러한 예는 가면극 양반 과장에서 양반들이 언청이나 홍백가 등 비정상적인 모습과 행동을 하는 것을 통해서도 찾아볼 수 있다.

이이명(李頤命, 1658-1722)이 기록한 『소재집(疎齋集)』의 「만록(漫錄)」에는 박남(朴男)이라는 판소리 광대가 문희연에서 유희를 연행한 기록이 나온다.

> 이귀(李貴)는 유생(儒生) 때부터 상소문 쓰기를 좋아했다. 그 첩이 노래를 잘 불렀는데, 노래를 할 때마다 반드시 "오늘이야 오늘이야" 하는 노래를 불렀다. 이귀가 "너의 '오늘이야' 노래는 그만둘 때도 되었는데" 라고 하자, 그 첩이 "나으리의 성황성공(誠惶誠恐, 참으로 황공하다는 뜻)은 어떻구요"라고 했다는 것이다. 청음 김상헌은 평생토록 말수가 적었고, 잘 웃지를 않았다. 창우들의 잡희에 다른 사람들은 모두 포복절도를 해도 청음공은 여전히 이를 드러내 웃지 않았다. 어떤 집에 과거 급제자가 있어 문희연을 베풀었는데, 그 때 우인 박남(朴男)이란 자가 헌희(獻戲)로 세상에 이름을 날렸다. 그 집에서 박남에게 말하기를 "오늘 청음상공께서 반드시 이 잔치에 오실 것이다. 네가 아주 우스운 일을 꾸며내어 청음공을 한 번이라도 웃게 할 수 있다면 마땅히 후한 상을 주겠다"라고 했다. 청음이 잔치에 참석하자, 박남이 잡희를 펼쳤는데, 청음은 전혀 돌아다보지도 않았다. 그러자 박남은 종이 한 장을 상소문처럼 말아서 두 손으로 받들고 천천히 걸어나가서 "생원 이귀가 바친

---

20) 今時登科者 必以倡優爲樂 有倡優則必有儒戲 其破衣弊冠 胡說强笑 醜態百陳 以資歡宴 夫今日冠紳之徒 孰不以儒爲名 而忍令下賤戮辱至此 彼倡優不足責 獨怪夫今日士夫之恬然不知愧耳

상소이옵니다"하며 꿇어앉아서 종이를 펼치고 읽기를 "생원(生員) 신(臣) 이(李)는 성황성공(誠惶誠恐) 돈수돈수(頓首頓首, 편지의 첫머리나 끝에 상대편에 대한 경의를 표하기 위하여 쓰는 말) ……"라고 했다. 만좌가 모두 포복절도를 했고 청음 또한 부지불각간에 실소(失笑)하고 말았다.[21)]

박남은 문희연에서 이귀(李貴)라는 선비를 풍자하고 있다. 이는 앞에서 살펴본 ≪성호사설≫에서 말하는 유희에 해당하는 것이다. 그러므로 여기서의 헌희는 바로 유희를 가리키고 있는 것이다.

따라서 어름줄타기에 나타나는 양반 흉내는 이러한 유희의 영향 아래 해석해 볼 수 있다. 줄타기는 우희(優戱)의 일종인 유희의 영향 아래, 양반의 비정상적인 동작을 흉내 내고 음담이나 비속어를 사용하여 조롱의 대상으로 삼은 것이다.[22)]

7. 마무리

마무리 부분에서 광대줄타기는 관중들의 성원에 감사의 인사를 하고 관중들의 건강과 행운을 축원한 후에 줄에서 내려온다. 그리고 줄 아래에서 어릿광대와 함께 관중석과 악사 석에 인사를 마치고 퇴장한다.

---

21) 延平自儒生喜陳疏 其妾有歌者 每歌必唱今日今日之曲 公曰 爾今日之曲尙可已矣 妾曰 何如主公之誠惶誠恐 淸陰平生寡言笑 雖倡優雜戱人皆絶倒者 公一不啓齒 有一新恩 家說聞喜宴 時優人朴男者 以獻戱名世 其家謂男曰 今日淸陰相公當赴宴 汝能作極可笑之事 得其一笑 當厚賞之 淸陰旣赴宴 男陳雜戱 淸陰一不顧見 男乃卷一紙如上疏 兩手擎之 徐步而進曰 生員李貴呈疏 仍跪而展紙讀曰 生員臣李誠惶誠恐 頓首頓首 滿座皆絶倒 淸陰亦不覺失笑云

22) 이보람, 「우희의 역사와 연행 양상」, 고려대 대학원 박사학위논문, 2019, 121-123쪽.

제가 고전 줄타기로 여러분을 잠시나마 위로했습니다만 우리 일행이 여기서 여러 날 여러분을 모시게 됐으니 널리 널리 선전하셔서 많이 왕림하여 주시기를 바랍니다.

만약에 여러분이 바빠서 못 오시겠으면 저-기 저 앞에 표 파는 데 오셔서 돈만 내놓고 그냥 가셔도 괜찮습니다. (관객 크게 웃음) 제가 이번에 귀지에 와서 여러분에게 많은 사랑을 받고 며칠 후엔 다른 데로 갑니다. 뵙지 못하는 그 사이라도 고령에 계신 분께서는 만수무강하시고 젊은 분들은 사업에 성공하시어 김영철이가 또 이 고장을 찾어 올는지는 모르겠으나, 일후에 한 번 더 올 때는 이번에 사랑해 주시던 마음 변치 마십시오. - 〈김영철본〉

어름줄타기의 마무리 대목은 길군악[23]에 맞추어 내닫는 녹두장군의 당당한 걸음걸이를 보여주는 것으로 되어 있다.[24] 현재 연행되고 있는 김대균의 줄타기에서도 길군악과 경기굿거리 장단에 따라 줄광대와 어릿광대가 줄판에 등장하고 퇴장한다.

어름사니 이만하면 내 재주도 바닥이 났으려니와 그뿐만 아니라 이제 막판에 녹두장군께서 행차를 하신다고 여쭤라! 매호씨!

23) 길군악은 웃다리농악권인 경기도와 충청도 북부 지역에서 연주하는 장단이며 강원도에도 변형 가락이 전승되고 있다. 행진을 하면서 연주하는 장단이므로 길군악이라 하고 한 장단에 징을 일곱 번 연주하기 때문에 칠채라고도 한다. 이 가락은 근본적으로 남사당패와 깊은 관련이 있다. 경기·충청 지역의 농악의 내용 및 형식은 걸립농악의 영향에 의해 조정된 측면이 있으며, 여기에 걸립패 혹은 남사당패 출신의 평택농악의 최은창, 대전웃다리농악의 송순갑과 같은 뜬쇠들의 역할이 있었다.

24) 이때 녹두장군은 간혹 최영 장군이나 임경업 장군으로 바뀔 때도 있다.(심우성, 『남사당패 무형문화재 조사보고서』 40호, 문화재 관리국, 1968) 어름줄타기에서 녹두장군이 형상화되는 것은 실제 동학 혁명의 주체이기도 했던 천민 광대들의 경험이 짙게 반영된 것으로 해석해 볼 수 있다. 실제로 광대집단 동학군에서 주된 역할을 한 사람들로는 1894년 초 1차 봉기 때 동학군의 선봉대장을 한 홍맹철(洪孟哲, 1830 - 1894), 홍맹철의 아들로 1·2차 봉기 때 손화중포(包)에서 광대부대 대장을 한 홍낙관(洪珞寬, 1850 - 1918), 역시 홍맹철의 아들로 손화중포에서 지도적 인물로 있었던 홍계관(洪桂灌) 등을 들 수 있다.(손태도, 「동학농민혁명과 광대집단의 활동—홍낙관, 홍계관을 중심으로」, 『역사민속학』 53호, 2017 참조)

어릿광대	네 에이!
잽이	네 에이!
어름사니	이놈! 길군악을 몹시 치렷다! (그동안 앉았던 잽이들은 모두 일어나 줄 밑을 돌며 풍악을 울리면 어릿광대 역시 신명겹게 춤을 추며 돈다.) ⑱의 녹두장군 행차(길군악가락) 때로는 녹두장군이 최영장군이나 임경업장군으로 바뀔 때도 있다.

어름줄타기의 이러한 마무리 방식은 열린 종결 방식이라 부를 수 있다. 어름사니는 줄타기의 마지막 부분을 명확하게 하지 않고 관중들에게 길군악 가락에 맞추어 늠름하게 행진하는 영웅적 인물들을 보여주고 모두 홍겹게 춤을 추는 것으로 끝을 맺는다. 이러한 방식은 민속극에서 흔히 볼 수 있는 것이다.

강령탈춤에서는 모든 과장이 끝난 후에 출연자들과 관객들이 어울려 홍겨운 뒤풀이를 한다. 북청사자놀이의 경우 뒤풀이로 앞서 등장했던 모든 연희자들이 나와서 넉두리춤 장단에 맞추어 춤을 추는데 이는 북청 현지에서 연희자들의 공연 후에 온 마을 사람들이 함께 어울려 춤추던 장면을 보여주는 것이다. 발탈에서 고사 대목 이후에 벌어지는 마무리 부분에서 탈(유람객)이 홍겹게 소리를 하고 춤을 추고 어릿광대(주인) 역시 곁에서 추임새를 넣고 함께 춤을 추는 대목 또한 이에 해당한다.

줄타기를 포함한 여러 전통연희 종목의 이러한 방식은 홍겹게 뒤풀이하는 형식으로 연희를 마무리하는 것으로 연희자들이 느끼는 무대 위의 홍겨움을 관객에게까지 전달해 줄 수 있다.

제5장 남사당패 어름줄타기의 공연 원리와 가치

1. 어름줄타기의 공연 원리

어름줄타기는 연희자가 일정한 연행 구조 속에서 공연 상황에 따라 즉흥적인 변형과 생성을 통해 개성적인 창조를 해나가는 전통연희이다. 어름줄타기는 기예를 중심으로 하는 전통연희의 대표적인 종목으로 놀이판을 통해 전승되고 연행된다. 어름사니는 관중의 반응과 분위기를 고려하며 연행 상황에 따라 연희 내용을 조절해 나간다. 이것은 줄타기가 정해진 시간과 공간을 배경으로 현장에서 발생하고 사라지는 공연 예술로서, 동일한 연희자가 연행한다 하더라도 현장에 따라 공연의 성과와 반응이 다르게 나타난다는 것을 의미한다.

어름줄타기가 다른 전통연희 종목들의 연행 양상과 가장 큰 차별성을 보이는 부분은 어름사니가 줄 아래에 어릿광대, 악사들을 대동하고 줄 위에서 고난도의 기예를 음악, 재담과 융합해서 능숙하게 연행해야만 하는 범접하기 어려운 전문성일 것이다.

주지하다시피 어름줄타기는 공연예술의 보편적 특징인 현장성, 유희성, 양식성, 창조성이 내재되어 있는 전통연희이다. 서연호는 전통연희가 지니는 공연적 측면의 특징인 현장성, 유희성, 양식성, 창조성을 다음과 같이 설명했다.

연희의 현장성은 연희가 일정한 장소에서 일정한 시간에 일정한 관중을 대상으로, 현장에서 연행되고 현장에서 소멸되는 일회적 행위라는 것이다. 연희는 기성품이 아니라 언제나 현장을 통해서 새롭게 만들어나가고 현장에서만 살아 있는 표현적인 행위다.

연희의 유희성은 연희가 연희자나 관중은 물론 모든 참여자들에게 즐거움과 기쁨을 제공한다는 것을 의미한다. 경우에 따라 연희자는 관중의 일원이 되고 관객은 연희자가 되어 출연하기도 하며, 직업인으로서 연희를 하기도 하고 혹은 취미로 연희를 하기도 한다. 어느 경우든 연희는 즐겁고 비록 노동이라 하더라도 연희는 즐거운 노동이다.

연희의 양식성은 연희는 개별적으로 독자적인 표현 방법인 어떤 양식 혹은 다양한 형식을 통해 관중에게 제시되며 이러한 양식들은 한편으로는 원형성을 유지하려 하면서도 다른 한편으로는 언제나 변화하려는 가변성을 공유함을 뜻한다. 연희에서는 다양한 표현 매체와 방법과 기능을 종합적으로 늘어놓지 않고 총체적으로 구조화 시키는 동시에 고도로 압축되고 상징화된 표현을 구사한다.

연희의 창조성은 연희는 원형적인 질서를 깨뜨리지 않으면서도 순간순간 즉흥과 변화를 불어넣음으로써 개성적이고 발랄한 창조가 이루어지는 특성을 말한다. 연희자의 잠재적인 능력과 풍부한 상상력과 수련은 창조의 원동력이 되고 창조는 즉흥성과 상상력을 동반하게 된다.[1)]

필자는 줄타기가 지니는 전통연희 일반의 특성인 현장성, 유희성, 양식성, 창조성을 염두에 두며, 어름줄타기의 공연 원리로 다음 세

---

1) 서연호 · 김현철, 『한국 연희의 원리와 방법』, 연극과 인간, 2006, 25-27쪽 요약 인용.

가지에 주목하고자 한다.

첫째, 고난도의 기예가 음악, 재담과 통합적으로 결합하는 '결속과 융합의 원리'. 둘째, 줄 위에서 관중들에게 고도의 긴장감을 조성하고 이완시키며 이를 지속해나가는 '지속과 완화의 원리'. 셋째, 허공에 설치된 줄을 입체적 극적 공간으로 변화시키는 '초월과 확장'의 원리이다.[2)]

1) 결속과 융합의 원리

어름줄타기 연희자인 어름사니, 어릿광대, 악사는 관중과 현장 상황에 따라 서로 협력하고 소통하며, 줄타기의 연행 요소인 기예·음악·재담을 활용해서 줄타기를 실연한다.

어름사니는 자신이 아무리 아찔한 기예를 펼치더라도 이것으로 소임을 다한 것이 아니기에 만족할 수 없다. 연희자는 기예·재담·음악이라는 이질적인 연행 요소들이 서로 소통할 수 있도록 연결하고 줄타기 공연이라는 장에서 서로 구별 없이 하나로 합쳐지는 결속과 융합의 원리를 통해 총체성을 구현해야만 하기 때문이다.

이러한 연행 요소의 유기적 결속과 융합을 위해서 어름사니는 기예뿐만 아니라 가요와 재담을 능숙하게 연행할 수 있어야 하고, 어릿광대는 어름사니의 연행을 도울 수 있는 익살과 추임새에 익숙해야 한다. 악사들은 기본적인 반주뿐만 아니라 상황에 따라 독주와 합주를 할 수 있어야 한다.

---

2) 김대균은 유년시절부터 줄타기 연희자로서 활동한 경험을 바탕으로, 한국 줄타기의 연행원리로 긴장과 이완을 반복하는 점층적 삼단 구성, 줄광대와 어릿광대 관중 간의 다원적 소통성, 상황 변화에 대처하는 재담의 자율성, 지상과 공간을 아우르는 공간의 입체성을 들었다.(김대균, 「줄놀음의 역사와 연행체계」, 안동대 대학원 석사학위논문, 2006, 69-86쪽 참조)

어름사니	그러나 저러나 이번엔 똥골댁 똥땍골 참봉댁 맏아들이 한양으로 벼 백석 나귀 실코 탕관(탕근) 사러 갔는데, 붙으라는 과거에는 말미(뇌물)가 부족하여 급살탕국을 먹고 오관수통 기상(기생) 하나 꿰차고와 머리는 올렸으니 감투는 감투렸다. 그 거동 좀 볼 거렸다. 매호씨! 국을 부굴 부굴(굿거리 치라는 뜻)
잽이	오냐
어릿광대	오냐
어름사니	이번엔 억썩에미 쭈구렁 할망구가 돈푼이나 있다고 제법 아주 모냥을 내는데 밀가루 한푸대를 큰 자배기에 쏟아 붓고, 밀가루 반죽을 한번 치대 보는데, 막 떼어다가 왕토쟁이 체벽치듯 막 발라 보는데 야단나는 거렷다. 매호씨! 정기 정기 정적쿵(타령 치라는 뜻)
어릿광대	이놈아! 목구멍에 풀칠할 것도 없는 판국에 낯짝에다 떡칠을 해. 주리를 틀 놈아!
어름사니	모르는 소리렸다. 그 양반댁 망아지는 약과(藥果)도 마단단다. 네 이놈 망아지 똥뗑이 채감도 못할 놈!
어릿광대	죽일 놈이로구나!

어름줄타기의 연희자 중 연행 요소의 결속과 융합의 중심에 서 있는 존재는 물론 어름사니이다. 줄타기는 본질적으로 어름사니의 기예가 가장 중요한 역할을 하는 연희 종목이기 때문이다. 어름사니는 악사들의 흥겨운 반주 음악에 맞추어 어릿광대인 매호씨와 재담을 주고받으며 기예의 내용을 자세하게 설명하고 앞으로 전개될 기예를 예고해서 관중의 호기심을 유발시켜가며 기예를 펼쳐 나간다. 그리고 이미 완성된 기예에 대해서는 관중이 찬탄과 박수를 아끼지 않도

록 유도한다.

어름줄타기가 지닌 연행 요소의 결속과 융합의 원리는 기예만을 위주로 하는 다른 나라의 줄타기와 한국 줄타기가 구별되는 특징이라 할 수 있다. 만약 한국 줄타기가 단순한 음악 반주에 맞추어 기예만 보여준다면, 한국 줄타기는 다른 나라의 서커스와 별반 다를 것이 없을 것이다. 하지만 한국 줄타기는 재담과 가요의 구사를 통해 기예가 전개될 상황을 조성해가며 관중의 흥미와 관심을 확장해 나간다.

어름줄타기의 연행 요소 중 음악 부분을 담당하는 악사들은 줄이라는 좁은 연행 공간의 한계를 메워 가며, 기예가 펼쳐지는 순간에는 반주를 통해 기예를 더욱 날렵하고 율동감 있게 만든다. 그리고 강한 현장성에 따라 장단의 속도 등을 즉흥적으로 변화시켜, 기예를 펼치는 어름사니의 피로를 줄여 주고 줄판의 흥겨움을 지속시킨다. 통상 줄타기에서 기예와 결합하는 음악은 단순하고 속도감에 치중되어 있지만, 흉내내기 대목 같은 가요와 재담이 많이 사용되는 부분은 내용을 효율적으로 전달할 수 있게 하는 데 중점을 두고 있다. 이는 줄타기의 음악이 줄판에서 하는 역할이 단순한 반주의 차원을 넘어서, 줄타기의 기예·재담·가요라는 연행 요소를 원활하게 결합하는 연행 요소의 결속과 융합의 원리에 부응하고 있다는 것을 보여주는 것이다.

2) 지속과 완화의 원리

어름줄타기는 일정한 시간과 공간, 사회적 상황, 관중 등의 연행 조건이 주어지기 때문에 이를 고려하여 최대한 연희의 내용을 효과적으로 전달하고자 극적 구성 방식을 취한다. 통상 연극적 구성 방식으로는 5단계(발단, 발전, 위기, 전환, 결말), 4단계(기승전결), 3단계(처음, 중간, 끝) 등을 떠올리게 된다. 하지만 줄타기는 사건과 갈등이 중심이 되는 전통연희 종목이 아니라 어름사니의 기예가 재담, 음악과 앙상블을 이루는 방식으로 공연된다. 따라서 줄타기는 극적 긴장을 계속 이어지게 하는 지속과 긴장되고 급박한 긴장감을 느슨하게 해주는 완화라는 방식을 취한다. 줄타기는 공중에서 기예를 펼치기 때문에 자칫하면 위험한 상황이 발생할 수 있으므로, 다른 연희 종목들과는 비교할 수 없는 긴장감을 어름사니와 관중 모두에게 갖게 한다.[3)] 그러나 이러한 고도의 극적 긴장감은 줄판에서 공연 끝까지 지속시킬 수도 없고, 지속시켜서도 안 된다. 왜냐하면 관중이 공연에 집중할 수 있는 시간은 한계가 있고 긴장감의 지속은 관중에게 쾌감을 주는 것이 아니라, 초조감과 불편함을 가져다주기 때문이다. 따라서 어름사니는 계속해서 고난도의 기예를 연속하지 않고 재담과 흉내 등을 통해 극적 긴장을 완화하여, 앞으로 전개될 연행에 대한 기대감을 유지시켜야 한다.

어릿광대 옳다구나. 이제는 네가 재주가 없겠구나. 내가 한 상 놀아볼 모양인데 이 쪼꼬만 놈은 고만 내려올 것이로다!

어름사니 허허 이놈 누가 조고만가 귀를 대보자. 그저 네놈은 이 곳이 어느 곳이라구, 아무 생각말고 땅이나 짚고 똥이나 파내기로 싸 붙여라!

어릿광대 그렇다면 이놈 고약한 놈 네집 구석은 키가 커서 큰애

---

3) 심우성의 회고("줄타기하는 조…… 조송자 조송자. 예 예 이게 줄에서 그냥 어떻게 잘 떨어지는지. 어 (웃음) 예. (책을 찾아보면서) 어려웠습니다.")나 필자가 김대균 및 권원태 등 여러 줄타기 연희자들의 공연을 관람해온 경험에 의하면, 고도로 숙련된 연희자들도 종종 줄에서 떨어지는 경우를 볼 수 있었다. 민속촌에서 줄타기를 해오던 40여년 경력의 홍기철도 2015년 7월 한국민속촌에서 추락 사고를 심하게 당해 재활을 하는 상황이 발생했다.

비더냐?

어름사니 그러나 저러나 이번엔 이 어른께서 외호모거리를 하는데 장히 어렵것다. 까딱하면 못보는 재주렷다.

매호씨

정기 정기 정적쿵

어름사니 장히 어렵것다. 이번에도 적쿵(타령가락)으로 쌍호모거리로 나가는데 밑에 계신 손님은 내가 썩은 호박 떨어지듯 하는 날이면 납작떡이 될 터이니 정신 바짝 차리시오. 나가는데

어름사니 이번엔 뭐냐 하면 허궁잽이를 하는데 정기 정기 정적쿵.

줄타기의 초반부에서부터 어름사니는 줄 위에 올라가서 기예를 펼칠 때 줄 위를 걸어가다 갑자기 뒤로 떨어지는 동작을 취하거나, 관중의 허를 찌르는 의외의 동작을 펼친다. 이 때문에 관중은 처음으로 극적 긴장감을 맛보게 된다. 뛰어난 어름사니는 일부러 미숙한 기량을 흉내 내어 떨어질 듯 떨어질 듯 하는 데, 여기에 줄타기의 진면목이 나타난다. 줄을 잘 못 타는 흉내를 내는 대목이 치밀하게 계산된 것이라는 것을 관중들은 알아차리고 어름사니와 교감을 하게 된다. 따라서 최고의 어름사니는 줄을 못 타는 흉내를 자연스럽게 할 수 있는 연희자라 할 수 있고, 이것이 바로 고졸의 경지라 부를 수 있다.

어름사니의 초보자와 같은 주저주저하는 기예에 대해서 채희완은 다음과 같은 평가를 했다.

"줄을 타자면 먼저 줄 위에서 떨어지지 않고 몸을 제대로 가눌 줄 아는 자연과학성이 뒷받침되어 있어야 함은 두말할 여지가 없습니다. 이를테면 몸을 자유자재로 놀릴 수 있는 몸에 대한 정확한 인식 방법이

갖추어 있어야 할 것입니다. 자연과학적 재주를 뛰어 넘어 놀고 있는 데에 우리 줄타기의 묘미가 있는 것이지요. 말하자면 과학적인 사실 논리를 바탕으로 하되 단순한 경험과학성을 뛰어넘어 초월적인 세계에 나아감으로써 놀이 충동을 극대화하는 것입니다. 이는 곧 예술 속에서 노니는 경지입니다. 줄타기에서 더욱 주목해볼 대목은 "한번 건너가 보는데 까딱하다간 재주가 메주가 되는 판, 장히 어렵것다." 하며 죽을둥 살둥 어렵사리 건너가놓는 첫대목입니다. 이렇게 해놓고서는 갖은 재주를 부립니다.

줄타기의 명수가 일부러 미숙한 기량을 흉내 내어 떨어질 듯 떨어질 듯하는 데에 줄타기의 진면목이 있습니다. 이때 보는 이는 조마조마하면서도 누구라 없이 만만해 지고 푸근해집니다.

이러한 것은 일종의 파격 또는 일탈이라고 할 수 있겠는데, 이는 있는 것을 있는 그대로 한번 들어올렸다가는 딴 모습으로 바꾸어내는, 이를 지속적이고 은근하면서 낙천적인 뒤흔듦입니다. 이렇게 해서 일상성은 새로운 국면을 맞이하고 새로운 활기를 부여받습니다. (중략) 여기서 또다시 주목하는 바는 떨어질 듯 떨어질 듯 못타는 흉내를 내는 대목의 용의주도하게 계산된 역설적 의미입니다.

줄타기의 초보자처럼 떨어질 듯한 몸놀림을 보고 관중은 "나도 저기에 올라가면 너만큼은 탄다"라는 속생각을 하게 되고 어느 사이엔가 줄꾼과 동류감을 갖게 된다는 것입니다. 말하자면 연행자와 관중 사이에 감정이입이 생겨나고 연행자는 앉아서 보고 있는 사람의 몸을 대신하여 줄 위에 올라가 있는 셈이 됩니다. 연행자는 곧 관중의 대행자 노릇을 하게 되는 것이지요. 그리고 감정이입은 한편 지속되면서 또한 깊어져 줄 잘 타는 모습은 곧 관중 자신의 몫이 되고 맙니다. 그리고 이러한 최저 난이도(難易度)의 대목은 앞으로 진행될 고난이도의 몸놀림을 위한 토대가 됩니다. (중략) 이는 난이도 배치상의 고도의 작전이기도 합니다. (중략) 줄을 못타는 사람은 못타는 그대로 못 탈 수밖에 없겠으나 명수로서 가장 어려운 일은 바로 줄을 못 타는 흉내를 보여주는 대목입니다. 말하자면 줄타기 명수로서는 바로 이 대목이 최고 난이도가 되는 것입니다. 과연 줄타기 명수가 아니고서는 줄 못타는 흉내를 낼 수가 없습니다. 이것이 바로 고졸(古拙)의 경지입니다."[4]

어름줄타기는 관중과 어름사니 사이에 동질감을 발생시키고, 관중은 어름사니의 몸을 빌려 줄 위에 올라가 있는 듯한 느낌을 주게 된다. 이것은 높은 수준의 기량을 지닌 어름사니가 아니면 실행하기 어려운 것으로 철저하게 계산된 연출의 결과이다.

이후 어름사니는 흥미있는 재담을 동원해서 이러한 극적 긴장을 이완시킨다. 통상 어름줄타기 공연 전반부에서 펼쳐지는 기예는 비교적 난도가 낮다. 염불장단에 맞추어 앞으로 가기, 타령장단에 맞추어 장단줄과 거미줄늘이기, 뒤로 훑기, 콩심기 등이 주를 이룬다. 하지만 후반부에서 펼쳐지는 기예는 외호모거리, 쌍호모거리, 허궁잽이, 가새트름, 외허궁잽이, 쌍허궁잽이 등의 고난도의 동작이 주로 연행된다. 이러한 배치는 후반으로 갈수록 난도가 높은 동작을 배치해서 극적 긴장감을 강화시켜 나가려는 의도에 기인한 것이다.

하지만 후반기예가 펼쳐지는 중간 중간에 현장 상황에 맞는 재미있는 재담을 구사하고, 동물이나 사람의 행위, 사물의 형태를 표현하는 모방 동작 등을 통해 줄판의 완급(緩急)을 조정하며 극적 긴장을 다시 한 번 완화시킨다.

3) 초월과 확장의 원리

줄타기가 여러 전통연희 종목들과 가장 차별성을 보이는 부분은 고난도의 기예가 공중의 외줄 위에서 펼쳐진다는 점이다. 줄타기는

4) 채희완, 「전통연행 속에 숨어 있는 미학적 단초 : 줄당기기와 줄타기」, 『한국미학예술학회지』 9호, 1999, 47-49쪽.

허공에 설치된 줄이라는 협소한 단선 무대를 어름사니와 어릿광대[5], 관중이 서로 소통하는 폭넓은 극적 공간으로 변화시키는 초월과 확장의 원리가 활용되고 있다.

어름줄타기는 기본적으로 어름사니가 외줄 위에서 걷고 뛰고 줄의 반동을 이용해서 도약하는 등 여러 기예를 통해 연행된다. 어름사니와 어릿광대는 각각 공중 무대와 지상 무대를 연행 공간으로 삼아서 재담을 주고받으며, 물리적 공간을 극적 공간으로 확장시켜 나간다. 이때 가장 큰 역할을 하는 연희자는 어릿광대 즉 매호씨이다. 매호씨는 통상 어름사니와 관중의 심리를 대변하기도 하면서 줄타기가 연행되는 내내 어름사니의 기예가 돋보이도록 하고, 어름사니의 애로점을 약화시키기 위해 노력한다.

어름사니 이번엔 장히 위험시런 회허궁잽이로 가는데 이것도 역시 어렵것다.
어릿광대 아니 네가 그것도 한단 말이냐?
어름사니 암 여부가 있나.

---

5) 표준국어대사전에는 어릿광대를 ①곡예나 연극 따위에서, 얼럭광대(어릿광대에 상대하여 이르는 말)의 재주가 시작되기 전이나 막간에 나와 우습고 재미있는 말이나 행동으로 판을 어울리게 하는 사람. ②무슨 일에 앞잡이로 나서서 그 일을 시작하기 좋게 만들어 주는 사람을 비유적으로 이르는 말. ③우스운 말이나 행동을 하여 남을 웃기는 사람을 비유적으로 이르는 말로 풀이하고 있다. 남사당패 공연의 주요 레퍼토리인 풍물놀이, 버나(대접돌리기), 살판(땅재주), 어름(줄타기), 덧뵈기(탈놀이), 꼭두각시놀음(인형극) 가운데 버나, 살판, 어름 3가지 종목에는 어릿광대 명칭으로 캐릭터가 등장한다. '버나'의 주요 공연자인 '버나쇠(버나잽이)'의 상대역 '매호씨(어릿광대)', '살판'의 주요 공연자인 '살판쇠(땅재주꾼)'의 상대역 '매호씨(어릿광대)', '어름'의 주요 공연자인 '어름사니(줄꾼)'의 상대역 '매호씨(어릿광대)' 등 3명이 그들이다. 물론 꼭두각시놀음의 홍동지와 산받이, 덧뵈기의 말뚝이와 취발이 등도 어릿광대적인 요소가 강하다. 어릿광대는 공연자와 청관중과의 상호작용 관계를 소통시키는 매개적 역할을 한다. 청관중은 어릿광대를 대표로 내세워, 주요 공연자는 청관중으로 대표되는 어릿광대를 받아들여, 서로 그칠 줄 모르는 상호작용 속에 세계를 통합적으로 볼 수 있는 총체적인 거울(holistic mirror)을 통해 서로의 내면을 끊임없이 '환기(喚起)'시킨다.(최락용, 「남사당패의 어릿광대들 연구」, 『한국극예술연구』 43집, 2014, 참조)

어릿광대 이놈아, 네가 하긴 뭘해.

어름사니 그럼 네가 해봐라.

어릿광대 한다! 한다!(땅위에서 흉내를 낸다)이만하면 됐지!

어름사니 되긴 뭘 돼! 자 어르신네 나가시는 걸 봐라! 정기 정기, 정적쿵.

어릿광대의 이러한 역할은 발탈의 어릿광대[6]나 꼭두각시놀음의 산받이[7]가 포장막[8]이라는 한정되고 제한적인 평면 공간을 입체적인

---

6) 발탈에는 어릿광대(주인)와 탈(유람객)이 등장하는데, 정상적인 인간 배우(어릿광대)가 반신만을 가진 기이한 인형 배우(탈)와 함께 등장하여 춤을 추기도 하고 양보도 없이 다툰다. 〈심우성본〉의 고사 대목 이후에 벌어지는 마무리 부분에서 탈(유람객)이 흥겹게 소리를 하고 춤을 춘다. 어릿광대(주인) 역시 곁에서 추임새를 넣고 함께 춤을 춘다. 이러한 종결 방식은 흥겹게 뒤풀이하는 형식으로 발탈을 마무리하는 것으로 무대 위의 흥겨움을 관객에게까지 전달하려는 열린 마무리 방식이라 할 수 있다. 이러한 종결 방식은 어름줄타기에서도 찾아볼 수 있다.

7) 산받이는 꼭두각시놀음에 등장하는 인형과 대화를 하며, 극을 이끌어가는 역할을 하는 연희자이다. 포장막 밖에서 반주를 하고 있는 악사들 중 한 명이 산받이 역할을 맡는데, 주로 박첨지와 대화를 하며 극을 이끌어 간다. 산받이는 연희 전체에 대한 연출자 혹은 해설자 역할을 하며, 경우에 따라서는 관객의 입장에서 박첨지와 함께 꼭두각시놀음의 극적 진행에 도움을 준다. 산받이는 등장인물이면서 관중과 같은 입장에 서기도 하기 때문에, 무대와 관중 사이의 거리를 좁혀 준다. 등장인물에게 질문을 던지거나 행동을 요청하여 무대 면에 나타나지 않는 사실들을 보충시켜준다.

8) 포장막은 발탈의 무대이자, 인형 배우의 조종과 목소리 연기를 하는 인간 연행자를 가리는 장치이다. 포장막은 유람객 역할을 맡은 인형 배우가 스스로 움직이고 말을 하는 것처럼 보이기 위해서, 인형 배우의 말과 움직임을 맡아서 하는 연행자인 발탈꾼을 가리는 기능을 한다. 발탈꾼이 포장막 속에서 은폐된 채 인형 배우를 조종하고 목소리 연기를 하는 것이다. 발탈의 포장막은 단지 인형 배우를 연행하는 발탈꾼을 가리는 기능만을 하는 것이 아니다. 어물도가 주인과 유람객이 서로 만나서 티격태격 말다툼을 벌이는 공간 배경으로 설정되기도 한다. 일종의 무대 배경으로 기능하는 것이다. 인형 배우의 목소리 연기와 조종을 담당하는 인간 연행자를 가리는 장치를 이용하는 사례는 발탈 이외의 전통 인형극에서도 찾아볼 수 있다. 남사당패 꼭두각시놀음의 덜미포장이나 서산 박첨지놀이의 포장막이 이에 해당한다. 발탈, 꼭두각시놀음, 서산 박첨지놀이에서 인간 연행자들은 직접 목소리 연기를 하고 인형들을 조종하지만 그 모습이 포장막으로 감추어져 있어, 마치 인형 배우가 스스로 말을 하고 움직이는 것처럼 보인다. 숨어있는 연행자의 직접적 발화와 숨어있는 연행자의 조종이 이루어지고 있는 것이다. 인간 연행자의 목소리 연기와 조종이 감추어지는 연행 방식이 이루어지고 있는 것이다. 이렇게 감추는 연행 방식은 그 발화와 움직임의 원천을 숨기고 인형이 스스로 발화하고 움직이는 것처럼 보이게 하는 연행 방식이다. (허용호, 『한국민속예술사전 : 민속극』, 국립민속박물관, 2015, 510-511쪽)

연행 공간으로 확장시키는 역할을 하는 것과 같은 맥락에서 이해할 수 있다.[9] 줄타기 연행에서 어릿광대의 역할을 정리하면 다음과 같다.

어릿광대는 줄 아래 위치하여 어름사니의 기예와 악사의 상태, 관중의 반응을 모두 살펴볼 수 있기 때문에, 이들 사이의 상호관계를 성립시키고 줄판의 흐름을 조종한다. 어릿광대는 줄광대의 흥이 약화되었을 때는 줄판의 분위기를 띄우고, 어름사니가 다음 동작으로 넘어가기 전에 숨을 고를 수 있는 시간을 제공한다. 어릿광대는 줄판의 전개 방향과 상황을 고려하여 순간순간 적절한 반주 음악을 유도하고, 어름사니가 관중들의 반응을 이끌어 낼 수 있는 재담을 할 수 있도록 돕는다. 어릿광대는 줄 아래에서 자신만의 과장된 언행과 장기로 줄판에 모인 구경꾼들을 자연스럽게 줄판으로 끌어들인다.

결국 어릿광대는 놀이판의 완급을 조정하고, 줄판의 분위기를 적절하게 유지하며 관중들의 적극적 호응과 일체감을 유도해 나감으로써, 줄이라는 한정된 공간이 입체적으로 확장되어 극적 공간으로 전환되게 만들어 주는 것이다.[10]

어름줄타기와 계통은 다르지만 연행 공간의 초월과 확장의 원리를 광대줄타기 연희자 김대균의 실제 연행 현장을 통해 살펴보면 다음과 같다. 줄광대는 줄타기 연행 시에 어릿광대, 악사와 상호 일정한 신호체계를 사용한다. 김대균의 기본적 신호체계는 '쩡꿍 정저꿍', '쩡꿍' 또는 '배우씨' 등이 있다. 쩡꿍 정저꿍은 허튼타령을 의미하며 쩡꿍은 당악 장단을 의미한다. 김대균은 어릿광대를 배우씨라 칭하

---

9) 허용호, 『발탈』, 국립문화재연구소, 2004, 82쪽.

10) 현재 전승이 단절된 어름줄타기는 기예를 수행할 수 있는 어름사니를 훈련시키는 것과 함께 역량을 갖춘 어릿광대를 육성해 나가는 방향으로 복원이 이루어져야 한다.

며 어릿광대는 줄광대를 광대씨라 부른다. 이들 상호 간의 신호체계는 연행자 간의 기본적 의사소통 수단이다. 줄광대는 이를 통해 연행 과정 내내 지속적으로 어릿광대, 삼현육각 악사들과 서로 교감을 주고받는다. 또한 줄 아래 어릿광대는 줄광대의 호흡이 흐트러졌을 때, 춤이나 재담으로 분위기를 전환하고 악사들 또한 줄광대의 연행 속도를 조절한다. 줄광대는 어릿광대에게 춤을 추게 하거나 땅줄을 타도록 주문을 하기도 한다. 줄광대는 이러한 방법으로 공중과 지상이라는 물리적 공간을 초월하여, 연행 공간을 극적 공간으로 입체적으로 확장한다. 이렇듯 입체적으로 확장된 어름줄타기의 연행 공간은 연희자와 관중 모두에게 일상의 공간이 아닌 신기발현(神氣發現)[11]의 유희적 공간으로 변경된다.

2. 어름줄타기의 연희적 가치

문화유산(文化遺産)이란 앞으로의 문화적 발전을 위하여 후속 세대에게 계승할 만한 가치를 지닌 정신적 · 물질적 각종 문화재나 문화 양식 따위를 일컫는다.[12] 주지하다시피 한국의 어름줄타기와 광

---

11) 조동일, 『카타르시스 라사 신명풀이』, 지식산업사, 1997, 106쪽.

12) 유네스코는 1997년 제29차 총회에서 산업화와 지구화 과정에서 급격히 소멸되고 있는 무형문화유산을 보호하고자 인류 구전 및 무형유산 걸작 제도를 채택했다. 이후 인류 구전 및 무형유산 걸작들이 지정되기 시작했다. 무형문화유산의 중요성에 대한 국제사회의 인식이 커지면서 2003년 유네스코 총회는 무형문화유산 보호 협약을 채택했다. 이것은 국제사회의 문화유산 보호 활동이 건축물 위주의 유형 문화재에서 눈에 보이지 않지만 살아있는 유산(living heritage), 즉 무형문화유산의 가치를 새롭게 인식하고 확대했음을 국제적으로 공인하는 이정표가 되었다. 유네스코가 무형문화유산 보호 협약에 포함되어 있는 무형문화유산의 정의와 범위, 그 특징을 소개하면 다음과 같다.
무형문화유산의 정의 (협약 제2조 1항) - 공동체, 집단 및 개인이 자신의 문화유산의 일부분으로 인식하는 관습, 표현, 지식 및 기술과 이와 관련된 전달 도구, 사물, 공예품, 문화 공간.

대줄타기는 모두 유네스코 인류무형유산에 등재되어있고 각각의 줄타기는 다음과 같은 이유로 등재가 가능했다. 남사당패 어름줄타기는 서민들을 상대로 공연된 전통연희로서 당시 사회의 모순을 비판하고 민중의식을 일깨우는 역할을 했으며 오늘날 새로운 예술 창조의 바탕이 되는 소중한 문화유산이다. 광대줄타기는 관객을 즐겁게 하는 전통음악과 민첩한 동작의 결합, 상징적인 표현이 어우러진 복합성, 인간의 창의성 등을 보여주는 연희라는 점과 전 세계 다양한 줄타기 공연에 대한 관심을 환기할 수 있고 문화 간 교류를 촉진하는 계기가 될 수 있다.

줄타기의 유네스코 인류무형유산 등재는 우리의 줄타기를 세계가 공인했다는 점에서 뜻깊지만, 그 이면에는 줄타기가 세계화와 급속한 도시화, 일방적인 문화 통합 정책 속에서 젊은 세대의 관심 부족으로 인해 사라져 가는 문화유산의 위치에 있다는 것을 의미하는 것이기도 하다.

다음에서는 이렇듯 시급하게 보호를 받아야만 하는 어름줄타기가 문화유산으로서 후대에 전승할 만한 어떤 연희적 가치가 있는지 구체적으로 살펴보고자 한다.

첫째, 남사당패 어름줄타기는 줄타기라는 연희 종목이 개방적인 연행구조 속에서 즉흥적인 변형과 생성을 통해 개성적인 창조가 가능한 것임을 보여주었다. 어름사니는 현장성에 기초하여 고난도의

무형문화유산의 범위(협약 제2조 2항) - 1. 무형문화유산의 전달체로서 언어를 포함한 구전 전통 및 표현, 2. 공연 예술(전통음악, 무용 및 연극 등), 3. 자연 및 우주에 관한 지식 및 관습, 4. 전통 기술.
무형문화유산의 특징(무형무화유산 보호 협약 제2조 1항) - 1. 세대와 세대를 거쳐 전승, 2. 인간과 주변 환경, 자연의 교류 및 역사 변천 과정에서 공동체 및 집단을 통해 끊임없이 재창조, 3. 공동체 및 집단에 정체성 및 지속성 부여, 4. 문화 다양성 및 인류의 창조성 증진, 5. 공동체간 상호 존중 및 지속가능발전에 부합.(『무형문화유산보호 협약 기본문서(Basic Documents of the 2003 Convention)』, 205쪽 참조)

기예를 고공의 외줄 위에서 펼치며, 줄 아래에 어릿광대와 악사들을 대동하고 기예뿐만 아니라 가요와 재담을 창조해 나간다.

둘째, 현존 남사당패 어름줄타기는 광대줄타기와 달리 여성 어름사니 특유의 섬세한 기예와 해학적인 재담이 어우러진 예술로 광대줄타기와 차별되는 독자적 연희임을 분명하게 보여준다. 어름사니는 이러한 개성적 연행을 통해 전통사회 광대들이 그러했듯 본인의 힘든 삶을 지탱했고, 관중에게 즐거움을 안겨주며 삶에서 겪는 모순과 갈등을 위무하고 생활에 활력을 가능하게 했다.

셋째, 어름줄타기는 과거의 오랜 연희 전통 위에 시대의 변천에 따른 변화를 창조적으로 계승했다. 남사당패 어름사니 조송자가 기예의 다양성과 유연함, 장면에 적절히 부합하는 가요와 해학적이고 풍자적인 재담을 펼칠 수 있었던 것은 이러한 전통의 발전적 계승 덕분에 가능했던 것이다. 전통연희의 사회적 가치는 민중들에게 사회 현실에 대한 인식의 공유와 그에 따른 비판과 풍자를 통해 해방감을 가져다주는 축제성의 발현일 것이다. 어름줄타기가 지니는 이러한 창조성은 오늘날의 관중들에게도 전달될 수 있다. 따라서 어름줄타기의 복원이 성공한다면 과거의 놀이로 인식되던 어름줄타기가 현대의 관객들과 소통 가능해질 것이고, 다채롭고 수준 높은 유희성은 현대적 신명을 창출해 내는데 기여할 것이다.

넷째, 어름줄타기는 고졸의 연행을 통해 관중의 긴장을 집중시킨다. 어름사니는 줄타기의 명수이지만 일부러 미숙한 기량을 지닌 것처럼 떨어질 듯 떨어질 듯 한 아찔한 모습을 보여준다. 이러한 움직임은 관중과 어름사니 사이에 동류감을 발생시키고, 관중은 어름사니의 몸을 빌려 줄 위에 올라가 있는 느낌을 받게 된다. 이것은 최고의 경지에 오른 연희자가 아니면 하기 어려운 연행으로, 철저하게 계산된 연출의 결과이다.

다섯째, 남사당패 어름줄타기는 잊혀진 과거의 문화 유산인 남사당놀이의 의미를 새롭게 살펴볼 수 있게 해준다.[13] 어름줄타기는 조선 후기에 지배계층에 억눌려 고통받던 백성들의 불만을 해학과 풍자가 넘치는 재담과 기예를 통해 토로하고 세상에 전파하여 사회 변화를 이끌었다. 또한 혹세무민이자 비천한 행동으로 치부되던 비속한 놀이문화를 민중들의 공연예술로 발전시켜 대중문화의 가치를 재확립했다. 또한 김지하의 시 「어름」, 이청준의 단편소설 「줄」[14], 어

---

13) 최근 경상북도 칠곡군에서는 남사당패의 문화유산을 새롭게 해석한 정책으로 주목을 끌고 있다. 칠곡군에서는 전통사회에서는 천대받는 광대였던 어름사니를 남사당패에서 줄을 타는 줄꾼에 한정 짓지 않고 신비한 재주를 부릴 줄 아는 사람이라는 뜻으로 해석했다. 또한 남사당이 특별한 보수 없이 숙식만 제공받고 마을의 큰 마당이나 장터에서 신명 나게 밤새워 놀이판을 벌였던 공연 활동을 재능 기부로 보았다. 지자체는 2015년 역량과 능력을 갖춘 지역의 재주꾼 즉 어름사니를 공개 모집했고 지역에서는 생활의 지혜가 묻어난 재주부터 전문성을 갖춘 재주까지 다양한 분야의 숨은 재주꾼들이 참여했다. 연령층이 유아부터 노인에 이르기까지 다양한 칠곡의 어름사니들은 재능 나눔을 통해 지역의 각종 행사와 축제 등 다양한 분야에서 봉사활동을 하며 나눔 문화 확산의 분위기를 조성해 가고 있다. 어름사니들은 조선 시대 어름사니처럼 특별한 보상을 바라지 않고 공동체를 위해 봉사하고 서로의 재능을 공유하고 있다. 어름사니를 통해 나눔의 개념이 현금과 물질을 넘어 재능으로 확대되자 경제적, 시간적, 나이 등의 이유로 나눔을 실천하지 못했던 주민들의 동참이 이어지기 시작했다. 또 재능기부를 통한 일상생활에서 실천하는 나눔은 지역 사회를 더욱 건강하게 만들고 통합하는 촉매 역할을 했다. 이러한 경북 칠곡군의 어름사니 정책은 2017년 최우수 지방자치 정책 대상을 수상했다. (『경북일보』 2018. 01. 23 참조)

14) 「줄」은 1966년 『사상계』를 통해 발표된 이청준의 단편 소설로, 무기력하게 살아가던 화자(나, 남기자)가 C읍의 한 노인으로부터 들은 한 줄광대 부자의 이야기가 액자 형식으로 전개된다. 문화부 기자인 나는 부장의 지시로 C읍에 가서 승천한 줄광대의 이야기를 취재한다. 그곳에서 승천한 줄광대에 대해 알고 있는 노인으로부터 허운의 이야기를 듣는다. 허운은 그의 아버지 허 노인으로부터 줄타기를 배운다. 허 노인이 더 이상 줄을 타기 어려운 몸 상태에 이르게 되는 상황에서, 허운은 허 노인이 생각한 줄광대의 경지 즉 줄 위에서 생각이 땅에 머무르지 않는 경지에 이르게 된다. 그 후 허 노인은 마지막으로 허운과 함께 줄을 타다가 떨어져 목숨을 잃는다. 이후 허운은 자신의 아버지와 같이 단장의 호통 속에서도 줄 위에서 재주를 부리지 않고 줄을 탄다. 허운은 그의 공연을 매일 본 한 여인을 만나 사랑하게 되면서 줄 위에서 재주를 부리기 시작하고 여인에 대한 사랑으로 줄광대 본연의 일인 줄타기를 할 수 없게 되는 자신을 깨닫는다. 하지만 여인이 자신을 사랑하지 않는 것을 깨닫고 난 뒤 마지막으로 줄을 타면서 목숨을 잃는다. 훗날 사람들은 허운의 죽음을 두고서 광대가 승천했다는 말을 하고 시간이 흘러 사람들은 허운이 정말로 승천했다고 믿는다. 허운의 이야기를 들은 나는 노인과 헤어지면서 노인의 죽음을 예감하고 C읍을 떠나는 날 노인이 죽었다는 소식을 듣는다.

름사니 바우덕이가 등장하는 영화 『남사당』 등을 비롯한 여러 예술 작품이 탄생할 수 있는 영감을 제공해 주었다.

이러한 연희적 가치를 지니는 어름줄타기를 복원해야 하는 작금의 상황에서 바람직한 복원의 방향은 원형 재구와 함께 시대상에 걸맞은 내용과 형식을 창조하는 면을 함께 고려해야 한다. 이러한 지향이 성공한 예로 조선 후기의 유랑예인들을 중심으로 많은 전통연희 종목들이 나오는 영화 ≪왕의 남자≫[15)]의 흥행과 땅재주의 현대적 변용인 브레이크 댄스(Breakdance)를 추는 비보이(B-Boy)[16)]들

---

15) 영화 ≪왕의남자, King and the Clown≫는 김태웅이 2000년에 발표한 희곡 〈이(爾)〉를 원작으로 한다. 〈이〉는 『연산군일기』의 기록을 창작의 모티프로 삼은 역사극이다. 이는 임금이 신하를 높여 부르는 호칭인데 극 중에서는 연산이 아끼는 궁중광대 공길을 부를 때 사용한다. 이준익 감독은 〈이〉를 각색하여 영화로 만들고 2005년 ≪왕의 남자≫를 개봉하여 천만 관객을 동원한다. 극중에서 공길과 장생의 연희, 광대패들의 놀이, 광대 정신을 무대화한 장면들은 웃음과 감동을 선사했다. 남사당패 어름사니 장생과 공길은 전국을 유랑하던 남사당패에서 도망쳐 한양에 올라온 후 연산군과 그의 애첩인 녹수를 풍자하는 놀이판을 벌이던 중, 왕을 희롱한 죄로 의금부로 끌려간다. 하지만 공길의 재기 넘치는 연희로 연산을 박장대소하게 한 것이 계기가 되어, 왕의 연희를 담당하는 궁중 광대가 된다. 그들은 연회에서 탐관오리를 풍자해서 징치되게 하기도 하고 여인들의 암투로 왕이 후궁에게 사약을 내리는 연희를 선보이게 되는데, 이 연희를 본 연산은 생모 폐비 윤씨가 사약을 받은 고통에 괴로워하며 선왕의 여자들을 살해한다. 장생은 자신으로 인해 궁에 피바람이 불자 궁궐을 떠나기로 마음먹지만, 연산을 측은하게 여기는 공길은 장생과 함께 떠나기를 거부한다. 그러던 중 왕의 애정을 공길에게 빼앗긴 녹수는 광대들을 제거하기 위한 계략을 꾸미고 결국 이들 모두는 비극적 결말을 맞이하게 된다.

16) 한국의 비보잉은 짧은 역사에도 불구하고 메이저급 국제 대회에서 획기적인 성과를 거두며, 한국은 비보잉 강대국으로 주목받고 있다. 한국이 다른 나라에 비해 단기간 비보잉이 급성장할 수 있었던 배경에 대해 연구자들은 한국의 전통문화인 남사당놀이의 땅재주에 관심을 보이기 시작했다. 한국 비보이들이 현장에서 사용하고 있는 땅재주와 동일한 동작은 앞곤두, 뒷곤두, 노구걸이, 옆시금, 살판배사림으로 나타났으며, 난이도가 높다는 이유로 소수의 비보이가 사용하는 기술은 땅재주 동일 동작으로는 번개곤두, 수세미트리, 살판으로 확인되었다. 자반뒤지기, 팔걸음, 외팔곤두는 쉬운 동작이므로 비보이들이 주로 변형하거나 연결 동작으로 사용한다는 것을 알 수 있었다. 한국 비보잉 작품 내에 나타난 땅재주와 유사한 동작형태로는 변형동작, 유사동작, 동일동작 등이 있으며, 가장 높은 빈도를 보인 동작은 노구걸이이다. 이러한 점에 비추어 보자면 한국의 비보이들이 땅재주와 유사한 동작을 현장에서도 사용하고 있다는 점을 알 수 있다. 또한, 땅재주 동작이 변형된 동작으로 사용되고 있다는 점과 동작에서 다음 동작으로 연결하는 기술로도 활용되고 있다는 점이 확인된다. 따라서 비보잉과 땅재주 동작의 관련성에 대한 심도 있는 연구가 진행되어야 할

의 공연이 대중의 사랑을 받고 있다는 것을 들 수 있다. 전통연희의 충실한 보존·전승과 전통연희를 활용한 새로운 공연예술의 창작은 대중에게 사랑받는 영화, 연극, 애니메이션, 서커스, 무용 등 여러 분야의 창작 자원으로도 크게 활용될 수 있기 때문이다.

이러한 방향으로 남사당패 어름줄타기의 복원과 재생이 이루어지면 문화유산적 가치를 드러낼 수 있을 뿐만 아니라, 서커스의 곡예와는 다른 한국적 기예의 정통성을 계승해서, 공동체가 향유할 수 있는 공공재로 역할을 충분히 할 수 있다. 고대부터 이어져 내려온 한국적 민속 기예의 정통성이 확보됨으로써 문화 원형을 확보하게 되고, 이로 인하여 향후 다양한 문화콘텐츠 개발이 가능해 질 수 있다. 현대의 예술가들은 과거의 전문예인집단이 전승했던 민속예술의 면모를 제대로 접하게 되면서 동시대 문화와 바람직한 접점을 찾아내고 새로운 창조성을 발휘할 수 있게 될 것이다.

결론적으로 이렇듯 분명한 문화유산적 가치를 지니는 남사당패 어름줄타기의 복원은 전통에 기반을 둔 문화유산의 계승과 전통 공연 예술의 다양성을 확장시키며 현대 문화 창조에 이바지하는데 큰 역할을 할 것으로 기대된다.

것이다. (이우재, 「비보잉과 남사당놀이 땅재주의 공연형태와 동작 비교 연구」, 세종대 대학원 박사학위논문, 2013 참조)

줄타기 연희본 교주 및 해제

제6장 어름줄타기*

1. 조송자 어름줄타기 연희본 1 - 〈조송자본1〉

놀이에 앞서 높이 3m, 길이 5-6m의 녹바줄(삼껍질로 꼰 직경 3cm 정도의 동아줄) 밑에서 터고사를 올린다, 형편에 따라 주과포를 진설하기도 하나 대개의 경우 술과 북어 몇 마리를 올려 놓고 어름산이가 고사를 올린다.

(고사문)
고설 고설 고설 고설
고설 고설 고오설
섬겨 드리는 고사로다
이 고사를 드리는 건
다름이 아니오라
○○(장소) ○○(때)에
줄할머니 줄할아버지께
고사를 드리는데
축원덕담[1]대로 재수 있고

---

* 제2부에서 실시하는 어름줄타기와 광대줄타기 연희본의 교주 작업에서 필자는 가능하면 최초 발표 지면의 표기 방식이나 체계를 존중하고, 결정적인 오기와 오류만을 수정하고자 한다.

1) 신에게 자신의 소원을 빌고 그것이 잘되기를 기원하는 말.

맘 먹고 뜻 먹은 대로
소원 성취 이뤄주고
조씨(趙松子) 귀주가
줄할머니 줄할아버지를 위하여
이 정성을 드리오니
나비몸 되고 새몸 되어
남의 눈에 꽃과 잎으로 보이고
소원성취를 발원하오니
여기 오신 여러 손님
이 구경을 보시고 가시더라도
귀설수[2] 실물수[3] 수몰[4]하고
소원성취 이루어
만사가 대길하게시리
점지하여 주옵소서.

줄고사가 끝나면 사물잽이[5]와 어릿광대[6], 어름산이[7]가 배례하고 올렸던 술을 양쪽 줄기둥과 줄에 각각 붓고 그리고 줄판의 한복판에 조금씩 붓고 줄의 동편에서 오르기 시작한다.

어름산이 매호씨(악사나 어릿광대를 부르는 소리)하면 잽이(악사)들이 염불가락을 올린다. 장삼에 고깔을 쓴 어름산이가 서서히 줄에 올라 걸터앉아서 중놀이를 시작한다.

---

2) 구설수(口舌數), 타인과 시비하거나 남에게 헐뜯는 말을 듣게 될 운수.
3) 실물수(失物數), 중요한 물건을 잃어버릴 운수.
4) 수몰(收沒), 박탈하다.
5) 전통연희에서 악기를 연주하거나 노래를 부르거나 춤을 추는 연희자를 이르는 말.
6) 어름사니와 재담을 주고받는 연희자임. 어름줄타기에서는 매호씨, 광대줄타기에서는 배우씨라고 부름.
7) 어름사니의 비표준어. 광대줄타기에서 줄광대라고 부름.

어름산이 (재담) 강원도 금강산 일만 이천 봉 팔만 구 암자 절에서 내려온 중이 하나 있는데 중타령을 한 번 하는데 이리 한 번 하는 거렸다.

(중타령)

중 하나 내려온다
중이 하나 내려온다
저 중에 거동 보소
억단[8](얽었단) 말도 빈말이요
검단 말도 빈말이요
저 중에 거동 보소
다홍띠 눌러띠고
백팔염주 목에 걸고
단주[9]는 팔에 걸고
구절 죽장[10] 손에 짚고
흐늘거리며 내려온다.
저 중에 거동 보소
광채는 푹 퍼지고
저 중에 잇속 보소
당사실[11]로 엮은 듯이
저 중에 두 눈은
소상강[12] 물결 같고

---

8) 얼굴에 우무우묵한 마맛자국이 있다.

9) 단주(短珠), 5개 이하의 구슬을 꿰어 만든 짧은 염주.

10) 죽장(竹杖), 대나무 지팡이.

11) 당사(唐絲)실, 중국에서 들어온 명주실을 이르던 말.

12) 소상강(瀟湘江), 중국 호남성(湖南省) 동정호(洞庭湖) 남쪽에 있는 소수(瀟水)와 상수(湘水)가 합쳐지는 주변 지역.

저 중에 두 눈섭은
왼 얼굴 뒤덮은 듯
저 중의 양 귀는
왼 어깨 축 처지고
염불하며 내려온다
저 중에 거동 보소
광세는 처철
목탁은 또드락 똑딱
바라저서 중상인가
가사[13]메여 중상인가
고깔을 써서 중상이런가
이 중상 거동 보소
염불하며 내려왔네
청암은 칠벽산
때구르르 궁굴려도
실금도 아니갈 중
저 중의 행세 보소
(재담)

이리 한참 염불을 하고 내려오던 중 한 옆에 떡 앉더니, 아 이 중의 행세 보소. 자기 짚었던 죽장을 반 뚝 꺾어 들고 이리 보고 저리 보고 하더니, 불 때는 부지깽이[14] 했으면 적합하구나 하고는(꺾는 시늉을 하며 아래로 휙

---

13) 가사(袈裟), 불교 승려가 장삼 위에 왼쪽 어깨에서 오른쪽 겨드랑이 밑으로 걸쳐 입는 법의(法衣).

14) 아궁이에 불을 땔 때 불을 헤치거나 끌어내거나 거두어 넣거나 하는 데 쓰는 막대기.

던져 버린다)

다음에는 띠를 떡 벗어 들고 이것은 뭘 했으면 적합할까, 첫아들 낳으면 돌띠[15]감이 적합할세 돌띠감 사가시오!

(구경꾼 중에서 띠를 사가지고 장고 앞에 갔다 놓는다)

이 중의 거동 보소, 장삼[16]을 훌훌 벗어 이리 뛰고 저리 뛰고, 이리 보고 저리 보고, 뭣을 했으면 적합할까. 갈기갈기 주름잡아 마누라 초마(치마)감이 적합할세. 초마감 사가시오.

(구경꾼이 사다가 장고에게 준다)

고깔을 벗어들고 보니 무엇을 했으면 적합할까 이리 보고 저리 보니 콩나물 시루가 적합하구나. 아서라, 이 짓도 쓸 곳 없다 재삼태기[17]가 분명하구나. 아서라 이 것도 쓸데 없다. 이리 저침 저리 저침 양귀에 끈을 달아 마누라 서답[18]감이 적합하다.

이 중 행세가 이러하니 중 노릇은 다 집어치고 인간세계에 내려가서 남과 같이 살아보세.

매호씨! 이것 갖다 네 마누라 주면 아들 새끼 잘 날걸세 (홱 집어 동댕이 친다) 나무 나무 나무 나무 나무 나무로다

나무아미타불

---

15) 수명장수를 기원하는 뜻에서 돌을 맞은 아기의 허리에 매어 주는 띠.

16) 장삼(長衫), 길이가 길고 품과 소매를 넓게 만든 승려의 웃옷.

17) 아궁이에 쌓인 재를 쳐내는 데에 쓰는 삼태기로 볏짚으로 꼰 가는 새끼줄을 촘촘하게 결어서 만듦.

18) 여성이 월경할 때 살에 차는 물건.

관세음보살

(중 복색이던 어름산이가 그 동안에 전복[19]차림의 남장 여인이 되었다)

어릿광대 망했구나 망했구나 빈대 한 마리 안 남 것구나, 그러나 저러나 저 양반 근본을 이를 것 같으면 살기로는 ○○데 살고, 먹기로는 ○○살을 먹었는데 남자도 아닌 여자로서 줄에 올라왔는데 담덕하게 조고만한 양반이 뭘 하겠다고 올라왔는지 한 번 내가 볼 것이요.

늬가 여기를 올라 올 적에는 여기서 재주를 부려볼려구 올라왔겠지?

어름산이 그렇다.

어릿광대 그럼 네가 여기를 건너갈 수 있단 말이냐

어름산이 아 그야 물론이지.

어릿광대 그럼 너 한번 해봐라.

어름산이 그럼 이번에 한번 하는 동시에는 똑똑히 보라.

어릿광대 오냐.

어름산이 매호씨 또두락 딱딱(염불 가락을 치라는 의미)

잽이(악사) 오냐

어릿광대 오냐

어름산이 잘 건너가면 재주가 용코, 못 건너가면 메주가 되는 판이렸다.

어릿광대 오냐.

(염불가락에 맞춰 비틀거리며 ①의 앞으로 가기)

---

19) 깃·소매·섶이 없고 등솔기가 허리에서부터 끝까지 트여 있는 조선시대 무관들이 입던 옷.

어름산이 거 한번 갔다 오기가 힘이 드는구나. 여기서 보기에는 얼마 안되기에 맘 푹 놓고 건너갔다가 죽을 똥 쌀 뻔 했네. 그러나 갔다 오긴 갔다 왔으나 또 건너가기 난감하군. 가심(가슴)이 두근반 서근반하고 다리가 벌벌 떨리고 정신이 아찔! 그러나 여길 또 건너가 보는데 장히 어렵것다.

매호씨! 이번엔 타령을 한번 울리고 장단줄을 건너를 가는데.

②의 장단줄(타령가락)

어릿광대 허 그놈 낙동강 오리알 떨어지듯 딱 떨어질줄 알았더니 메주가 재주로구나.

어름산이 에끼 이놈 네미 실게가 붙을 놈. 자 그러면 이번엔 거미가 줄을 늘이는데 양쪽 발로 늘이는 거렸다.

③의 거미줄늘이기(타령가락)

어름산이 매호씨! 이번엔 뒤로 한번 걸어 나가는데 앞으로 가다가도 아차하면 떨어지는 판인데 이놈은 뒤통수도 눈이 달렸는지 뒤로 한번 가보는 것이렸다.

④의 뒤로 훑기(타령가락)

어름산이 매호씨! 내가 이렇게 왔다 갔다 놀고만 있을 것이 아니라 콩을 한 번 심어 볼 것인데, 호미로 땅을 파고 심는 것이지만 이놈은 발로다 심되 이리 한번 심는 거렷다.

어릿광대 이놈 콩멍석에 엎우러저 마마떡(곰보)이나 처먹어라

⑤의 콩심기(타령가락)

어름산이 어하 장히 어렵구나. 옛날옛적 고린장[20](고려장) 적에

20) 늙고 쇠약한 사람을 구덩이 속에 산 채로 버려두었다가 죽은 뒤에 장사 지낸 일.

아낙네들이 화장을 하는데, 장분이라는 게 있어가지구 물을 찍어다가 손꼬락으로 개서 발라 보는데 이리 한번 발라보는 거렷다.

⑥의 화장사위(타령가락)

어릿광대　이놈아 지랄초풍[21]을 했구나. 별의별 잡동사니 뙤국놈 끓듯[22] 하는구나.

어름산이　그러나 저러나 이번엔 똥골댁 똥때골 참봉댁 맏아들이 한양으로 벼 백석 나귀 실코 탕관[23](탕근) 사러 갔는데, 붙으라는 과거에는 말미(뇌물)가 부족하여 급살탕[24]국을 먹고 오관수통 기상(기생) 하나 꿰차고와 머리는 올렸으니 감투는 감투렸다. 그 거동 좀 볼 거렸다.

매호씨!

국을 부굴 부굴(굿거리 치라는 뜻)

잽이　오냐

어릿광대　오냐

⑦의 참봉댁 맏아들(굿거리가락)

어름산이　이번엔 억썩에미 쭈구렁 할망구가 돈푼이나 있다고 제법 아주 모냥을 내는데 밀가루 한푸대를 큰 자배기[25]에 쏟아 붓고, 밀가루 반죽을 한번 치대 보는데, 막 떼어다가 왕토쟁이 체벽치듯 막 발라 보는데 야단나는 거렷다.

---

21) 기절초풍하다(기절하거나 까무러칠 정도로 몹시 놀라 질겁을 하다)의 변형.

22) 때국놈의 변음. 전통사회에서는 욕심 많고 경우가 바르지 못한 사람에겐 때국놈 같으니라고 욕을 해왔는데, 원래의 말은 대국놈임. '뙤국놈 죽끓듯'은 때국놈이 변덕이 죽 끓듯 하다는 것을 의미함.

23) 조선시대에 벼슬아치가 망건의 덮개로 갓 아래에 받쳐 쓴 관(冠).

24) 급살탕(急煞湯), 갑자기 닥치는 재난이나 재앙.

25) 둥글넓적하고 아가리가 넓게 벌어진 질그릇.

매호씨! 정기 정기 정적쿵(타령 치라는 뜻)

⑧의 억썩에미 화장사위(타령가락)

어릿광대　이놈아! 목구멍에 풀칠할 것도 없는 판국에 낯짝에다 떡칠을 해. 주리를 틀 놈아!

어름산이　모르는 소리렸다. 그 양반댁 망아지는 약과(藥果)도 마단단다. 네 이놈 망아지 똥뗑이 채감도 못할 놈!

어릿광대　죽일 놈이로구나!

어름산이　그러나 저러나 따뜻한 봄철은 돌아오고 마음은 싱숭생숭하고[26] 우리가 한 번 여기서 놀아볼꺼다.
내 여기 한번 나온 김에 처녀 총각 소리나 불러 볼 것이다.

(오봉산 타령)[27]
오봉산 꼭대기
에루화 돌배나무는
가지가지 꺾어서
영산홍이로구나요
에헤이요 데헤이야
연사홍록에 봄바람
가는 님 허리를
에루화 더덤썩 안고서
가지를 말라고
에루화 통사정을 하누나
에헤이요 에헤이야

---

26) 마음이 들떠서 어수선하고 갈팡질팡하는 모양.

27) 〈오봉산타령〉은 경기민요 중 하나이며, 봄철에 오봉산에 올라 주위 경치를 감상하다가 원하는 짝을 만나기를 바라는 내용을 담고 있음.

영산홍록에 봄바람

(다시 재담)

이리 노래를 한참 부르고 나니 옆에서 어떤 놈이 뿌시시 일어나기에 보니 몸뚱이는 집채만 하고 대갈통은 물레 덩어리만 하고 눈깔은 사기요강만한 놈이 두리번 두리번하며 일어서는데 코는 꼭 주리병만 하것다. 이런 놈이 꼴에 사내라고 여자를 나꿔볼려고 하는데, 이 청춘 남녀가 한번 끌어 볼 작정인데, 이 놈이 소리를 한번 하는데 제가 제법 나를 호리겠다고 하는 장면 우습것다.

(풍년가)[28]

뒷동산 살구나무꽃은

가지가지가 봄빛이요

곳곳에 푸른 산은

보리밭 머리가 풍년이요

에헤이요 올로로이 상사디야

에헤이요 올로로이 상사디야

에헤에에 에루화 좋다

풍년이로구나

앞뒤뜰 푸른바다

보기만 하여도 배불러

시냇가 흘러나리는

노래도 흥이나 불러볼까

28) 〈풍년가〉는 풍년을 기대하고 맞이하는 흥겨운 정서를 표현한 노래. 전렴의 선율과 후렴의 선율이 같은 대중성이 높은 경기도 통속민요.

에헤이요 얼럴럴 상사디야

에헤이요 얼럴럴 상사디야

에헤이 에이 에루화 좋다

풍년이로구나

⑨의 처녀총각(타령가락)

어릿광대　옳다구나. 이제는 네가 재주가 없겠구나. 내가 한 상 놀아볼 모양인데 이 쪼끄만 놈은 고만 내려올 것이로다!

어름산이　허허 이놈 누가 조고만가 귀를 대보자. 그저 네놈은 이곳이 어느 곳이라구, 아무 생각말고 땅이나 짚고 똥이나 파내기로 싸 붙여라!

어릿광대　그렇다면 이놈 고약한 놈 네집 구석은 키가 커서 큰애비더냐?

어름산이　그러나 저러나 이번엔 이 어른께서 외호모거리를 하는데 장히 어렵것다. 까딱하면 못보는 재주렷다.

매호씨

정기 정기 정적쿵

⑩의 외호모거리(타령가락)

【어름산이 장히 어렵것다. 이번에도 적쿵(타령가락)으로 쌍호모거리로 나가는데 밑에 계신 손님은 내가 썩은 호박 떨어지듯 하는 날이면 납작떡이 될 터이니 정신 바짝 차리시오. 나가는데

⑪ 쌍호모거리(타령가락)[29)]

---

29) 심우성은 『남사당패 무형문화재 조사보고서』 40호(문화재 관리국, 1968) 129쪽에서 ⑩을 외호모거리, ⑪을 허궁잽이, ⑫를 빼놓고 ⑬을 가새트름으로 적는 오기를 범했다. 심우성은 조송자 줄타기의 기예가 18가지임을 『남사당패 무형

어름산이　이번엔 뭐냐 하면 허궁잽이를 하는데 정기 정기 정적쿵.

(허궁잽이 도중 구경꾼이 돈을 올려 주고 보며)

어름산이　지가(제가) 여자의 몸으로 이런걸 한다 해서 ○○께서 상급[30)]을 올리셨는데 이것은 어름 잘탄다고 쓰신건 절대로 아니겠고 여자로써 줄을 타니 안락시럽고 귀여운 마음으로 이 돈을 쓰셨는데 재수 있으시게 축원[31)]을 한마디 하는데, 이리 하는거였다.

(돈타령)

돈봐라 돈봐라
이돈 근본을 알아보자
잘난 사람은 못난돈
못난 사람은 잘난돈
돈봐라 돈봐라
어델갔다 인젤왔나
하날에서 떨어졌나
땅에서 불끈 솟아났나
바람결에 싸여왔나
구름 끝에 흘러왔나

문화재 조사보고서』의 기예를 다루는 장과 보고서에 수록된 연희본을 통해서는 분명히 했다. 하지만 심우성은 안타깝게도 이후의 논저에서 이 오기를 수정하지 않았고 도리어 어름줄타기의 기예를 17가지로 축소해서 소개하며, 연희본에서도 쌍호모거리와 돈타령 대목을 생략해 버렸다. 이를 통해 향후 남사당패 어름줄타기에 대한 연구나 남사당놀이 보존 단체의 홍보에서는 조송자 줄타기 기예가 17가지로 축소되어서 제시됐고 축약된 연희본이 원본을 대신하게 되었다. 필자는 이 책을 집필하며 『남사당패 무형문화재 조사보고서』 40호(문화재관리국, 1968)를 꼼꼼하게 확인하고 대조하면서 이를 확인할 수 있었다. 필자의 연구가 오랜 기간 지속되어 온 오류를 바로 잡는 계기가 되길 바란다.

30) 상급(賞給), 실적이나 능력이 우수할 경우 치하하는 뜻에서 내리는 보상.

31) 축원(祝願), 신적 존재에게 자기의 뜻을 아뢰고 소원을 성취시켜 달라고 비는 일.

맹정구원 술레바퀴 같은
둥굴 둥굴 생긴돈
생사지곤이 붙은돈
의리행톡에 붙은돈
이돈을 쓰신후에
재수사망을 생겨주자
외상자리는 물리치고
맞돈자리로만 들어올 때
앞노적에 뒷노적에
담불 담불에 불어주고
농사를 짓터라도
수천석이 쏟아지고
의지가지가 좋을소냐
아들낳면 효자충신
딸을 낳면은 열녀충신
글책명 발책명
도와주고 도와주세
남의집 가정은
이러니 저러니 할지라도
○○씨역에 가중
우환채련 걱정근심
모지랑비로 싹싹쓸어
의주 압록강에다가 수면하고
웃음으로다 연락하고
춤으로다 대기하고
의지가지가 좋을소냐

얼시구나 절시구나

지화자가 좋을시고

요런 좋을 데가 또 있겠나

(다시 재담)

자 이렇게 덕담을 해드렸으니 어름이나 한바탕 또 지치세】[32)]

⑫의 허궁잽이(타령가락)

어름산이 요번엔 정작 위험시런 가새트름을 해볼 작정인데 장히 어렵것다.

매호씨.

정기 정기 정적쿵

⑬의 가새트름(타령가락)

어름산이 이번에는 외허궁잽이로 가는데 이것도 역시 어렵것다.

어릿광대 아니 네가 그것도 한단 말이냐?

어름산이 암 여부가 있나.

어릿광대 이놈아 네가 하긴 뭘 해.

어릿광대 그럼 네가 해 봐라.

어릿광대 한다! 한다! (하며 땅 위에서 흉내를 낸다) 이만하면 됐지?

어름산이 되긴 뭘 돼! 자 어르신네 나시는 걸 봐라!

정기 정기 정적쿵

⑭외허궁잽이(타령가락)

32) 【장히 어렵것다 - 지치세】 대목은 『남사당패 무형문화재 조사보고서』(1968) 이후 발표된 『서낭당』 1집(1971), 『공간』 9권 5호(1974), 『남사당패연구』(1974), 『마당굿 연희본 I』(1988), 『남사당놀이』(2000) 에 수록된 연희본에는 생략되어 있다.

어름산이	자, 그럼 하나를 더붙여서 쌍허궁잽이로 나가신다.
어릿광대	좋지
잽이	좋을시고
	⑮의 쌍허궁잽이(타령가락)
어름산이	이번에는 양반이 걸음으로 걸어 나가는데 어떻게 느릿느릿 걷는지 성질 급한 사람은 못 보겄다. 양반이 멋이 잔뜩 드니 과연 아니갔다. 장단을 맞춰서 양반이 걸음을 걸어 나가는데 오뉴월에 쇠불알 늘어지듯 하니, 한번 걸어가는데 정기 정기 정적쿵.
	⑯의 양반걸음(타령가락)
어름산이	이번에는 뭐냐하면은 작골 막바지 꼰대꼴댁 샌님[33]이란 분이 한 분 계신데 저 건너다 밤나무를 많이 심어놓고 밤을 지키되 어린애놈들이 밤을 막 따는데 밤 따지 말라고 막 소리를 쳐도 가지는 않고, 이 영감이 화가 잔뜩 나가지고 두 주먹을 불끈 쥐고 쫓아가는 장면인데, 장단을 바짝 몰아 놓고 밤따지 마라! 장기 장기 장작쿵(자진가락의 뜻)
	⑰의 양반 밤나무지키기(자진가락)
어름산이	이만하면 내 재주도 바닥이 났으려니와 그뿐만 아니라 이제 막판에 녹두장군[34]께서 행차를 하신다고 여쭤라! 매호씨!
어릿광대	네 에이!

33) 생원님의 준말, 얌전하고 틀에 박힌 사람을 놀림조로 이르는 말.
34) 전봉준의 다른 이름. 어릴 때 키가 작아 사람들이 그를 녹두라 부른데서 유래했다.

잽이　　　네 에이!

어름산이　　　이놈! 길군악[35])을 몹시 치렷다!

(그동안 앉았던 잽이들은 모두 일어나 줄 밑을 돌며 풍악을 울리면 어릿광대 역시 신명겹게 춤을 추며 돈다.

⑱의 녹두장군 행차(길군악가락)

때로는 녹두장군이 최영장군[36])이나 임경업장군[37])으로 바뀔 때도 있다.

- 〈조송자본1〉은 『남사당패 무형문화재 조사보고서』 40호(문화재관리국, 1968)에 수록되어 있고, 채록된 어름줄타기 연희본 중 가장 고형이다. 그러나 심우성이 이후 발표한 남사당 관련 논저에는 이 연희본에 있는 쌍호모거리와 돈타령 대목이 빠져있다.

2. 조송자 어름줄타기 연희본 2 - 〈조송자본2〉

놀이에 앞서 높이 3m, 길이 5-6m의 녹밧줄(삼껍질로 꼰 직경 3cm

---

35) 길을 가면서 연주하는 행악(行樂). 취타(吹打)의 뒤를 이어 관악기만으로 연주하는 곡.

36) 최영(崔瑩, 1316-1388), 고려 충숙왕 3년에 출생하여 73세로 개성에서 참수된 고려 말의 무신 최영은 무속에서 장군신으로 섬기는 실제 역사적 인물 중 하나이다. 고려 말 수차례 홍건적과 왜구의 침입을 막고 원나라 원병과 내란 평정 등에 공을 세워 고려를 수호한 인물이지만 억울한 죽음 이후 무속신이 되었다.

37) 임경업(林慶業, 1594-1646), 우국충정이 뛰어난 충신이자 무장으로 평가받았던 조선 중기의 무신 임경업은 심기원의 모반 사건과 관련되어 인조 24년(1646)에 친국을 받던 중 김자점의 명을 받은 형리에 의해 죽임을 당했다. 쇠퇴한 명나라와 힘을 합쳐 청나라에 저항해 병자호란의 국치를 씻으려 했지만 실현되지 못했고 이러한 조선의 현실은 도리어 그를 민족의 영웅으로 재탄생시켰다. 그는 충의, 지조, 용기의 상징으로 민중의 마음속에 뿌리내려서 무용담을 소재로 한 고전소설 『임경업전』의 창작되었고 연평도의 어업신으로 자리잡게 된다. 임경업 장군신은 주로 경기도 지역에서 마을을 수호하고 풍어를 관장하는 신격으로 숭앙되고 있다.

정도의 동아줄) 밑에서 줄고사를 올린다, 잽이[38]로는 꽹과리, 징, 북, 장고, 날라리가 동원되며 형편에 따라 주과포를 진설하기도 하나 대개의 경우 술과 북어 몇 마리를 올려 놓고 어름산이가 고사를 올린다.

줄고사반 고설 고설 고설 고설
고설 고설 고오설
섬겨 드리는 고사로다
이 고사를 드리는 건
다름이 아니오라
모년 모월 모일에
줄할머니 줄할아버지께
고사를 드리는데
축원덕당[39]대로 재수 있고
맘 먹고 뜻 먹은 대로
소원 성취 이루어지고
조씨 귀주가
줄할머니 줄할아버지를 위하여
이 정성을 드리오니
나비몸 되고 새몸 되어
남의 눈에 꽃과 잎으로 보이고
소원성취를 발원하오니
여기 오신 여러 손님
이 구경을 보시고 가시더라도

38) 전통연희에서 악기를 연주하거나 노래를 부르거나 춤을 추는 연희자를 이르는 말.
39) 신에게 자신의 소원을 빌고 그것이 잘되기를 기원하는 말.

귀설수[40] 실물수[41] 수몰[42]하고
소원성취 이루어
만사가 대길하게시리
점지하여 주옵소서.

줄고사가 끝나면 잽이[43]와 매호씨[44], 어름산이[45]가 배례하고 올렸던 술을 양쪽 줄기둥과 줄에, 그리고 줄판의 한복판에 조금씩 붓고 줄의 동편에서 오르기 시작한다.

어름산이　　매호씨
매호씨　　얼씨구

(잽이들 염불장단을 올린다. 장삼에 고깔을 쓴 어름산이가 올라와 동편 줄기둥을 잡고 서면 중놀이가 시작된다)

어름산이　　(재담) 강원도 금강산 일만 이천 봉 팔만 구 암자 절에서 내려온 중이 하나 있는데 중타령을 한 번 하는데 이리 한 번 하는 거렸다.
(중타령)
중 하나 내려온다
중이 하나 내려온다

---

40) 구설수(口舌數)의 오기, 타인과 시비하거나 남에게 헐뜯는 말을 듣게 될 운수.
41) 실물수(失物數), 중요한 물건을 잃어버릴 운수.
42) 수몰(收沒), 박탈하다.
43) 전통연희에서 악기를 연주하거나 노래를 부르거나 춤을 추는 연희자를 이르는 말.
44) 어름사니와 재담을 주고받는 연희자, 광대줄타기에서는 배우씨로 부름.
45) 어름사니의 비표준어.

저 중에 거동 보소

억단[46] 말로 빈말이요

검단 말도 빈말이요

저 중에 거동 보소

다홍띠 둘러 띠고

백팔염주 목에 걸고

단주[47]는 팔에 걸고

구절 죽장[48] 손에 짚고

흐늘거리며 내려온다.

저 중에 거동 보소

광채는 푹 퍼지고

저 중에 잇속 보소

당사실[49]로 엮은 듯이

저 중에 두 눈은

소상강[50] 물결 같고

저 중에 두 눈썹은

왼 얼굴 뒤덮은 듯

저 중에 양 귀는

왼 어깨 축 처지고

염불하며 내려온다

저 중에 거동 보소

---

46) 얼굴에 우무우묵한 마맛자국이 생기다.

47) 단주(短珠), 5개 이하의 구슬을 꿰어 만든 짧은 염주.

48) 죽장(竹杖), 대나무 지팡이.

49) 당사(唐絲)실, 중국에서 들어온 명주실을 이르던 말.

50) 소상강(瀟湘江), 중국 호남성(湖南省) 동정호(洞庭湖) 남쪽에 있는 소수(瀟水)와 상수(湘水)가 합쳐지는 주변 지역.

광채는 처절 철

목탁은 또드락 똑딱

바라져서 중상인가

가사[51]메어 중상인가

고깔을 써서 중상이런가

이 중상 거동 보소

염불하며 내려왔네

청암은 칠벽산

때구르르 궁글려도

실금도 아니갈 중

저 중에 행세 보소

(이렇게 중타령을 하며 줄 위를 거닐다가 줄 한가운데 앉으며 재담)

이리 한참 염불을 하고 내려오던 중 한 옆에 떡 앉더니, 아 이 중의 행세 보소, 자기 짚었던 죽장을 반 뚝 꺾어 들고 이리 보고 저리 보고 하더니, 불 때는 부지깽이[52] 했으면 적합쿠나 하고는(꺾는 시늉을 하며 아래로 휙 던져 버린다)

다음에는 띠를 떡 벗어 들고 이것은 뭘 했으면 적합할까, 첫아들 낳으면 돌띠[53]감이 적합할세 돌띠감 사가시오!

(매호씨가 띠 사는 시늉을 하며 받아들고 구경꾼 쪽으로 던진다)

---

51) 가사(袈裟), 불교 승려가 장삼 위에 왼쪽 어깨에서 오른쪽 겨드랑이 밑으로 걸쳐 입는 법의(法衣).

52) 아궁이에 불을 땔 때, 불을 헤치거나 끌어내거나 거두어 넣거나 하는 데 쓰는 막대기.

53) 수명장수를 기원하는 뜻에서 돌을 맞은 아기의 허리에 매어 주는 띠.

이 중의 거동 보소, 장삼[54]을 훌훌 벗어 이리 띠고 저리 띠고, 이리 보고 저리 보고, 뭣을 했으면 적합할까. 갈기 갈기 주름잡아 마누라 초마(치마)감이 적합할세. 초마감 사가시오.(매호씨가 받아 구경꾼에게 준다) 고깔을 집어들고 보니 무엇을 했으면 적합할까 이리 보고 저리 보니 콩나물 시루가 적합쿠나. 아서라, 이 짓도 쓸 곳 없다 재삼태기[55]가 분명하구나. 아서라 이 것도 쓸데 없다. 이리 저침 저리 저침 양귀에 끈을 달아 마누라 서답[56]감이 적합하다.

이 중 행세가 이러하디 중 노릇은 다 집어치고 인간세계에 내려가서 남과 같이 살아보세. 매호씨! 이것 갖다 네 마누라 주면 아들새끼 잘 날걸세(획 집어던진다) 남무

남무 남무 남무

남무 남무로다

나무아미타불

관세음보살

(중 복색이던 어름산이가 그 동안에 전복[57]차림(미리 안에 입었다)의 남장여인이 되었다)

매호씨 망했구나 망했구나 빈대 한 마리 안 남겼구나, 그러나 저러나 저놈의 근본을 이를 것 같으면 살기로는 댓골 막바지 살고, 먹기로는 열 여섯을 먹었는데 사내도 아닌

---

54) 장삼(長衫), 길이가 길고 품과 소매를 넓게 만든 승려의 웃옷.

55) 아궁이에 쌓인 재를 쳐내는 데에 쓰는 삼태기로 볏짚으로 꼰 가는 새끼줄을 촘촘하게 결어서 만든다.

56) 개짐(여성이 월경할 때 샅에 차는 물건)의 방언.

57) 깃, 소매, 섶이 없고 등솔기가 허리에서부터 끝까지 트여 있는 조선시대 무관들이 입던 옷.

계집으로서 어름판에 올라왔는데 담덕하게 조고마한 놈이 뭘 하겠다고 올라왔는지 한 번 내가 볼 것이오.

아 이 새끼중아, 네가 여길 올라올 적에는 여기서 재주를 부려 볼려구 올라왔겄지?

어름산이　그렇지! 그놈 앙콤시리 말 한 자리 잘 한다.

매호씨　그럼 네가 이 어름판을 건너갈 수 있단 말이여!

어름산이　아 그야 물론이지.

매호씨　그럼 네 한번 해봐라.

어름산이　그렇지 이번에 한번 하는 판에는 똑똑히 볼 거렷다.

매호씨　오냐.

(염불장단이 울린다)

어름산이　내 한 번 건너가는데, 잘 건너가면 재주가 용코, 못 건너가면 메주가 되는 판이렸다.

매호씨　오냐.

(염불장단-앞으로 가기)

어름산이　거 한번 갔다 오기가 힘이 드는구나. 여기서 보기에는 얼마 안되게 맘 푹 놓고 건너갔다가 죽을 똥 쌀뻔 했네. 그러나 갔다 오긴 갔다 왔으나 또 건너가기 난감하군. 가심이 두근번 서근반하고 다리가 벌벌 떨리고 정신이 아찔! 그러나 여길 또 건너가 보는데 장히 어렵겄다. 매호씨! 이번엔 타령을 한번 울리고 장간줄로 건너가는데.

(타령장단-장단줄)

매호씨　허 그놈 낙동강 오리알 떨어지듯 똑 떨어질 줄 알았더니 재주가 메주로구나.

어름산이　에끼 이놈 네미 쓸개가 붙을 놈. 자 그러면 이번엔 거미가 줄을 늘이는데 양발로 늘이는 거렸다.

(타령장단-거미줄 늘이기)

매호씨! 이번엔 뒤로 한번 걸어 나가는데 앞으로 가다가도 아차하면 떨어지는 판인데 이놈은 뒤통수도 눈이 달렸는지 뒤로 한번 가 보는 거렸다.

(타령장단-뒤로 훑기)

매호씨!

매호씨 얼씨구!

어름산이 매호씨! 내가 이렇게 왔다 갔다 놀고만 있을 것이 아니라 콩을 한 번 심어 볼 것인데, 호미로 땅을 파고 심을 것이지만 이놈은 발로다 심되 이리 한번 심는 거렷다.

매호씨 이놈 콩멍석에 엎으러져 마마떡이나 처먹어라.

(타령장단-콩심기)

어름산이 어허 장히 어렵구나. 옛날옛적 고린장[58]적에 아낙네들이 화장을 하는데, 장분이라는 게 있어 가지구 물을 찍어다가 손가락으로 개서 발라 보는 거렷다(몹시 콧잔등을 때린다).

(타령장단-화장사위)

매호씨 이놈아 지랄초풍[59]을 했구나. 별의별 잡동사니 뙤국놈 죽끓듯[60] 하는구나.

어름산이 그러나 저러나 이번엔 댓골 막바지 똥백골 참봉댁 맏아들이 한양으로 벼 백석 나귀 신코 탕건[61] 사러 갔는데,

---

58) 고려장(늙고 쇠약한 사람을 구덩이 속에 산 채로 버려 두었다가 죽은 뒤에 장사 지낸 일)의 방언

59) 기절초풍하다(기절하거나 까무러칠 정도로 몹시 놀라 질겁을 하다)의 변형.

60) 뙤국놈은 때국놈의 변음. 전통사회에서는 욕심 많고 경우가 바르지 못한 사람에겐 때국놈 같으니라고 욕을 해왔는데, 원래의 말은 대국놈임. '뙤국놈 죽끓듯'은 때국놈이 변덕이 죽 끓듯 한 것을 표현함.

붙으라는 과거에는 말미가 부족하여 급살탕[62]국을 먹고 오관수통 기생 하나 꿰차고 매호씨! 국을 부굴부굴.

매호씨 오냐

(굿거리장단-참봉댁 맏아들)

어름산이 이번엔 억석에미 쭈구렁 할망구가 아전 밑돌 십 년에 돈 푼이나 있다구 제법 아주 모양을 내는데 밀가루를 큰 자배기[63]에 쏟아 붓고, 밀가루 반죽을 한번 쳐대 보는데, 막 떼어다가 왕토쟁이 체벽치듯 막 발라 보는데 야단나는 거렷다. 매호씨! 정기 정기 정적궁.

(타령장단-억석에미 화장 사위)

매호씨 이년아! 목구멍에 풀칠할 것도 없는 판국에 낯짝에다 떡칠을 해. 주리를 틀 년아!

어름산이 모르는 소리렷다. 그 양반댁 망아지는 약과도 마단다. 네 이놈 망아지 똥뗑이 채강도 못할 놈!

매호씨 죽일 놈이로구나!

어름산이 그러나 저러나 따뜻한 봄날은 돌아오고 마음은 생금생금하고[64] 잔지 잔닢나고 아지랑이는 끼고 마음이 싱숭생숭하니 우리 한 번 여기서 놀아볼 거렷다.

매호씨 얼씨구!

어름산이 내 여기 한번 나온 김에 처녀 총각 소리나 불러 보는 것이렷다.

---

61) 조선시대에 벼슬아치가 망건의 덮개로 갓 아래에 받쳐 쓴 관(冠).

62) 급살탕(急煞湯), 갑자기 닥치는 재난이나 재앙.

63) 둥글넓적하고 아가리가 넓게 벌어진 질그릇.

64) 마음이 들떠서 어수선하고 갈팡질팡하는 모양.

(오봉산 타령)[65]

오봉산 꼭대기
에루화 돌배나무는
가지가지 꺾어서
영산홍이로구나
에헤이요 데헤이야
연사홍록에 봄바람
가는 님 허리를
에루화 더덤썩 안고서
가지를 말라고
에루화 통사정을 하누나
에헤이요 데헤이야
연사홍록에 봄바람

이리 소리를 한참 부르고 나니 옆에서 어떤 놈이 부스스 일어나기에 보니 몸둥이는 집채만 하고 대갈통은 물레 덩어리만 하고 눈깔은 사기요강만 한 놈이 두리번 두리 번하며 일어서는데 코는 꼭 주리병만 하겠다. 이런 놈이 꼴에 사내라고 계집을 호려 볼려고 하는데, 이 청춘이 한번 끌어 볼 작정인데, 이 놈이 소리를 하는데 제가 제 법 나를 호리겠다고 하는 장면이 우습겠다.

(풍년가)[66]

---

65) 〈오봉산타령〉은 경기민요 중 하나이며, 봄철에 오봉산에 올라 주위 경치를 감상하다가 마음에 드는 짝을 만나기를 소망하는 내용을 담고 있음.

66) 〈풍년가〉는 풍년을 맞는 흥겨운 정서를 표현한 노래이다. 흥겨운 곡조, 전렴의

뒷동산 살구꽃은
가지가지가 봄빛이요
곳곳에 푸른 산은
보리밭 머리가 풍년이요
에헤이요 올로로이 상사디야
에헤이요 올로로이 상사디야
에헤이 에이 에루화 좋다
충년이로구나

(타령장단-처녀 총각)

매호씨　옳다쿠나. 이제는 재주가 없겠구나. 내가 한 상 놀아볼 모양인데 이 쪼고만 놈은 고만 내려올 것이렷다!

어름산이　어허 이놈 누가 쪼고만가 키를 대보자. 그저 이 놈은 이 곳이 어느 곳이라구, 아무 생각말고 땅이나 짚고 똥이나 파내기로 싸 붙여라!

매호씨　그렇다면 이놈 고약한 놈 늬집 구석은 키가 커서 큰 애 비냐?

어름산이　그러나 저러나 이번엔 이 어른께서 외호모거리를 하는데 정히 어렵것다. 까딱하면 못보는 재주렷다.

매호씨　정기 정기 정적궁
(타령장단-외호모거리)

어름산이　장히 어렵겄다. 이번에도 적쿵으로 허궁잽이로 나가는데 밑에 계신 손님은 내가 썩은 호박 떨어지듯 하는 날

선율과 후렴의 선율이 같은 대중성이 높은 경기도 통속민요.

이면 납작떡이 될 터이니 정신 바짝 차리시오. 나가는데-

(타령장단-허궁잽이)

매호씨 이번엔 뭐냐하면 가새트림으로 나가는데 정기 정기 정적쿵.

(타령장단-가새트림)

어름산이 이번엔 장히 위험시런 외허궁잽이로 가는데 이것도 역시 어렵겄다.

매호씨 아니 네가 그것도 한단 말이냐?

어름산이 암 여부가 있나.

매호씨 이놈아 네가 하긴 뭘 해.

어릿광대 그럼 네가 해 봐라.

매호씨 한다! 한다! (땅 위에서 흉내를 낸다) 이만하면 됐지?

어름산이 되긴 뭘 돼! 자 어르신네 나가시는 걸 봐라! 정기 정기 정적쿵

(타령장단-외허궁잽이)

자, 그러면 하나를 더 붙여서 쌍허궁잽이로 나가는데.

매호씨 얼씨구!

(타령장단-쌍허궁잽이)

어름산이 이번에는 양반 걸음으로 걸어나가는데 어찌나 느릇느릇 걷는지 성질 급한 사람은 못 보겄다. 양반이 멋이 잔뜩 드니 사죽이 오구리 드는데 장단을 맞춰서 걸어 나가는데 오뉴월에 쇠불알 늘어지듯 하니, 한번 걸어가는데 정기 정기 정적쿵.

(타령장단-양반 병신걸음)

좋은 시절 일년은 다 지나고 첫서리가 내렸는데 작골 막바지 꼰대꼴댁 샌님이란 분이 한 분 계신데 저 건너편에

밤나무를 많이 심어놓고 밤을 지키되 어린 놈들이 밤을 막 따가는데 밤따지 말라고 막 소리를 쳐도 가지는 않고, 이 샌님[67]이 화가 잔뜩 나가지고 두 주먹을 불끈 쥐고 쫓아가는 장면인데, 장단을 바짝 몰아 놓고 밤따지 마라! 정기 정지 정적쿵

(타령장단-양반 밤나무 지키기)

이만하면 내 재주도 바닥이 났으려니와 그 뿐만 아니라 이제 막판에 녹두장군[68]께서 행차를 하신다고 여쭤라! 매호씨!

매호씨　네에이!

어름산이　이놈! 질군악을 몹시 치렸다!

(그동안 앉았던 잽이들까지 일어나 줄밑을 돌며 길군악을 울리면 어릿광대 역시 신명진 춤을 춘다. 어름산이의 걸음걸이가 도도하다. 때로는 녹두장군이 최영장군[69]이나 임경업장군[70]으로 바뀔 때도 있다.

67) 생원님의 준말, 얌전하고 틀에 박힌 사람을 놀림조로 이르는 말.

68) 전봉준의 다른 이름. 어릴 때 키가 작아 사람들이 그를 녹두라 부른데서 유래했다.

69) 최영(崔瑩, 1316-1388), 고려 충숙왕 3년에 출생하여 73세로 개성에서 참수된 최영은 무속에서 장군신으로 섬기는 실제 역사적 인물 중 하나이다. 고려 말 수차례 홍건적과 왜구의 침입을 막고 원나라 원병과 내란 평정 등에 공을 세워 고려를 수호한 인물이지만 억울한 죽음 이후 무속신이 되었다.

70) 임경업(林慶業, 1594-1646), 우국충정이 뛰어난 충신이자 무장으로 평가받았던 임경업은 심기원의 모반 사건과 관련되어 인조 24년(1646)에 친국을 받던 중 김자점의 명을 받은 형리에 의해 죽임을 당했다. 쇠퇴한 명나라와 힘을 합쳐 청나라에 저항해 병자호란의 국치를 씻으려 했지만 실현되지 못했고 이러한 조선의 현실은 도리어 그를 민족의 영웅으로 재탄생시켰다. 그는 충의, 지조, 용기의 상징으로 민중의 마음속에 뿌리내려서 무용담을 소재로 한 고전소설 『임경업전』의 창작되었고 연평도의 어업신으로 자리잡게 된다. 임경업 장군신은 주로 경기도 지역에서 마을을 수호하고 풍어를 관장하는 신격으로 숭앙되고 있다.

길군악[71]　　장단-녹두장군 행차)

- 〈조송자본2〉는 1965년 8월 20일 장충단공원, 1968년 10월 24일 경복궁 후정, 1970년 5월 18일 전남대학교 운동장 등에서 있었던 어름사니 조송자와 매호씨 양도일의 실연 녹음을 정리한 것이다. 연희 소요 시간은 대략 1시간 30분가량이다. 심우성은 이 연희본을 『서낭당』 1집(1971), 『공간』 9권 5호(1974), 『남사당패연구』(1974), 『마당굿 연희본 I』(1988), 『남사당놀이』(2000) 등에 수록하였다. 심우성은 『남사당패 무형문화재 조사보고서』40호(문화재 관리국, 1968) 129쪽에서 ⑩을 외호모거리, ⑪을 허궁잽이, ⑫를 빼놓고 ⑬을 가새트름으로 적는 오기를 범했다. 그러나 심우성은 어름줄타기의 기예가 18가지임을 『남사당패 무형문화재 조사보고서』의 기예를 다루는 장과 보고서에 수록된 연희본을 통해서는 분명히 했다. 하지만 안타깝게도 이후의 모든 연구서에서 이 오기가 수정되지 않았다. 도리어 조송자 줄타기의 기예를 17가지로 축소해서 소개했고, 연희본에서도 쌍호모거리와 돈타령 대목을 생략해 버렸다. 이 연희본이 『서낭당』 1집(1971)에 발표된 후 『남사당패연구』(1974)에 그대로 수록되자 이후 남사당패 어름줄타기에 대한 모든 연구나 남사당놀이 보존 단체의 홍보에서는 조송자 줄타기 기예가 17가지로 축소되어서 제시되었다. 현재는 축약된〈조송자본2〉가 〈조송자본1〉을 대신하여 광범위하게 쓰이고 있다.

71) 길군악은 길을 가면서 연주하는 행악(行樂)으로 취타(吹打)의 뒤를 이어 관악기만으로 연주하는 곡임.

제7장 광대줄타기

1. 김봉업 광대줄타기 연희본 - 〈김봉업본〉

창 : 김봉업

채록 : 박헌봉

아니리

천지 개창조에 일월성신[1] 마련하고 혼돈지초[2]에 음양을 상합하여 탄생이 인생이렷다. 천지간 두 사이에 머리가 누실르고 삼황오재[3] 으뜸이요 그 지차 오성은 공자, 맹자, 증자, 주자님이 오성이었다. 그러한데 천생만민이 필수 직업인 까닭으로 줄타는 것을 배워서 여러분 앞에서 벽공[4]에 외줄을 매고, 거미같이 왕래할 때 다 타는 것도 근본이 있습니다. 적송자[5]는 사자 타고 소년행락 백마 타고 대

---

1) 일월성신(日月星辰), 해와 달과 별을 통틀어 이르는 말.

2) 혼돈지초(混沌之初), 천지가 아직 나눠지지 않은 상태 또는 사물의 구별이 되지 않는 상태였던 태초.

3) 삼황오제(三皇五帝), 중국 고대의 전설적 제왕을 말하며 이들로부터 중국 역사가 시작되었다는 설화 속의 인물. 삼황은 복희씨(伏羲氏), 신농씨(神農氏), 여와씨(女媧氏)를 말함. 오제는 황제헌원(黃帝軒轅), 전욱고양(顓頊高陽), 제곡고신(帝嚳高辛), 제요방훈(帝堯放勳:陶唐氏), 제순중화(帝舜重華:有虞氏)이며 별도로 소호(少昊) 등을 드는 경우도 있음.

4) 벽공(碧空), 푸른 하늘.

5) 적송자는 신농씨(神農氏) 시대에 활약했던 우신(雨神 : 비의 신)임. 그는 빙옥산(冰玉散 : 수정 분말)을 복용하는 술법에 뛰어났는데, 이것을 마시면 불 속에 있어도 화상을 입지 않았다고 전함.

국천자[6] 코끼리 타고 우리나라 금상폐하께서는 연[7] 타고 가교[8]를 타시는데 줄 타는 아무개에 대해서는 이 외줄 타는 것이 직업이올시다. 직업인데도 이것으로 벌어서 부모처자 접빈객[9]을 해 나가며 이 걸로 생활을 삼아나가니 여러분도 이것을 보실 때 아무쪼록 재주는 무재주라 하드라도 잘 보아주시기 바랍니다.

아니리

중타령이 있는데 장삼 꼬깔 띠를 매고 중이 내려오는 장면이 있는데 그전에 이야기가 있습니다. 때는 어느 때인고 하니 녹음방초승하시[10]에 꽃은 피어 절로 지고 잎이 피어 만발할 때 종달새 쉰 줄(50尺)뛰고 늙은 과부 담배질하고 젊은 과부는 시집을 가기 위하여 부엌으로 들어가 솥뚜껑을 쥐고 진주를 친다. 또 노총각은 솔잎 사이를 처갓집삼아 다닌다.(이상은 관중을 웃기기 위해서 하는 재담이다.)

그 때 중이 하나 내려옵니다. 이 중은 어떤 중인고 하니 천산 남악산 여나봉, 백운대, 보재 중생 아미타불 대장선봉 천복해야 육환대사[11] 상좌중[12]이라.

---

6) 대국천자(大國天子), 중국 황제.

7) 연(輦), 가마.

8) 가교(駕轎), 가마.

9) 접빈객(接賓客)은 집으로 찾아오는 손님을 대접하는 유교적 실천 덕목으로 소중한 가치로 인식되었음.

10) 녹음방초승화시(綠陰芳草勝花時), 나뭇잎이 푸르게 우거진 그늘과 향기로운 풀이 꽃보다 나을 때로 초여름을 의미함.

11) 육관대사(六觀大師), 『구운몽』의 등장인물로 주인공 성진의 스승. 서역에서 불법을 전파하기 위해 중국에 와서 남악 형산에 절을 세우고 수많은 제자를 양성했음.

12) 상좌(上佐)는 본래 출가한 지 오래되고 덕망이 높아, 스승의 대를 이어 절의 승려들을 통솔하는 직책을 맡은 승려를 뜻함. 가면극에서 봉산탈춤, 양주별산대놀이, 강령탈춤, 은율탈춤, 퇴계원산대놀이, 가산오광대 등에 등장해서 놀이판을 정화하는 종교적 기원 또는 놀이를 시작하는 의식무를 추는 역할을 담당하는 무언의 인물이다. 남사당패 인형극인 꼭두각시놀음에도 상좌가 등장한다.

그런데 중타령을 소리하는 사람은 잘 알겠지만 줄 위에서 하는 소리니까 별반 잘하는 것은 되지 못합니다. 줄 꼭대기에서 하면 겁을 집어먹어 목이 상기해져 찢어지는 소리가 많고, 잘못된 데가 많습니다.

중타령

중이 내려온다. 중이 내려온다. 중 하나 내려온다. 중이 내려온다. 중이 내려온다. 저 중의 거동보소. 얽고서도 검은 중, 검고서도 얽은 중, 얽든지 말든지 시주로 벌어 먹고서 거의 게걸음을 궁글여도 실금하나 아니 난다. 아서라 그 중 못 쓰겠다. 정말 중이 내려온다. 얼굴은 형산백옥[13]이요, 눈은 소상강[14] 물결이라, 눈썹에 나비가 너울너울 춤추는 듯 푸른 하늘 훌적 쉬어넘는 듯 두 귀 밑에서 빛난다.

참 주홍필로 툭 찍은 듯, 객석을 볼짝시면 선수막시 조루로 당사실[15]로 꼭 묶어 세운 듯하고 한산모시 진장삼 다홍띠 누름매 구리백통 고름에 맨 듯이 너짓이 차고서 흔들흔들 소상반죽 열두 마디 쇠고리 질게 매고 노란 청석도포 이리로 철철, 저리로 철철, 흔들거리면서 내려올제 백지포 장삼 소매자락 바람에 펄펄 흔들흔들 염불허며 내려올 제 중이라 하는 것은 절간에서도 염불이요, 이래라 해똑 광쇄는 쾌광괄 징세는 땡땡, 죽비는 철청, 염불을 하며 내려올제

꼭두각시놀음에서 상좌는 피조리거리에 등장하는 뒷절 중으로 2명이다. 피조리들과 함께 어울려 한바탕 춤을 추고 음란한 행동도 마다 않는 인물들로 등장한다. 피조리들과 어울리다가 홍동지에게 쫓겨난다. 이렇듯 전통연희에서 상좌는 먹중과 마찬가지로 세속화한 인물로 변이되었음을 알 수 있다.

13) 형산백옥(荊山白玉), 중국 형산에서 나는 흰 옥.

14) 소상강(瀟湘江), 중국 호남성(湖南省) 동정호(洞庭湖) 남쪽에 있는 소수(瀟水)와 상수(湘水)가 합쳐지는 주변 지역. 김봉업 광대줄타기와 조송자 어름줄타기는 중의 눈에 대한 묘사가 같음.

15) 당사(唐絲), 중국에서 나거나 수입한 명주실.

나무아미타불, 나무아미타불, 회양삼천이 상내 소수 불공억 왕세 세왕세, 일쇄동방은 절도령, 이쇄남방은 득청량, 삼쇄서방은 구정토, 사쇄북방은 영안강[16], 도량청정 무하예 삼부천리 강차지,[17] 원예공덕일지도 흔들거리고 내려올제 인도를 하며 내려온다. 나아 둥둥 장단을 맞춰 내려올제 왈짜[18] 하나, 내닫드니, 중을 불러 묻는 말이 아나 중아, 말 좀 묻자. 삼중지 괴물은 노장이 알어 있고 만물지주는 진장사 알 터이니, 네 절이 어디메뇨, 원종성이 들려오냐, 저 중의 거동 보소, 짚었던 육한장도 눈 위에 버뜩 들어서 좌우산천 가리켜 저기 봉은 우두봉이요 여기 여봉은 좌두봉이라, 건너 방 바지인봉, 진사봉, 월출봉, 한가운데 그 중 큰 봉 우리나라 세조대왕 머리 깎아 오신 그곳, 산진매, 수진매, 해동창, 보라매[19], 두 죽지를 옆에 끼고 휘영휘영 넘어가는 단발령이라고 한 고개, 그 고개를 넘어가면 소승 절이 거기 올시다.

아니리

절이름을 미리 대는데, 그냥 말로 아무데 했으면 좋은데 그 중놈이 건방지기는 짝이 없습니다. 글자나 아는 까닭에 글자 혹은 띄어

---

16) 불교의 범패 홋소리인 사방찬(四方讚), 동서남북의 4방향을 찬하는 구절로 관세음보살의 위력이 우주에 충만하기를 바라며 외는 것. 일쇄동방결도량(一灑東方潔道場, 동쪽을 향해 물을 뿌리면 도량이 맑아짐), 이쇄남방득청량(二灑南方得淸凉, 남쪽을 향해 물을 뿌리면 시원함을 얻음), 삼쇄서방구정토(三灑西方俱淨土, 서쪽을 향해 물을 뿌리면 정토를 구족함), 사쇄북방영안강(四灑北方永安康, 북쪽으로 물을 뿌리면 영원한 편안함을 얻음).

17) 도량청정무하예(道場淸淨無瑕穢, 도량 곳곳 정결하니), 삼보천룡강차지(三寶天龍降此地, 삼보와 청룡 이 곳에 내리시고).

18) 언행이 단정하지 못하고 시끄럽고 거친 사람.

19) 산진이, 수진이, 해동청, 보라매를 뜻함. 수진이는 수진(手陳)으로 집에서 길들인 매, 산진이는 산진(山陳)으로 산에서 자란 야생 매를 가리킨다. 해동청(海東青)은 깃털 색이 푸른 매, 보라매는 태어난 지 1년이 안 된 새끼를 잡아 길들여서 사냥에 쓰는 매임.

서 각기 자기 글자로 만듭니다. 이렇게 하는게 올시다.

중타령

소승 절 이름을 알냥이면 찬찬히 들어보오, 힘의 신 밑에 한 일, 한 일 아래는 밭 전하고 밭 전 아래는 여덟 팔, 솔잎 아래는 달 월, 달 월 아래는 전복 할, 전복 아래는 몸 기하고, 몸 기 옆에는 석 삼하고 흙 토 아래 마디 촌. 옳다 내 알겠다. 이십 일전 여덟팔 누루 황(黃)자 분명하고 이복현복하나, 삼현 용 용(龍)자가 분명하구나, 흙 토냐 소승 속성 알려면 갓머리 아래 나무목 글로 두고 합시다. 갓머리 안에 나무목, 송나라 송(宋)자가 아닌가. 너의 성이 송가로구나, 너의 이름이 무엇이냐, 소승 이름을 알려면 조그마한 자리에다 참외, 수박을 잔뜩 놓고 생전 지고 일어나지 못했소.

아니리

네 이름이 이상하다. 네 이름이 울퉁이구나, 예 울퉁이로소이다. 중이 턱을 내려와서 이렇게 한참할 때 한 곳을 바라보니, 속경산 봄바람에 춘홍을 못 이기며 바라보니 그 때에 팔선녀가 늘어앉았는데 팔선녀이름이 다 각각이었다.

창

팔선녀[20]가 앉았다. 팔선녀가 앉았다. 누가누가 앉았나, 난양공주, 영양공주, 우이치고 같이 놀며 심우현 백능파 속경월사 삼월 안산 위에 피는 꽃과 잎두하게 피는 잎과 다 각기 꺾어들고 청계수 흐르

---

20) 서포 김만중의 『구운몽』에서 불심을 어지럽히는 죄를 짓고 인간으로 환생하게 된 8명의 여성 등장인물이다. 진채봉, 계섬월, 정경패 (영양공주), 가춘운, 적경홍, 이소화 (난양공주), 백능파를 가리킨다.

는 물에 목욕을 감는다. 아래 웃통 훨씬 벗고 목욕을 감는다. 물 한 짐 덤벅 집어 옥수도 씻어보고 또 한 짐 덤벅 집어 양치질도 해보고, 또 한 짐 덤벅 집어, 젓가슴도 문질문질, 또 한 짐 덤벅 집어 응덩머리도 씻어보고 또 한 짐 덤벅 집어, 만첩 청산을 씻어본다.[21)]

이런거 다 잡소리니까 중이 이렇게 한참할 때 중이 이것들을 보고 두 눈에 부쳐 발등거리 해서, 팔선녀를 한번 데리고 놀 생각이 있어서, 팔선녀를 호리는데 염불타령을 천천히 치워놓고 장삼고깔을 입은 채, 줄 위 승무를 한번 춥니다. 이 줄 위에서 승무라는 것은 땅에서도 어려운데 땅에서 추는 그 승무를 줄 위서 한바탕 염불타령을 추고 타령을 넘겨서 타령춤까지 춥니다. 팔선녀를 안고 놀고 끼고, 놀고 업고, 놀 때, 그 건너 옹생원이라는 촌양반 하나 있는데 이 중이 노는게 이 거동을 보고 그만 분격해서 속인도 못 노는데 중놈이 팔선녀를 데리고 저렇게 흥미있게 노니 저런 괘씸한 놈이 없다고 그저 그 내 종 자 팔아먹고 남의 곁에 빙쇠야 하고 하인을 불렀습니다. 하인을 불러다가 네 저 중놈 잡아오너라. 중을 잡으러 건너갈 때 중을 꼭 붙들어 놓고 이놈 중아 가자 하니까 그 중이 안가겠다고 하는데 속인 같으면 상투는 있지만 중은 머리 깎아서 잡을 데라고는 귀밖에 없습니다. 귀를 잡아 끄니까 중은 억지로 끌려가서 생원님 앞에 뚝 엎드렸습니다. 하니까 생원님이 중을 나무라는 말이 또 있습니다.

중중머리

이놈 중아 네 들어 이놈 중아 네 들어 불불견은 언제고 산에 올라

---

21) 팔선녀가 목욕하는 모습을 육감적으로 그리는 대목은 김영철과 김대균의 줄타기 연희본에도 등장한다.

염불하고 낮은 내려와서 동냥이나 하여 가지 속가에 내려가서 임의 계집을 데리고 홍청거리고 노니 이놈 목을 빼서 이놈 동구멍에 박을 놈아.

아니리
중이 하도 기가 막혀서 중의 근본 이야기를 하는데 생환님은 얽으러 욕을 합니다.

중중머리
이중 근본 들어보소, 백개장창 분불량 좌우산청 모은 중 석불야밤에 중추중 아닌 밤중 처녀각시를 데려다가 한번 요도하는 생환님같은 중놈이 열씩 스물씩 나는 줄 아오.

아니리
생환님이 분이 나 배길 수 있습니까. 네 저놈 달아매라 당장 남기에 달아매고 벌매질에 상벌하고 나무 송곳 귀를 뚫으니 중이 세상에 배길 수 있겠습니까, 중이 암만 생각해도 벌을 당하고 한심하기 짝이 없어서 신세 자탄을 하고서 우는 것도 사설이 또 있습니다.

중머리
못하겠네, 못하겠네, 중노릇을 못 하겠네, 어떤 사람 팔자 좋아 고대 광실 높은 집에 금의옥식[22] 쌓아놓고 호강으로 지내는데 이놈의 팔자는 무슨 놈의 팔자건데 중노릇이 웬일이냐, 명천이 사람 낼 때 별로 후박 없건만은 천지지간 만물지중에 유인이 최귀라 하여 귀한

---

22) 금의옥식(錦衣玉食), 비단옷과 옥 같은 밥. 호화로운 생활.

것이 사람인데 속인호여 인자는 이귀호 오륜으로 치고도 맹자왈 부자유친, 군신유의, 장유유서 하는데 이놈 팔자 어찌 되어서 중노릇이 웬일이냐. 혼인고비 절일을 골라 15세에 삭발하고 부처님 세자의 밤이면 염불공부 낮이면 재미 공양 길이라고 내려보내면 양반 보아도 두 손 배례합장하고 소승 문안드립니다. 여인 보면 외면이오, 아이 보면 공신하고 까닭 잘못하면 사부댁에서 잡아다가 당장 남개 달아 매고 벌매질에 상벌하고 나무 송곳 귀를 뚫으니 세상에 못할 것은 중노릇밖에 또 있는가.[23]

아니리

탄식을 하고 나서 중이 생각하니 중노릇을 못하겠으니까 중노릇을 파 치우는데 이 장삼을 뿌리치고 벗는데 이야기올시다.

자진모리

장삼을 벗는다. 장삼을 벗는다. 백의 홍도 오류촌 도연명[24]에 갈근벗듯 옥루사장에 명운자 창가소부[25] 낭군벗듯 백마 지덕에 저문달 진자중에 용포 벗듯 낙방귀자[26] 팔지 벗듯 먼 언선에서 중우 벗

---

23) 파계를 한 승려의 신세한탄 대목으로 가산오광대 제5과장의 〈중신세타령〉을 차용하여, 문맥에 맞게 일부 내용을 개작하여 표현한 것이다. "노장 : (허리를 펴며 일어서서 지팡이를 짚고 좌우를 돌아보며) 아이구 허리야, 아이구 허리야, 아이구 아이구 내 신세야 아이고 아이고 내 팔자야. 어뜬 사람 팔자 좋아 고대광실 높은 집에 부귀영화를 잘살건만, 이내 팔자는 어이 되어 삭발하고 중이 되어 요놈의 신세가 웬말인고. 일월이 음양이더냐, 천지가 음양이더냐. 나무라도 행자목은 음양으로 마주서고, 돌이라도 망부석은 음양으로 마주서고, 챙이 같은 내 팔자야. 여봐라, 상좌야"

24) 도연명(陶淵明) 중국의 대표적인 전원시인으로 남북조 시대 남조의 동진과 송이 교체되는 시기를 살았음. 심양(浔阳) 시상(柴桑) 태생으로 자는 원량(元亮)이고 송나라가 들어선 다음 이름을 잠(潛)으로 고침. 집 문 앞에 버드나무 다섯 그루를 심어 놓고 스스로를 오류선생(五柳先生)이라 부르기도 했고, 평생을 청빈하게 지내며 무릉도원을 노래한 〈도화원기〉라는 작품을 남김.

25) 창가소부(娼家笑婦), 창기(娼妓)의 집에서 웃음을 파는 여자라는 뜻으로, 창녀를 이르는 말.

듯 술챈 사람에 망근 벗듯

아니리

훨훨 벗어가지고서 살림살이 내버리기 아까우니까 살림살이를 마련하겠다. 장삼을 벗어들었으니 이것을 무엇에 쓰나, 아하 얘 이것은 가랩이가 널찍하고 기니 몸뚱이는 잘라서 밑을 갈고 허리를 달아서 우리 마누라 속옷이나 하나 해줄까, 아서라 못쓴다, 부처님 슬하에서 정히 쓰던 물건을 갖다가 천히 굴려 쓰겠는가, 마누라 얻어서 살림살이에 아들 낳거든 두루마기나 해주자. 고깔을 벗어들고 그런데 고깔 얘기가 많은데 너무 그건 상스러워 못합니다. 그냥 원순서대로 요건 살림살이하다가 요것을 가지고 행주나 깨끗이 쓰다가 떨어뜨려 버리겠다. 중노릇을 파헤치고 나니 할 것도 없고 맥이 떨어진다. 말씀이야 왈자 틈에 들었습니다. 왈잔 무엇인가 하니 옛날 오입장이[27] 각기 이름이올시다. 이것도 말로 삼기냐고 요것도 소리를 해요.

자진모리

왈자들이 모여든다. 왈자들이 모여든다. 왈자, 대지, 우자, 선자, 귀자, 태자, 악자, 선자, 귀자, 태자, 악자, 선자, 마슬산 구름 멎듯 정사안개 모인 듯 점점 홀을 몰아 궐내 아래 조신배 만조백관신하 모이듯 존단 대할제 선비님들 모여들 듯 과부집 사영서녀 부자집 외아들 태전들만 모여들 듯 금부나졸[28]이 정원사령[29] 한참이러 모여

26) 낙방귀자(落榜貴子), 과거에 낙방한 귀한 가문의 자식.

27) 성적으로 문란한 사람을 낮잡아 이르는 말.

28) 조선 시대에 의금부(義禁府)의 하급 병졸, 관할 구역의 순찰(巡察)과 죄인을 체포하는 일을 맡았음.

29) 정원사령(政院使令), 승정원(承政院)의 사령(使令).

들제 태평양자 여객들이 말 잘하는 소진 장의[30], 편싸움이 유림에 보아서 보고 한참 이리 모여들제 잘났다 못나 못나고도 잘난 놈, 잘나고도 예쁜 놈, 예쁘고도 무서운 놈, 무섭고도 겁나는 놈, 겁나고도 떨리는 놈, 떨리고도 굉기차, 굉기차는 데는 어렵단 말씀이야.

아니리

이렇게 놓고서 주인이 내려와 노는데 왈자가 들어와 갖은 소리를 하는데 양반도 근본이 있습니다. 노론, 소론, 남인, 북인올시다. 얼핏 말하자면 동인, 서인, 남인, 북인도 그렇습니다. 한데 걸음걸이가 다 각각이에요. 노론은 어떡허니 걷고 부처는 어떻게 되고, 갓은 어떻게 썼으며, 소론은 어떻게 하고 또 남인은 어떻게 하고 했다는 걸음걸이 흉내가 다 있는데 왈자가 들어와서 갖은 소리가 다 있습니다. 가령 새타령이 있고 이전 한국의 국창되는 양반소리도 흉내내고 여러 가지 소리가 많습니다. 소납대로 하는 소리가 있는데 왈자가 들어온 다음 앉는 것을 흉내 냅니다. 양반은 책상다리를 하는데 상사람은 농사만 짓고 책상다리가 서툴러서 어떻게 한다는 흉내 다리를 쭉 뻗고도 앉았다, 장단 맞춰 뻗었다 오므렸다 한다고 책상다리를 폈다 오므렸다 합니다. 그게 모두 어린 게 올시다.

그리고 남자가 앉는 것만 못 하니까 이젠 부인이 앉았는 흉내는 얌전한 부인은 치마를 훔쳐 앉고 얌전히 앉아도 앉고, 또 거기서도 성미가 급하면 손을 가갈 콧구멍을 뻗치고 남편이 뭐라고 하면 소리를 버럭버럭 지르고 덤빈다고 그것이 흉내가 웃짜고 하는 흉내고 이전에 부인이 어디 가자면 지금 부인은 그렇지 않지만 이전 부인은

30) 소진장의(蘇秦張儀), 중국 전국시대의 모사(謀士) 소진과 장의처럼 언변이 좋은 사람을 가리키는 것으로 말을 잘하는 사람을 뜻함.

말하자면 모양을 냅니다. 모양을 어디서 내냐면 이마부터 냅니다. 이마를 뽑는 흉내를 내는데 실을 들어서 하나는 어디다 매든지 탄탄히 빌겨다 매고 손에다 두 번을 훌훌 감아서 이마박에 대고 문지르면 잔털은 전멸합니다. 굵은 것은 쪽집게로 뽑는다고요, 지금은 여러 가지 분이 있지만 이전에는 우리한국에서 장분 도화분이라는 것이 있습니다. 이전에 크림 대신에 나라에서 나오는 향유라는 것이 있습니다. 얌전한 부인은 손바닥에 개가지고 장단을 드르르 몰아 가지고 손을 요기 대고 저기 대고 마음대로 손을 놀려서 재미있게 바르고 이러는 흉내 아까 그 함부로 앉는다고 하니 그런 이가 성미가 급해서 그 분을 바르는데 그렇게 얌전하게 못 바르고 대체 분을 한 백합 사다가 갤 데가 없으니 절벽에 팡팡 물을 붓고 찧어서 꺼내들고 바로 반죽을 국수집에 국수 반죽하듯 한다 합니다. 한 덩어리를 꺼내들고 얼굴에다 문지르는데 바로 저집 새로 짓고 왕토하듯 한움큼씩 저어다가 얼굴에다 덮어놓고 바릅니다. 발라가지고 눈도 없고 코도 없어요, 놀래서 손가락으로 눈을 뚫습니다. 얼굴이 말라야지 어디 가지 화롯불에다 들이대고 말립니다. 얼굴을 그대로 굳었다고 이것은 재담인데요, 줄에 대한 재담이라고 그럽니다.

그런데 그것은 잠시 웃자고 하는 그런 얘기지 어디 그런 때가 있습니까, 이것은 잠깐 왈자가 들어와서 무슨 소리를 하는고 하니 새타령을 잠시 잠깐 하는 것입니다.

중중머리

새가 새가 날아든다. 새가 새가 날아든다. 산고곡식 무인처[31] 죽

31) 산고곡심무인처(山高谷深無人處, 산은 험하게 높고 골짜기가 깊은, 사람이 없는 곳)

립비조[32] 뭇새들 농출화담[33]에 작을 지어 쌍거 쌍대[34] 날아든다. 춤 잘 추는 학두루미, 말 잘하는 앵무새, 공기 좋다 공기 뚜루 쏘댕이 쑥국 기러서 찔룩 가가감술 날아든다. 남풍조차 떨쳐나니 구만 장천의 대붕새 문왕이 나게신다. 기산 조양의 봉황새, 이화요지의 담담풍 앵무새 어엽진사 백정사왕쟁 당쟁 저집이 어사도중에 만들었다. 울 청풍 보라매 여러 새들 섬길 것 없이 새가 한번 울음 운다. 저 뻐꾹이 울음 운다. 저 뻐꾹이 울음 운다. 먼산에 앉아 우는 놈 아지라게 들리고 근방에 앉아 우는 놈 건방지게 들린다. 여러 달 울음 운다고 목이 잔뜩 쉬었네. 이리로 가며 뻐꾹 저리로 가며 뻐꾹, 뻐꾹, 좌우로 날아온다. 또 한편을 바라보니 저 푸두새가 조양지 삼삼 사람의 간장 녹이라고 푸두새 울음 운다. 사람의 간장 녹이랴고 저 푸두새 울음 운다. 저 푸두새 울음 운다. 이리 가면 뿌우북 저리로 가면 뿌우북 아하 거둥거리고 울음운다. 이런 새소리가 날로 늙어지니 다할 수 없다고 마지막 뻐꾹

아니리
이것이 줄에서 하는 얘기고 군노사령[35] 제비 후리러 나가는 것[36]

---

32) 울림비조(鬱林飛鳥, 무성한 수풀에 나는 새)

33) 뭇새들이 농춘화답(弄春和答, 봄의 정취에 겨워 서로 노래로 답함)

34) 쌍거쌍래(雙去雙來, 쌍쌍이 오고 감)

35) 군노사령(軍奴使令) 대목은 판소리 춘향가(春香歌)에서 변사또의 명령으로 사령들이 춘향을 잡으러 가는 부분으로 중중모리장단에 맞추어 부른다. 사설의 첫 부분은 "군노사령 나간다. 사령군노(使令軍奴)가 나간다. 산수(山獸) 털벙거지 남일광단(藍日光緞) 안을 밧쳐, 날랠 용자(勇字) 닥못 치고, 궁초군복(宮綃軍服) 홍광대(紅廣帶) 걸음조차 펄펄 ……"로 시작한다.

36) 제비후리러 가는 대목은 판소리 흥보가(興甫歌) 중 놀보가 흥보의 제비 보은 이야기를 듣고 박 씨를 물어다 부자가 되게 해 줄 제비를 후리러 다니는 내용의 소리 대목이다. 권삼득 명창의 더늠으로 후세에 전한다. 심술 궂은 놀보가 부자가 될 욕심으로 삯꾼들과 함께 제비들을 찾아나서는 모습이 희극적으로 묘사되어 있다.

방아타령[37], 양산도[38], 난봉가[39], 이것을 각기 혼합하는 것인데 줄을 한번 올라서면 댓 시간 한 네덧 시간을 하고 내려옵니다. 그러니 그 장장 시간을 무엇으로 채웁니까, 갖은 소리와 재담과 소리를 해나가며 이렇게 하는데 줄에서 잔재비가 있어요, 잔재비가 있습니다. 재주부리는 거죠. 그것도 여러 가집니다. 줄 위에 서서 외다리로 하는 것, 외다리를 외홍잽이라고 합니다. 양다리로 하는 것을 양다리 허공잽이, 두다리 한꺼번에 뚝 떨어졌다 쑥 올라가 껑충 뛰어 올라가는 것이 쌍홍잽이입니다. 그것도 외다리 쌍홍잽이 또 접쌍홍잽이 칠보라는 것은 옆대기로 타는 것, 외칠보, 쌍칠보, 칠보태기, 외난간, 접난간, 칠보, 다리치기라는 것은 줄을 붙잡지도 않고 딛지도 않고 줄 되는 융중의 양쪽의 옆대기만 이렇게 슬쩍슬쩍 앉다가 공중에 확 돌아서 앉을 때는 깜짝 놀란 적도 많습니다. 이런 어려운 칠보 노인장이라 치는 것은 똑바로 아니하고 옆으로 쭉쭉해 나가면 한간 반씩 나갑니다.

앞쌍홍잽이라는 것, 제기차기 뒤쌍홍잽이, 외무릎꿇기, 두 무릎꿇기, 황새 주먹매기, 촛대서기, 요것은 무릎꿇고 하는 거예요. 주먹메기기 책상다리 해 가지고 한 다리씩 빼어 넘어가는 것이예요. 외무릎꿇기 외무릎 훑쳐나가서 쭉쭉 나가는 것, 두 무릎을 꿇어가지고

---

37) 판소리 심청가(沈淸歌) 중 심봉사가 황성 맹인 잔치에 참석하기 위해 올라가다가 동네 여인들과 방아를 찧으며 소리하는 대목. 방아타령은 심봉사와 여인들 사이의 외설적인 대화를 통해 골계적 효과를 거둔다. 방아타령은 역대 왕의 고사로부터 시작하나 점차 방아 찧기를 성적인 표현으로 전환하여, 비장미에서 골계미로의 정서를 변화시킨다.

38) 양산도는 대표적인 경기민요 가운데 하나로 과거에는 선소리로 불렸다고 한다. 양산(陽山), 향산(香山), 양산도(陽山刀)라고도 한다.

39) 황해도 지방에 전승되는 민요의 하나, 긴 난봉가라고도 한다. 곡명은 사설에 "난봉이 났네, 난봉이 났네 ……."로 시작하였기 때문에 붙여진 것이다. 조선 후기부터 널리 불린 것으로 보이며 노랫말의 첫 절은 다음과 같다. "(후렴) 아하 아에 에헤요 어람마 둥둥 내사랑아 정방산성(正方山城) 초목이 무성한데 밤에나 울 닭이 대낮에 운다."

훑쳐나가는 것은 장단을 바싹 몰아넣고 그대로 장단에 맞춰서 그대로 무릎팍을 올려서 그것 종지굽부 치기라는 멋은 줄에 가로 앉아서 무릎을 줄에다 가로대고 앉는 것, 그런 것 중 줄 살판, 땅에서 살판이 어려운데 외줄에서 펄떡 넘어서 그 줄에 가서 도로 서는 것이 그게 줄 살판이란 것도 있습니다.

줄에도 여러 가지 별것이 많습니다. 개끔 하나는 뛰고 다리를 껑충껑충 땅바닥에서 개끔 이것도 있고 두 발 개끔도 있습니다. 발을 모아서 껑충껑충 뛰는 것 이것의 종류가 한 40여 종류 있습니다.

40여 종류를 재담을 해가며 하자면 두 시간 걸립니다. 그러면 밑에서 잘 한다고 상금을 올리게 되면 상금에 대해서 축원도 해 가고 각기 하는 것이 가령 여러 가지 많은 것이 줄 타는 원순서입니다.

- 〈김봉업본〉은 1974년 3월에 발간한 『월간문화재』27호 자료 편에 최초로 발표되었고, 심우성, 『남사당패연구』(동화출판공사, 1974)와 『김봉업 줄소리 해금가락 CD』(국립문화재연구소, 1999) 에 재수록 되어있다. 김봉업(金奉業, 1893 - ?)은 김관보에게 줄타기와 땅재주[40]를 배웠다. 20세기 줄타기 전승 계보의 중심에는 김관보(金官甫)가 서있다. 김관보는 화성재인청 출신이었는데 1910-1930년대까지 그의 제자인 임상문의 과천 집을 전수 공간으로 삼아 줄타기를 전수했다. 이것은 동일 세습무 집단 내에서 빈번하게 왕래하며 다양한 전통연희 종목을 익히는 방식을 따른 것이다. 그는 줄타기보다 땅재주에 능해서, 광무대에서는 땅재주로 인기를 끌었다고 한다. 김관보

---

40) 김봉업의 땅재주 기예는 기본인 살판과 변형인 팔짱살판, 귀잡은살판, 자국살판, 화로살판 등이 있다. 그 외에 뒷곤두, 널뒷곤두, 번개재주, 지팡설손, 옆시금, 앞시금, 고디앞시금, 용틀임, 살판배사림, 살판수, 숫잎틀이, 돌아때기, 숭어뜀, 팔굲기, 노구걸이, 배돛대, 오리걸음, 부줏대넘기, 모둘빼기 등이 있다.

는 줄타기 기예 면에서는 이봉운에게 뒤졌지만, 줄타기 전수에는 뛰어나서 많은 제자들을 길러냈다. 뛰어난 기예를 지닌 이봉운의 줄타기는 그 후 계열이 끊어졌다.[41]

김관보는 김봉업, 임상문, 이일문, 이정업[42] 이생민, 이복남, 이돌개, 오돌끈, 이동안, 김영철 등을 줄광대로 배출됐다. 또한 김관보의 문하에서는 여성 줄광대들도 나왔는데 박명옥, 임명옥, 임명심,[43]전봉선, 한농선 같은 이들이다.

김봉업은 12세에 김관보에게 땅재주와 줄타기를 배우기 시작하여 남들이 5-6년 걸리는 기술을 1년 만에 습득하였고, 13세에 단성사 낙성연(落成宴) 무대에 서면서 단성사의 전속이 되었다. 이동안은 자신이 20대 중반이었던 1920년대 중반에 광무대에서 김봉업이 줄타기를 하고 있었다고 증언했다.[44]말년에는 해금(奚琴)을 켜며 극단을

---

41) 이봉운은 세습무계 출신으로 경기도 화성군 매송면 어천리 태생이다. 이봉운은 일본 강점기에 유명한 줄광대로서 이름을 날렸고 그의 뛰어난 줄타기 기예를 소개한 신문기사가 많이 발견된다. 1915년 경성구파배우조합이 결성되었는데, 이 구파배우조합은 세습무계와 인맥이 닿아 있었고 이봉운은 이 조합의 평의원이었다.(『매일신보』, 1915. 6. 1.)

42) 경기도 세습무 집안 출신인 이정업(李正業, 1908-1974)은 이태평의 아들로 8세부터 김관보에게 줄을 배워 3년 만에 줄광대가 되어 이름을 날렸다. 이후 사람들이 줄타기를 찾지 않게 되자 중년에는 KBS 민속합주단 고수로 활약했다.(예용해, 『인간 문화재』, 대원사, 1997, 69-73쪽) 그러나 예용해의 조사와 달리 이정업은 이미 7세부터 줄타기 공연에 참가했다. "평양에서 평양신청일연극, 평안극장에서 흥행중인 사리원 신청일의 일행은 김금선(金錦仙), 이금희(李錦姬), 가무 오은동(吳銀東) 지예(地藝) 칠세아(七歲兒) 이정업(李貞業)의 승현(乘絃)은 인목(人目)을 경케하며 매일 만원의 성황을 정하였더라."(『매일신보』, 「평양에서」, 1916. 8. 22) 이혜구는 1944년 2월에 청수골(현 청담동) 도당굿에서 이정업이 흥겨운 분위기 가운데 줄타기를 선보인 후 관중들로부터 행하(行下)를 받는 장면을 기록했다.(이혜구, 「무악연구」, 『보정한국음악연구』, 민속원, 164-165쪽).

43) "조선극의 혁신 출연 승무 임명옥, 검무 정명옥, 여창 송학선, 남창 김점봉 …… 경성좌창 임명월, 가야금 김종기, 이일선, 줄타기 임명심, 전봉선, 경성무여가, 평양다리굿 등, 뒤과정은 신구를 절출하여 재미있는 것으로 매일 교환합니다. 우천불구흥행, 조선극상설관광무대, 황금정사정목"(『동아일보』, 1928. 9. 9)

44) 「抱川遊技大會, 光武臺金奉業君請邀하야」, 『동아일보』(1928년 02월 27일)

따라 전국을 유랑하였다

김봉업은 줄타기, 땅재주, 해금 연주의 명인이었다. 〈김봉업본〉은 이 60년대 초 박헌봉에 의해 그의 줄소리인 〈중타령〉, 〈선녀타령〉, 〈왈짜타령〉과 해금 연주가 채록됨에 따라 현재까지 전해지게 된 것이다.[45]

2. 이동안 광대줄타기 연희본 - 〈이동안본〉

고 사 문

> 해동은 조선국 경기 왕도 삼십칠광 서른 여덟 고을내 중에 광해는 일품이요 광주 이품이요, 수원은 영산풍이요[46], 금과천 꽃대주요, 양안석 군수 실령 남양은 제명장이요 수원 도로 남문 밖 나서 대행교 떡전거리 잔등을 얼른 넘어 화성군 향남면 송곡리 현적을 두고 객지에 나와 이 자리에서 벽공에 외줄을 메고 거미같이 왕래할지

---

45) 김혜리, 「김봉업 창 줄소리 연구 : 중타령 · 새타령을 중심으로」, 한양대 대학원 석사학위논문, 2010 참조.

46) 이 부분은 서울과 경기에서 전승되던 축원 무가 지두서(指頭書)를 활용했다. 지두서는 서울 경기 지역의 굿에서 구연되는 축원무가를 구연할 때 서두에 연행된다. 서울의 지두서는 무녀 배경재(裵敬載)의 구연본이고, 오산의 지두서는 남무 이종만(李鍾萬)과 이종하(李鍾河)의 구연본인데, 모두 아카마쓰 지조(赤松智城)와 아키바 다카시(秋葉隆)가 채록하여 『조선무속의 연구(朝鮮巫俗の研究)』(1937) 상권에 수록했다. 지두서는 조선의 산과 강이 분포되어 있는 상황과 역사의 흐름을 요약하여 서술하고, 각 신위를 초청하여 축원을 올리는 내용으로 구성되어 있다. 산하의 분포는 곧 지리적 공간을 말하며, 단군 이후 조선왕조까지의 국가의 흥망을 기술한 것은 시간의 흐름 속에서 전개된 인류의 역사를 축약한 것이다. 이동안 줄타기 연희본에서는 "해주(海州) 감영 마련하고 경기 삼십육관(三十六官) 죽산(竹山)이 도외관이요. 새문박 경기 감영 마련하고 각골 육방(六房) 마련하고 일품(一品)을 다녀 보자. 광해(江華) 일품 광주(廣州) 이품 수원(水原)은 정삼품"을 변형하여 활용했다.

라도 실수 없이 되게 하여 주심을 선생님전에 고사하나 이다. 우리 선생님 김관보 선생님[47], 이봉운 선생님[48], 김봉업 선생님[49]이시여, 임상문 형[50]이시여, 하동 할아

47) 김관보는 화성재인청 출신이었는데 1910-1930년대까지 그의 제자인 임상문의 과천 집을 전수 공간으로 삼아 줄타기를 전수했다. 김관보는 줄타기보다 땅재주에 능해서, 광무대에서는 땅재주로 인기를 끌었다. 김관보는 줄타기 기예면에서는 이봉운에게 뒤졌지만, 줄타기 교육에는 뛰어나서 많은 제자들을 길러냈다. 그의 문하에서 김봉업, 임상문, 이일문, 이정업 이생민, 이복남, 이돌개, 오돌끈, 이동안, 김영철 등의 줄광대가 배출되었다. 또한 김관보의 지도 하에 여성 줄광대들도 나왔는데, 박명옥, 임명옥, 임명심, 전봉선, 한농선 같은 이들이다.

48) 이봉운은 경기도 화성군 매송면 어천리 태생이다. 이봉운은 일본 강점기에 유명한 줄광대로 이름을 날렸고 그의 뛰어난 줄타기 기예를 소개한 신문기사가 많이 발견된다. 그러나 줄타기 기예면에서 이봉운보다 우수하지 못했던 김관보는 후속 세대를 많이 남겼지만, 이봉운의 줄타기는 그 후 계열이 끊어졌다. "독자구락부 어제 경복궁안 축하회에는 광무대 리봉운이 줄타는 것이 제일 내지인의 환영을 받던 걸이오. 참 그 줄타는 것은 당시 경성에 제일이야" (『매일신보』, 「독자구락부」 1913. 11. 2), "천장절날 탑골공원에서는 시곡기생이 모두 나와서 춤을 추고 광무대 리봉운이가 나와서 줄을 탄다지오."(『매일신보』, 「독자구락부」, 1913. 10. 29), "줄잘 타는 광무뎌 리봉운이는 칠팔 간 되는 줄을 평디에셔 다름질창듯항기와 꿔도 눕고 안는 거동동작이 엇지 그러케 티연혼리오"(『매일신보』, 1913.11.2), "광무대에서는 구극 장자고분서란, 옥엽의 판소리, 김인호의 땅재주, 무동, 리봉운의 줄타는 재주 기타 ……"(『매일신보』, 「연극과 활동」, 1914. 2. 26)

49) 김봉업은 13세에 단성사 낙성연에서 줄타기를 선보여서 단성사 전속단원이 되었고 광무대에서도 활동했다. 이동안은 자신이 20대 중반이었던 1920년대 중반에 광무대에서 김봉업이 줄타기를 하고 있었다고 증언했다. 김봉업은 줄타기, 땅재주, 해금 연주의 명인이었으나, 무형문화재 지정을 앞두고 사망했다.

50) 임상문(林相文)은 경기도 과천 세습무 집안 출신인 임종성(林鍾成)의 아들이다. 임종성은 일곱 살 때 삼촌 임재현(林在鉉)에게서 경기잡가, 피리, 대금, 줄타기를 배운 뒤, 열다섯 살 때부터 줄광대로 이름을 떨쳤다. 임종성은 아들 상문에게도 줄타기를 가르치고 부자 줄꾼으로 활동했다고 한다. 이들은 1935년에 국내에서 유명한 소리 광대를 초빙해서 대동가극단을 꾸려서 전국 순회공연을 했다. 이때 참여한 명인 명창은 판소리를 하는 강남중(姜南中), 창극 배우 겸 고수 안영환, 신영채(申永彩), 홍갑수(洪甲壽), 춤과 음악에 능한 이동안, 여류명창 이화중선(李花中仙), 이중선(李中仙), 박초선(朴初仙), 박초홍(朴草紅) 등이 있었다. 대동가극단은 토막극 춘향전, 흥보전, 줄타기 등을 공연하면서 관중을 사로잡았고 큰 인기를 끌었다. 1936년 정광수(鄭珖秀), 임방울(林芳蔚), 최막동(崔莫童), 이봉래(李奉來), 이수성(李壽成), 김영철(金永哲), 이금선(李錦仙) 등이 입단했다. 조선성악연구회의 창극좌와 대조적으로 대동창극단은 주로 삼남(三南) 지방을 중심으로 활동하였다. 1939년 일본 재일동포 위문공연 때에는 임방울과 이화중선이 판소리를 공연했고, 임상문과 김영철이 줄타기를 공연했다. 대동가극단은 1943년 일본 각 지방의 군수 공장과 탄광에 징용되어 있는 조선인들을 위문하기 위해 큐슈(九州), 오무라(大村), 야하다(八幡)에서 순회 공연을 펼쳤고 오사카(大阪)로 가기 위해 연락선을 타

버지시여, 받들어 주시옵소서, 상은 모듬상이요, 잔은 각잔이올시다. 삼대 후에 줄에 오를 제 뒷목에서 작수로 줄에 오를 제 뒷목에서 작수로 줄에 올라갈 때 배우씨[51] 염불타령 떡궁 쳐 놓고 여기를 한 번 올라가는 것이렷다.(고사상에 절하고 줄에 올라선다)

줄 광 대 여기는 올라왔으나 저 건너 건너가기가 대단히 어렵겄다. 염불타령 그대로 떡궁 붙여 놓고 한번 건너가는 것이렸다.(조금 건너가는 척하다가)

아구아구 이거 잘못 올라왔네. 암만해도 못 갈 것 같다. 허나 사내 대장부가 한번 올라갔다가 그냥 내려갈 수야 있나.(건너간다)(어렵게 건너와서)어렵겄다. 나가는데 쿵!

배 우 씨 좋지!(옆 쌍홍잽이 좌우치기가 끝나면)야, 그놈 나비 나는 것 같구나, 곰의 재주다!

줄 광 대 여러 손님들, 내가 이러고만 있을 것이 아니라 배우씨 말마따나 곰에 재주를 한번 부려 보는데 이번에는 무엇인고 하니 칠보 난간치기로 나가는 것이렷다. 배우씨 쿵!(칠보 난간치기가 끝나면)

배 우 씨 이놈 잘하기는 잘하네만 똥방뎅이에 못이 백이겠구나, 네 재주도 이제는 다 했구나!

게 되었는데 이화중선이 바다에 뛰어들어 자살하는 일이 벌어진다. 이후 대동가극단은 해산되었다. (정범태,「정범태의 사진으로 보는 명인명창 이야기-임종성과 임상문」,『미르』 2004년 10월호) 임상문의 외가는 무계이다. 김영철의 증언에 의하면 임상문과는 외가로 5촌이고 임상문이 김영철의 재당숙이 되고, 이동안과 이정업은 이종 6촌 간이며, 김광운은 김영철과는 4촌 간이다. 임상문과 여성 줄광대 임명옥, 임명심은 사촌 간이고, 전봉선은 외사촌이다.(김헌선,「과천 찬무물 소리꾼 임정란과 그 가문의 예술시대」,『민속연구』 28집, 안동대민속학연구소, 2014)

51) 광대줄타기에서 어릿광대를 이르는 말.

줄 광 대　이놈 아랫녁에 있는 놈이 무슨 잔소리냐, 네 놈이 똑똑키는 똑똑쿠나. 그러면 이번에는 똥방뎅이로만 놀 것이 아니라 무르팍을 한번 써 먹겠다. 배우씨 꿍!(외무릎 꿇기를 한다)

배 우 씨　지랄방정이로구나!

줄 광 대　좋지! 그러면 이번에는 외무릎 풍치기로 나가는데, 배우씨 쿵!(외무릎 풍치기를 한다)

배 우 씨　그놈 무르팍에 바퀴가 달렸구나. 네 재주 있는 대로 부려봐라.

줄 광 대　좋지! 이놈아 입방아 닫아 걸고 어르신네 다음 재주를 보렷다. 정신 바짝 차려서 외무릎 꿇기 황새 두렁넘기로 나가는데, 배우씨 꿍!(외무릎 꿇기 황새 두렁넘기를 한다)

배 우 씨　이놈 이제는 할 짓이 없으니께 지랄 초방구를 치는구나.

줄 광 대　모르는 소리, 너와 이 으르신네와는 격이 다르니라. 아갈통 봉하고 다음 재주를 보렸다. 이제까지는 무르팍을 하나만 써 먹었지만 이번에는 양쪽을 다 써서 두 무릎 꿇기로 나가렷다.(두 무릎 꿇기로 건너가서)

배 우 씨　장히 어렵구나!

줄 광 대　좋지! 이것은 무릎 꿇기 풍치기렸다.(두 무릎 꿇기 풍치기를 한다)

배 우 씨　이놈 무르팍 채검을 좀 해 봐야겠구나. 요술 사마귀를 달았느냐 어디 한번 보자.(보려고 하자)

줄 광 대　고이헌 놈 어느 어르신네 아랫도리에 손을 대느냐. 돈 내고 만져라 돈 내!

배 우 씨　얼마냐 이놈아, 무르팍에도 허우채[52] 붙느냐?

줄 광 대　암만. 무르팍이나 발꼬락에도 허우채 붙었다. 그건 그렇고 이번에는 무릎을 꿇고 풍치기 곱치기로 나가는 것이렷다. 잘못하면 떨어지는 재주렷다. 배우씨 꿍!(두 무릎 꿇기 풍치기 꼽치기를 한다)

배 우 씨　얼씨구! 잘 노는구나!

줄 광 대　이번에도 두 무릎을 써 먹는 판인데, 두 무릎을 이렇게 꿇고 안장서 앞에 있는 무릎을 내밀어서 뒤에 있는 놈은 오지 못하고 있다. 요놈은 왜 못 오느냐 하면 걱정이 많아서 생각하느라고 오지를 못 하는데 요놈을 요렇게 가만히 잡아 땡기겠다. 얘 또 내밀어라, 요놈이 재미가 없다. 장단을 바짝 당악으로 몰아 놓고 장단치는 사람 손이 못 배기나 이 녀석 무르팍이 못 배기나 손님네 손바닥이 못 배기나 삼인이 경쟁이렸다. 헌데 또 손바닥 치시다가 옆에 계신 손님 마구 때리렷다.

배 우 씨　얼씨구!

52) 통상 창기 등을 상대하고 주는 돈을 해웃값이라고 한다. 다른 말로 해의채(解衣債), 화채(花債), 해우차, 놀음차, 해웃돈으로 부르기도 하는데 오늘날의 화대(花代)에 해당한다. 이능화는 유랑예인들이 해의채를 받는 모습을 다음과 같이 묘사했다. "지금(1927년 무렵)으로부터 50여 년 전까지만 해도 이것이 남아 있었다. 내가 나이 어릴 때 괴산군(槐山郡)에서 사당패(社堂牌)를 보았다. 패에는 남녀가 있는데, 남자를 남사당(男社堂) 또는 거사(居士)라고 하고, 여자를 여사당(女社堂)이라고 하며, 그 우두머리 되는 자를 모갑(某甲)이라고 했다. 한 모갑의 통솔 아래에 남자 8~9명과 여자 1~2명이 있었으니, 모두 묘령(妙齡)의 여자였다. 남자가 여자를 등에 업고 각지로 돌아다니면서 기예를 팔고, 몸을 파는 것을 업(業)으로 삼았다. 그 흥행에 있어 남자가 손에 소고를 잡고 공연장에 벌려서고, 여자가 마주서서 먼저 앞소리(時俗 雜歌)를 메기면 남자들이 일제히 뒷소리를 받는다. 혹 먼저 하기도 하고, 혹 뒤에 하기도 하며, 혹 소고를 두드리기도 하고, 혹 노래를 부르기도 한다. 공연이 절정에 이르면 청중이 갈채를 보내며 돈을 던져서 상을 준다. 혹 동전을 입에 물고 "돈!" "돈!" 하고 외치면, 여사당이 와서 입으로 돈을 받으며 입을 맞추는 방식은 기묘하다고 할 만하다. 이것이 매개가 되어 밤에 몸을 주고 돈을 받는 것을 화채 또는 해의채라고 한다. 이것이 사당패의 영업이었다."(이능화, 『조선해어화사(朝鮮解語花史)』, 동양서원, 1927, 141쪽)

줄 광 대　그러면 이 재주가 무슨 재주냐. 왈 무릎치기라. 당다기 당닥꿍!(무릎타기를 한다)

배 우 씨　그놈이 무르팍이 수레바퀴보다 빠르구나.

줄 광 대　이번에는 두 무릎꿇기 곱치기렷다!(두 무릎 꿇기 곱치기를 한다)

배 우 씨　어렵구나! 또 있느냐?

줄 광 대　이거는 뭔고 하니 책상다리렷다. 배우씨 꿍!(책상다리를 한다)

배 우 씨　쌍놈 앉임새 한번 좋다.

줄 광 대　고이헌 놈 각설[53]하고, 이거는 책상다리 황새 두렁넘기렷다.(책상다리 황새 두렁넘기를 한다)

배 우 씨　재미가 깨소금 묻듯 하는구나.

줄 광 대　좋지! 이렇게 앞으로만 자꾸 갈 게 아니라 이번에는 외무릎 꿇기 가새트림으로 나가는데.(외무릎꿇기 가새트림을 한다)

배 우 씨　좋지!

줄 광 대　배우씨이거는 두무릎 꿇기 가새트림인데 허튼타령 장단에 틀겠다. 꿍!(두 무릎꿇기 가새트림을 한다)

배 우 씨　어이 좋다! 쇠뭉치로구나.

줄 광 대　요것은 책상다리 가새트림이렷다. 배우씨 꿍!(책상다리 가새트림을 한다)

배 우 씨　나비로구나!

줄 광 대　이번에는 칠보 먼장치기로 나가는데, 배우씨 꿍!(칠보

---

53) 각설(却說), 말이나 글에서 이제까지 다루던 내용을 정리하고 화제를 다른 쪽으로 돌림.

먼장치기를 한다)

배 우 씨　좋지!

줄 광 대　이것은 맞 만장치긴데 앞으로 내밀고 뒤로 뛰겠다. 배우씨 꿍!(맞 먼장치기를 한다)

배 우 씨　오동방정[54]이로구나.

줄 광 대　이제는 점점 어려워지는구나. 이건 허궁 가세트림인데 가운데 한길 이상 떠서 틀어 돌아앉는 놈이렷다.(허궁 가새트림을 한다)

배 우 씨　곰배팔이[55] 외새끼 꼬듯 하는구나.

줄 광 대　(줄 한복판에 앉아서) 야, 이렇게 줄만 탈 것이 아니라 재담을 한자락 하겠다. 재담이란 웃으라고 하는 것이니 여러 손님 웃다 골내지 마시오. 때는 어느땐고 하니 녹음 방초 성하시라 잔디 잔디 속닢 나고 가지가지 꽃이 피어 벙글벙글 웃을 땐데 종달새 쉰질 떠서 지지배배 우짖겄다. 건너산엔 아지랑이가 끼고 달밭은 쨍쨍 울고 할 땐데 늙은 과부는 담배질만 하고 젊은 과부는 보따리 싸서 개구멍으로 들락날락하면서 도망갈 구녕을 찾는데 그건 딴 생각이 있서어 그러겠다. 아니 여기 오신 부인네들 다 아시겠지요. 바로 생각은 고 생각입니다. 그럴 땐데 이 때에 중이 하나 내려오는데 청상은 남학산 중이 내려오겠다. (창)내려온다 내려온다 내려온다 내려와, 또 내려온다 내려온다 아 또 내려온다. ('내려온다'만 반복한다)　(재담)자꾸 내려온다 내려와, 내려온다 내려

54) 오두방정, 몹시 방정맞은 행동.
55) 팔이 꼬부라져 붙어 펴지 못하거나 팔뚝이 없는 사람을 낮잡아 이르는 말.

와, 중 하나 내려온다. 중 내려온다. 저 중의 호사 보아라 저 중의 치레 좋다. 얽고도 검은 중 검고도 얽은 중 줄이 줄이 맺힌 중 얽던지 말던지 칭암은 절벽성에 때그루루 궁글려도 실금 하나 아니갈 중 흔들흔들 흐늘거리고 내려올 제 얼골은 선산 백옥 같고 눈은 소상강 물결 같고 두 눈썹은 숫나비가 앉아 너울너울 춤추는 듯 코는 마늘 쪽 씌우듯 두 입술은 빛난 당채 주홍 필로 꾹 찍은 듯 중의 치레가 장히 좋다. 백지포 지은 장삼 주홍띠 띠고 세술갓 숙여 쓰고 구정 죽장을 검어 집고 허늘거리며 내려올 제 ……

(중머리) 왈자 하나 내닫더니 아나 중아 말을 듣자 산중 지귀물은 노장이 알고 만물지 지중 경장사가 안 댔으니 너의 절이 어디메게 원종 소리가 들리느냐. 저 중의 거동 보아라, 짚었던 육환장을 눈 위에 번쩍 쳐들더니 좌우 산천을 가르친다. 저기 저 봉은 좌두봉이요 요기 요 봉은 우두봉이라, 건너 봉 맞은 봉 한가운데 그 중 큰 봉 우리나라 세조 대왕 삭발 의상을 하옵시던 단발령이라 하는 고개, 그 고개 훨훨 넘어가면 소승 절이 거기올시다. 저 왈자 거동 봐라, 처지를 찾아가니 웃법당 삼층 절이요 아랫법당 이층 절인데 오방 나인 삼불 부처 좌우로 늘어 앉아 법도 중은 법도하고 연도 중은 연도한다. 어떤 중은 공쇠 들고 어떤 중은 바라 들고 조고마한 상좌중은 도리몽당 큰 북채를 양 손에 갈라 쥐고 바라는 저르릉 목탁은 똑딱 덕꿍치는 묵 소리는 원근 산천을 뒤넘난다. (재담으로) 아 이 중이 멋이 있는 중이라 새타령까지 하겄다.

배 우 씨　좋지!

줄 광 대　(창) 쳐다보니 만학은 천봉, 내려 굽어 보니 백사지 땅이라, 허리 굽고 늙은 장송은 광풍을 못 이겨 너울너울 춤을 춘다. 천리 시내는 청산을 돌고 이 골물 쭈루룩 저 골물아 콸콸 열에 열두골 물이 한데 합수쳐 지방져 언덕져 굽이쳐 건너 병풍 속에 쾅쾅 마주쳐 산이 울렁거려 떠내려간다.[56] 어데메를 가자느냐, 아마도 네로구나. 요런 경치 또 있나. 삼월 삼짓날 연자 날아들고 호접은 편편[57] 송림 나뭇가지 꽃이 피었네. 춘풍 떨쳐 산은 암암 큰 산은 종종 긔암은 총총 대산이 울며 천리 시내는 천산으로 돌아가고 이골물이 쭈루룩 저골 물이 콸콸 열에 열두골 물이 한데 합수쳐 천방져 지방져[58] 언덕져 굽이져 바울지고 거품져 건너 병풍 속에 쾅쾅 마주쳐 산이 울렁거려 더나간다. 어데메로 가자느냐 어데메로 가자느냐 아마도 네로구나 요런 경치 또 있느냐.[59]

---

56) 판소리 수궁가 고고천변(皐皐天邊) 중 "만학천봉(萬壑千峰)이요 내려 굽어 보니 백사지(白沙地)지로구나 에구부러진 늙은 장송 광풍을 못 이기여 우줄우줄 춤을 출 제 원산(遠山)은 암암(暗暗) 근산(近山)은 중중(重重) 기암은 촉촉(矗矗) 뫼산이 울어 시내 유수(流水)는 청산(青山)으로 돌고 이 골 물이 쭈루루루루 저 골 물이 콸콸 열에 열두 골 물이 한데로 합수(合水)쳐 천방져 지방져 월턱져 구부져 방울이 버큼져 건너 병풍석에다 마주 꽝꽝 마주 때려 대해수중(大海水中)으로 흘러가느라고 버큼이 북쩍 물너울이 뒤뚱어루루루 뀔뀔 뒤둥구러져 산이 울렁거려 떠나간다."라는 사설을 활용해서 표현함.

57) 연자(燕子) 날아들고 호접(蝴蝶)은 편편(翩翩), 제비 날아들고 나비는 펄펄.

58) 천방(天方)져 지방(地方)져 얼턱져 구부져, 위로 아래로 물이 솟구치고.

59) 12잡가 〈유산가(遊山歌)〉의 "의원산(宜遠山) 첩첩태산(疊疊泰山)은 주춤하여 기암(奇巖)은 층층(層層) 장송(長松)은 낙락(落落)에 허리 구부러져 광풍(狂風)에 흥을 겨워 우쭐우쭐 춤을 춘다. 층암절벽상(層巖絶壁上)의 폭포수(瀑布水)는 콸콸 수정렴(水晶簾) 드리운 듯 이골 물이 수루루루룩 저골 물이 솰솰 열의 열골 물이 한데 합수(合水)하여 천방(天方)져 지방(地方)져 소쿠라져 펑퍼져 넌출지고 방울져 건너 병풍석(屛風石)으로 으르렁 콸콸 흐르는 물결이 은옥(銀玉)같이 흩어지니"라는 대목을 줄광대가 연행상황에 맞게 개작한 것이다. 이 부분은 판소리 단가 〈고고천변〉을 비롯한 여러 가요에 등장한다.

새가 날아든다 새가 날아든다 온갖 새가 날아들어 새 중에는 봉황새, 만수 문전에 풍년새, 산고 곡심 무인처[60] 술립비조[61] 뭇새들은 농춘 화답[62]에 짝을 지어 쌍거 쌍래[63] 날아든다. 말 잘 하는 앵무새, 츰 잘 추는 흰두루미, 숫땅이[64] 쑥꾹, 앵매기[65] 푸루루, 대천의 비우 소루[66] 남풍 좇아 떨쳐나니 구만 장천의 대붕새. 문와이나 계시니 기산 종양이 봉황새[67], 무한 기우[68] 깊은 회포 울고 남은 공작새, 소산 절벽 월우러야에 알려 장명 백학이[69], 글자를 뉘 전하리 가인 상사[70] 기러기, 생증장액 수고란[71] 어여뿔사 채란새[72], 약수 삼천리 먼먼 길 서왕모의 청조새[73], 위고 가인 수기서 소식 저넌 앵

60) 산고곡심무인처(山高谷深無人處, 산 높고 골 깊고 사람 없는 곳)

61) 울림비조(鬱林飛鳥, 울창한 숲에서 나르는 여러 새들)

62) 농춘화답(弄春和答, 봄을 희롱하며 서로 우는)

63) 쌍거쌍래(雙去雙來, 쌍으로 오고 가는)

64) 소쩍새.

65) 앵매기, 제비와 비슷하게 생긴 칼새과의 조류로 제비와 마찬가지로 인가(人家)에 둥지를 튼다.

66) 대천(大川)에 비우(飛羽) 소루기, 큰 시내 위로 나는 솔개.

67) 기산의 아침 햇살에 봉황새. 봉황은 나라에 성인(聖人)이 날 때 운다고 한다. 즉 문왕을 찬양하는 말.

68) 무한기우(無限忌憂, 근심 걱정이 많음).

69) 소선적벽시월야(蘇仙赤壁十月夜) 알연장명백학(戞然長鳴白鶴) - 소동파의 「후적벽부」에 10월에 손님이 와 같이 풍류를 즐기는 대목이 나오는데, 이때 학을 묘사하기를 알연장명(戞然長鳴, 끼룩끼룩 길게 소리내며 운다)이라 했다.

70) 가인상사(佳人想思), 사랑하는 사람을 그리워 함.

71) 생증장액수고란(生憎帳額繡孤鸞) - 당나라 시인 노조린(盧照鄰)의 「장안고의(長安古意)」에 나오는 구절이다. 휘장 안 액자에 방울새 한 마리 수놓은 것을 싫어하고라는 뜻으로 외로움이 싫다는 의미이다.

72) 채란(彩鸞)새, 봉황과 같은 상상 속의 새.

73) 약수삼천(弱水三千) 먼먼 길 서왕모(西王母)의 청조(青鳥) 새, 약수삼천은 서왕모가 사는 곳의 시내이고 청조새는 서왕모의 소식을 전하는 파랑새.

무새, 성성 제혈 염화지 귀촉도[74] 불여귀요 서몽을 놀라 깨니 막교자성에 괴꼬리[75], 만경 창파 녹수상에 원불 사리 원앙새[76], 동정 돌아들어 광명 우지 황새[77], 비입심상 백성가 왕사당전[78] 비양류 담당풍[79]에 두둥 뜨는 중경이[80] 낙하는 여고목 제비하고 추수 공장에 따오기[81], 팔월 분풍에 높이 떠 백리 추호 보라매[82], 금차[83] 하민수감회 연비 여천 소리개. 쌍비 총구 안에 쌍거 쌍래 비둘기, 춘산 무반 독상구 벌목정정 떼저구리[84], 어사부중 밤이 들어 울고 사는 갈가마귀, 정위 문전에 깃들었다.

---

74) 성성제혈(聲聲啼血) 염화지(染花枝)의 귀촉도(歸蜀道) 불여귀(不如歸), 진달래꽃에 피를 쏟으며 우는 두견새. 두견새는 소쩍새, 불여귀, 귀촉도 등의 여러 이름으로 불린다. 봄에 진달래꽃이 필 때 우는 소리가 너무 슬프게 들려 마치 두견새가 피를 쏟아 진달래가 붉게 물들었다는 설화에서 나오는 말이다.

75) 요서몽(遼西夢)을 놀래 깬다 막교지상(莫敎枝上)의 꾀꼬리, 당나라 시인 개가운(蓋嘉運)의 시 「이주원(伊州怨)」에 나오는 내용으로 가지 위에서 새가 울게 하지 말라는 뜻으로, 꾀꼬리가 울어 잠이 깨면 그리운 님이 있는 요서에 갈 수 없다는 내용이다.

76) 범범창파(泛泛蒼波) 녹수상(綠水上)에 원불상리(願不相離) 원앙새, 파도가 심한 푸른 물 위에 떠서도 짝과 헤어지지 않으려는 원앙새.

77) 주공동정(周公東征) 돌아든다 관명우질(觀鳴于垤) 황새, 주나라 주공(周公, 문왕의 아들)이 동쪽으로 난리를 정벌하러 갔을 때 둑에서 울었다던 황새로 『시경』에 등장한다.

78) 비입심상(飛入尋常)의 백성가(百姓家) 왕사당전(王謝堂前) 저 제비, 백성들의 집에도 날아드는 왕사당전의 저 제비, 당나라 시인 유우석(劉禹錫)의 「오의항(烏衣巷)」에 나오는 구절이다.

79) 양류지당담풍(楊柳池塘淡風)허니, 버드나무 물가에 맑은 바람 부니

80) 징경이, 물수리를 뜻함.

81) 낙하고목(落霞枯木)이 다 썩어 난다 추수장천(秋水長天)의 따오기, 노을이 지는데 고목이 썩어지고 가을 물가 높은 하늘에 나는 따오기라는 의미. 당나라 시인 왕발(王勃)의 「등왕각서(滕王閣序)」에 나오는 구절을 변형시킨 것이다.

82) 팔월변풍(八月變風)에 높이 떠 백리추호(百里秋毫) 보라매 - 팔월의 변화가 심한 바람에 잠깐 사이에 백리를 가는 보라매.

83) 금자(今者), 요즈음.

84) 춘산(春山)은 무반독상구(無伴獨相求) 벌목정정(伐木丁丁)의 딱따구리, 봄 산 동행도 없이 홀로 그대를 찾노라니 나무하는 소리 쩡쩡하더니, 두보의 「제장씨은거이수(題張氏隱居二首)」의 첫 구절

작지 강강에 까치[85], 만전 소우 몽강남은 한가하다 해오리. 우후 청강 말은 흥 묻는데 저 갈매기, 추래 견월 다 귀사하니 열고 노으니 두루미, 산림 비조 뭇새들은 농춘화답 짝을지 쌍거 쌍래 날아든다. 공기 적동 공기뚜루룩 감에 감실 날아든다. 야월 공산 깊은 밤에 저 두견이 슬피 운다. 오색 책의를 떨쳐 입고 아홉 아들 열두 딸을 좌우로 거느리고 상평전 하평전으로 아주 펄펄 날아든다. 장끼 까투리가 울음운다. 저 무슨 새가 울음 우는고. 저 빼꾸기가 울음운다. 꽃 피어서 만발하고 잎피어서 우거진데 청계변으로 날아든다. 이 산으로 가도 뻑꾹 저 산으로 가도 뻑꾹 뻑뻑꾹 죄우로 날아 울음 운다. 저 무슨 새가 우는고, 야월 공산 저문 날에 제 두견이 울음운다. 저 꾀꾀리 울음 운다. 황금 갑옷 떨쳐입고 양유 청청 버드나무 제 이름을 제가 불러 이리러 가며 꾀꼴 저리로 가며 꾀꼴 머리 고이 빗고 시집가고 지고, 저 할미새 날아든다. 무곡통 한 섬에 칠푼 오리해도 오리가 없어 못 팔아 먹은 저 급살맞을 할미새, 경술년 대풍 시절에 한 냥에 열두 말씩 해도 굶어 죽게 된 할미새, 이리고 가며 팽당그르르 저리로 가며 팽당그르르 가가감실 날아든다. 저 머슴새 날아든다. 초경 야경 삼사오경에 사람의 간장을 녹이려고 이리로 가며 북북 저리로 가며 북북 이리로 한참 날아든다. 저 비둘기 날아든다. 부른 콩 한 주먹 덤뻑 쥐어 좌르르르 헐어 주니 숫비둘기 거동

85) 정위문전(廷尉門前)에 깃들어 작지강강(鵲之彊彊) 까치, 정위문 앞에 깃든 가치는 서로 짝지어 논다는 뜻이다.

봐라, 부른 콩 하나를 입에다 물고 주홍 같은 서를 내어[86] 암비둘기를 품에 안고 꿈벅 꾸르르르 광풍을 못이겨 너울너울 춤만 춤단다. 노류장화[87] 좋은 놈 한 가지 꺾어 들고 청풍명월[88]로 놀아보세[89])

배 우 씨　얼씨구 좋지!

줄 광 대　이 중이 이렇게 소리만 할 것이 아니라, 멋이 잔뜩 든 중인지라 여기서 팔 선녀를 희롱하는데, 앉은 자리에서 팔 선녀를 한번 불러 보는 것이렷다. 염불타령 떡궁 쳐 놓고 불러를 보는데 (부채를 펴들고 먼 데 사람 부르는 시늉) 이렇게 팔 선녀를 호려가지고 춤을 추는데 이렇게 업고 안고 추겄다.(앞 뒤로 업고 안은 흉내)

배 우 씨　야, 이놈 앉거라!

줄 광 대　(줄에 앉으며) 어허 힘들다. 그건 그렇다 치고, 이 동네 양반이 어찌 강짜가 심한지 암캉아지 뒤에 숫캉아지만 따라도 강짜를 놓는 판이라(배우씨 쫓아나와 줄광대를 잡으려 하면 줄 위에서 도망다닌다)

배 우 씨　이 중놈아 게 섰거라.(줄광대 잡힌 시늉울 하고 줄에 앉으면 배우씨는 제자리로 돌아간다)(이때부터 줄광대가 1인 2역을 한다)

줄 광 대　얘 이놈 꼼짝 마라.

놓으시오　왜 이러시오

86) 주홍(朱紅)빛 혀를 내어라는 의미로, 서는 혀(舌)의 방언.

87) 노류장화(路柳墻花), 아무나 쉽게 꺾을 수 있는 길가의 버들과 담 밑의 꽃이라는 뜻으로 창녀나 기생을 이르는 말.

88) 청풍명월(淸風明月), 맑은 바람과 밝은 달.

89) 이동안의〈새타령〉은 잡가〈유산가〉와 합쳐져서 연행되는데, 이러한 방식은 필사본 춘향전 ≪남원고사≫등에 나오는 산천경계풀이의 가창 방식과 유사하다.

이놈 똥구멍 좀 맞추자.

냄새납니다.

(이렇게 쫓기며 잡으려는 시늉을 1인 2역으로 하다가 도망치다 못해 잡혔다는 듯이 한 곳에 주저 앉아서)

줄 광 대 어휴 중이 잡혀 생각을 하니 이래도 경을 치고 저래도 경을 치게 생겼으니 양반 보고 욕이나 한판 치고 볼 참이렸다. 애퇴!애퇴!

(창)이 중 근본 들어 보오. 객사첩첩 야삼경[90]에 아닌 밤중 아니옵고 두폐 불족 듣던 중 희희창파 우락중, 장안 탄탄대로상에 거리 노중이 아니옵고 어두침침 야삼경에 각시님을 데리고 거드럭 거리며 농탕치며[91] 생원님 같은 종자중이 열씩 스물씩 풍풍나오.(재담으로) 네 이놈 듣거라, 중님이라 하는 것이 절간에 올라 염불 공부나 하고 부처님을 위하라는 중놈이지 속가에 내려와서 계집 데리고 거들거리며 농탕치는 것이 중놈이냐, 네 이놈 엎드려라!(배우씨가 앞으로 나서면 줄광대는 줄에 엎드린다)

배 우 씨 얘 이놈 볼기를 맞아라.(긴 막대기로 볼기를 친다)

줄 광 대 아이고 애고 날 살려라.(줄 위를 이리저리 기어 내뺀다)

배 우 씨 이놈! 이놈!

애고 애고.(뒷걸음치며 도망을 한다)(따라가면서)얘, 이놈 가면 어디로 간단 말이냐.

줄 광 대 에라 하는 수 없다.(넘어지는 시늉을 하며 잡힌다)

---

90) 야삼경(夜三更), 하룻밤을 오경(五更)으로 나눈 셋째 부분으로 밤 열한 시에서 새벽 한 시 사이이다.

91) 농탕(弄蕩)치다, 남녀가 음탕한 소리와 난잡한 행동으로 놀아 대는 짓.

배 우 씨 이놈 거꾸로 매달려라.

줄 광 대 (양 팔의 장삼을 휘휘 감으며) 예에이! 생원님 보시오! (한팔씩 내밀며) 요것은 개좆침이요, 요것은 쇠좆침이요!

배 우 씨 옛기 이놈 무슨 좆말이냐 냉큼 매달려라.

줄 광 대 알겠오 알겠오.(대롱대롱 거꾸로 매달린다)

배 우 씨 이놈 맛 좀 봐라.(귀를 뚫는 시늉, 콧구멍에 물을 붓는 시늉을 한다) 이만하면 알겠느냐, 냉큼 올라가거라. 이놈 다시 지랄초풍을 쳤다가는 중벌을 내리리라!

줄 광 대 (올라서며) 이레 능지처참[92]을 당하고 신세자탄 울음을 우는데(창 · 진양조)아이고 아이고 내 신세야. 어떤 사람 팔자 좋아 고대광실[93] 높은 집에 부귀 영화로 잘 살건만 이놈 팔자 어이하여 중노릇이 웬말이냐. 열다섯에 절에 올라 머리 삭발하여 놓고 밤이면은 염불 공부 낮이면은 재미사주, 속사라고 내려오면 상인 보면 인사하고 중인 보고 반배하고 부인 보면 외면하고 까딱 잘못하면 양반들이 잡아다가 머리 위에 대테메고 나무 송곳 귀뚫기와 중한 벌을 당하오니 이 중노릇 못 하겠네. 아이구 아이구 내 신세야 아구 답답 내 팔자야 이를 장차 어이하리.(재담으로) 신세자탄 울음을 울고 나서 중노릇을 파헤친다.[94] 장삼을 벗는데,(창)벗는다 벗는다 벗는다

92) 능지처참(陵遲處斬), 대역죄를 범한 자에게 과하던 극형. 죄인을 죽인 뒤 시신의 머리, 몸, 팔, 다리를 토막 쳐서 각지에 돌려 보이는 극형이다.

93) 고대광실(高臺廣室), 고래등 같이 넓은 기와집으로 높고 넓은 집을 이르는 말. 이는 일반 서민으로서는 엄두도 내지 못할 만큼 크고 화려한 집을 의미함.

94) 줄재담에서는 가산오광대 제5과장의 〈중신세타령〉을 차용하여, 문맥에 맞게 일부 내용을 개작하여 중신세타령을 표현하고 있다.

벗는다 장삼을 다 벗는다. 이리 둘러 이리 벗고 저리 둘러 저리 벗고 술 취한 사람 망건 벗듯 먼길 한사람 감발[95] 벗듯 이리 둘러 이리 벗고 저리 둘러 저리 벗고 장삼을 벗어 들고 이 장삼을 엇다 써, 이리 보아도 쓸데가 없고 저리 보아도 쓸 데 없네.(재담으로) 옳다, 저 속사에 내려가서 장가들어서 우리 마누라 너른 속옷 해 주겄다. 아서라 부처님 위해 쓰든 것을 그렇해서 쓰겠느냐, 이놈 잘라 이래 대고 저놈 자라 저리 대고 아들 낳으면 포대기 해 주자, 고깔을 다 벗는다. 고깔을 벗어들고 이 고깔을 얻다 써, 갓걸이 복판을 만들까. 그도 작아서 못 쓰겄다. 돈 삼태기를 만들까 그것도 작아서 못 쓰겄네. 재삼태기를 만들까 너무 작아서 못 쓰겄다. 옳다 요건 쓸 데가 있다. 요쪽은 요리 접고 요쪽은 요렇게 접고 한가운데 딱 접어서 한 달에 한 번씩 사나운 말자갈 멕이듯 계집년 사타굼지[96]에 밧짝 채워 버리자. 아서라 부처님 위해서 쓰던 것을 그렇해서 쓰겄느냐. 이담에 시골가서 집 사 가지고 산 사 가지고 밤 동산 만들어 고나 만들어 쓰고 이놈 밤 따지 마라. 호령이 십상 좋다. 이 띠는 우리 아들 돌띠 해 주고. 중노릇을 파헤치고 나니 옥골선풍[97]일런 것이렸다. 왈자[98]가 모여드는데 이리 뫼어 들겄다.

(창) 왈자가 모아든다 왈자 대자 우자 선자 기자에 기자

---

95) 버선이나 양말 대신 발에 감는 좁고 긴 무명천.

96) 사타구니의 방언으로 샅(두 다리의 사이)을 낮잡아 이르는 말.

97) 옥골선풍(玉骨仙風), 살빛이 희고 고결하여 신선과 같은 풍채.

98) 말과 행동이 거친 화류계 사내를 이르는 말.

선자 대전 별감에 무하 별감 정원 사령에 춘방 사령 금분 아쟁이 내각 사령, 부잣집 외아들에 과부집 사랑 사위 동삼점 안귀남이 안동상점 이팔선이 잘나고도 못난 놈 잘난 놈 잘나고도 우스운 놈 우습고도 기막힌 놈 기막히고도 겁나는 놈 겁나고도 괜기찮 놈.

(재담으로)이렇게 왈자가 뫼들 제, 걸음걸이가 다 다르겄다. 옛날에는 양반이 노론 소론 남인 북인이 다 다르겄다. 점잖은 양반이 들어오는데 줄통을 쑥 빼고 점잖게 느린 허튼 타령으로 들어오겄다. 자아 이런 양반이 점잖게 들어오는데(흉내를 내고) 요담에는 요담에는 누가 들어오는가 하니 안쫑다리[99]가 하나 들어오겄다.(흉내를 내고) 요담에는 누가 들어오는가 하면 엿장사가 들어오는데 두 내외가 들어오겄다. 둘 다 다리를 절든가 보다 내밀거니 드리밀리니 자욱이 꼭 맞겄다. 계집은 앞에 서서 디리 밀고 남자는 뒤에서 내밀겄다. 이건 타령을 좀 바삐 치겄다. 배우씨!

배 우 씨　좋지! (빠른 장단을 친다)

줄 광 대　아이고 힘든다. 이런데 남자들 흉내만 내 드리고 여자들 흉내를 안 내주면 구경하고 댁으로 가셔서 무단히 욕만 하실 것이지, 아 그런 망할 자식 같으니 여자는 사람이 아닌가. 남정네 흉내만 내고 여자들 흉내는 하나도 안 내여. 이런 욕을 안 먹으려고 흉내를 냅니다. 때는 오뉴월에 모시 초마[100]에 풀을 빳빳하게 멕여서 입고 앉았

99) 안짱다리, 두 발끝이 안쪽으로 휜 다리.
100) 치마의 방언, 허리부터 다리 부분까지 하나로 이어져 가랑이가 없는 아래옷.

다 일어나면 이 엉덩이 위에까지 초마가 쫓아 올라오겠다. 얌전한 부인은 초마를 살살 쓰담어서 요렇게 싹 여며서 감춰서 붙잡겠다. 배우씨 떡꿍 쳐 놓고 건너가겠다.

배 우 씨 좋지!

줄 광 대 (흉내를 내며 건너가서) 얌전한 부인은 요렇게 댕기시는데, 시방 세상은 남자가 저 수레를 끌고 나가서 하루 오백원 이나 천원을 벌어다 주면 젊은 마누라는 쌀을 사고 반찬을 사서 따뜻하게 해서 남편 공양을 하는게 아니라, 아니 여보 해도 다 가고 어두우니 언제 밥을 하겠소 막걸리나 좀 사다 먹고 잡시다. 남자는 계집말 거역을 못하고 그래도 좋다. 막걸리 서너 되 받아다가 영감은 한 되 먹고 마누라는 두 되 먹겠다. 그런 부인은 신작로 복판에 나서면 대단히 부지런하지요. 제 집에서는 낮잠만 한 종일 자면서도 신작로 복판에 나서면 갈통스레 내빼는데 궁둥십분 용서 안 하고 꺼진 횃불 내두르듯 하는데 장단을 당악으로 바짝 몰아 놓고 내두르겠다. (흉내를 내고) 요 다음은 누가 들어오는가 하니 멋든 할량[101]이 늦인 굿거리를 쳐 놓고 저정거리고 들어오겠다. 배우씨 꿍!

배 우 씨 좋지!

줄 광 대 이번에는 잔뜩 멋이 든 여자가 들어오는대 살풀이를 쳐 놓고 삽뿐삽뿐 꿍!

배 우 씨 얼씨구!

줄 광 대 이렇게 걸음거리 흉내만 낼 것이 아니라 앉아서 한 판

---

101) 한량(閑良), 일정한 직무가 없이 놀고먹던 말단 양반 계층.

놀겠다. 여보시오 젊은 양반들 들어 보시오 시방은 학교에 가서 글을 배워 오면 교훈 받은 자손은 무르팍을 정성스럽게 꿇고 앉았습니다. 서당에 공부를 하고 와 아버지께 인사하고 요렇게(앉는 시늉)무릎 꿇고 앉습니다. (불편해서 떨어지는 시늉) 아이쿠 아이쿠 힘들구나 문벌 자손은 이렇게 앉지만 함부로 막된 후레자식들은 앉임을 앉아도 책상다리를 하고 앉겄다. (책상다리가 튕겨지며 밥상을 차는 시늉) 에잇 경쳐라! 부인네가 많이 왕림하셨는데 부인네 흉내를 아니 낼 수 있겠느냐. 얌전한 부인네 앉임새부터 다르겄다.(흉내 내고) 벌써 말씨부터 얌전해졌지요, 얌전한 부인은 앞에 무릎을 요렇게 세우고 초마 앞자락을 쫙 끌어다가 꼭 쥐고 시치미를 똑 떼고 앉았지요. 해해 아이고 망칙해라 이이를 어떻게 하면 좋아.(여자의 교태를 낸다) 아니 그런데 얌전한 부인네 앉는 흉내냈다고 저기 저 구경 오신 할머니가 역정을 내시네, 해해해(다시 여자의 교태를 부리고) 아이고 망칙해라.(하면서 콧구멍 후비는 흉내)양중엔 별 지랄을 다하네, 그런데 이것뿐만 아닙니다. 시방 시절에는 이발관에 나서 남녀간에 가서 면도도 하고 화장을 하지만 옛날 고풍 시절에는 실을 비벼서 이마를 밀었습니다 이 이마 미는 흉내를 내는 데 무슨 장단이 들어갈 필요가 있겠습니까만은 제가 이마 미는 흉내를 내는 데는 장단이 안들어가면 안 됩니다. 당악으로 바짝 몰아 놓고 이마를 밀겄다. 엄지 발가락에 실을 감아 놓고 흉내를 내는데 배우씨 궁! 장단 좀 맞추겄다.

배 우 씨 좋지!

줄 광 대　이마를 밀어 놓고 이번에는 족집게질을 하는데 저는 족집게를 아니 가지고 왔습니다. 요거(엄지와 검지를 붙였다 폈다 하며) 예순 아홉 살 먹은 족집게 올시다. 먼저 잔털부터 뽑는데, 배우씨 꿍!

배 우 씨　얼씨구!

줄 광 대　이레 뽑아 놓고 이번에는 분을 바르는데 얌전한 부인네는 분을 쬐끔 찍어 손바닥에다 놓고 새끼손가락에 물을 꼭 찍어서 똑 떨어뜨려 가지고 꼭 요렇게 개겄다.(손바닥에 분 개는 시늉)허허 나중에 급하면 다섯 손가락 다 물을 찍어가지고(마구 개는 시늉)허허 그런데 이 분 바르고 화장하는 법이 다 다르거든, 어떤 부인은 목 위에서부터 하얗게 칠하는 분이 있고, 또 어떤 부인은 코 쟁댕이부터 내뚜따리것다.(흉내)이건 그래도 얌전한 부인네 화장하는 법이지만 어떤 부인은 화장한단 말만 듣고 이웃집 김도령 장에 가는 참에 남몰래 분 한갑 사다 줘했는데 이 미친 놈이 잘 뵐랴고, 이마를 뽑아도 오뉴월에 잔디 뽑덧 한다. 어찌 뜯어 놨던지 육칠월에 새새끼 배때기 까지덧 홀딱 까졌다. 배우씨 그럴 리가 있겠는가. 이건 잠시 재담이렷다.

배 우 씨　얼씨구!

줄 광 대　이 부인네 먼저 큰 양푼을 들여다 놓고 분을 다 쏟아 놓고 흰떡 반죽하듯 반죽을 하겄다. (흉내) 반죽을 해 가지고 분을 바르는데 꼭 낡은 집 왕토치듯 하겄다. (벽을 치는 흉내를 낸다) 화장을 이레 한참하고 한숨 자고 일어나면 보얗게 핀단 말은 듣고 잠을 한숨 자겄다.(잠자는 시늉) 허허 자고 일어났는데 얼굴을 들 수가 없구나,

어찌 처발라 놨던지 눈도 분속에 묻치고 거기다 벗쩍 말라서 눈구멍이 없어졌지, 어찌 하나. 눈 구멍을 새로 내는데 대장간에 가서 송곳을 빌려다가 눈을 뚫는다.(눈 뚫는 흉내를 낸다) 이만 해두고 줄을 한번 다시 타는데, 배우씨 꿍!

배 우 씨 얼씨구 좋지! 이런 재담은 저만치 밀어 놓고 줄 위에 재주를 한판 벌이는데 장히 어려운 재주렷다. 이건 뭔고 하니 닭이 홰타기렸다.[102] 배우씨 쿵!

배 우 씨 얼씨구!

줄 광 대 이렇기 닭의 홰타기를 한참하니 닭기똥이 나올려 하는구나. 배우씨 이 똥 받아라.

배 우 씨 예끼놈

줄 광 대 이번에는 무엇으로 나가느냐 하면 모말 굴림이렷다. 꿍!

배 우 씨 좋지!

줄 광 대 모말을 부지런히 되어도 쌀 한톨이 없구나. 그러면 칠보 보습빼기로 넘어가는데 정신 바짝 차려서 꿍!

배 우 씨 어 좋다!

줄 광 대 이번에는 무엇인고 하면 장히 어려운 재주렷다. 정신 바짝 차려 놓고 공중틀기를 하는데 배우씨 꿍!

배 우 씨 좋지!

줄 광 대 아이구 힘들다. 젖먹은 힘까지 쏙 빠졌다. 이놈 네가 좀 올라오너라, 난 내려 가야겠다.

배 우 씨 이놈아 선 자리가 틀린다.

배 우 씨 이놈 아랫도리나 핥을 놈 같으니. 그러면 다시 장단 넣

---

102) 새장이나 닭장 속에 새나 닭이 올라앉게 가로질러 놓은 나무 막대에 타기.

고, 쌍홍잽이 틀기로 가는데, 배우씨 꿍!

배 우 씨　허 그놈 곰의 재주다.

줄 광 대　얼씨구. 이제는 마지막 살판이 남았으렷다. 아차하는 날이면 개똥에 호박 떨어지는 형국인데 잘하면 살판이요. 못하면 죽을 판이렷다. 생사를 결단하고 이놈이 한 번 넘어 보는데, 넘어 보는데, 넘어 보는데 ……

배 우 씨　이 놈아 넘기는 뭘 넘어!

줄 광 대　넘어 보는데, 넘어 보는데(넘을 듯, 넘을 듯 ……)

배 우 씨　이 놈아 재주가 다 했구나. 모가지 부러지기 전에 냉큼 내려오렸다. 여기 아래 계신 손님네 다치실까 무섭다.

줄 광 대　사내 대장부가 한번 내친 발을 도루 물릴 수 있겠느냐, 한번 죽지 두 번 죽나, 넘어가는데 장히 어렵겄다. 자 아래 계신 손님네요, 이 녀석이 아래로 뚝 떨어지는 날이면 큰 코 깨집니다. 자 자리를 좀 비키십시오.(배우씨가 줄 아래로 나와 구경꾼들을 뒤로 물린다)

배 우 씨　얼씨구!(줄 위에서 껑충껑충 뛰다가 공중에서 한 바퀴 돌고 줄 위에 선다)

줄 광 대　죽을 판이 살 판 되었습니다. 구경하시고 댁으로 돌아가셔서도 내내 만수무강 하심을 빕니다.

배 우 씨　당기당기 당닥궁!(줄 위에서 급히 왔다갔다 하다가 내려와 인사하고 끝난다)

- 〈이동안본〉은 심우성이 이동안의 구술을 채록해서 1974년 『창작과 비평』 33호에 발표했고, 『한국의 민속극』(창작과 비평사, 1975)과 『마당굿 연희본 Ⅰ』(깊은샘, 1988)에 재수록했다.

이동안(李東安, 1906-1995)은 화성(華城) 재인청(才人廳)출신으로

줄광대 이정업과 이종 6촌 간이며 재인청의 여러 연희 종목에 능했고 줄타기 기예와 재담에도 뛰어났다. 그의 조부인 이화실(李下實)은 중고제 소리와 굿판에서 피리, 젓대, 해금 등을 연주하던 당대 명인이었고, 작은 할아버지 이창실(李昌實) 역시 줄타기로 내로라하는 광대였으며, 그의 아버지 이재학(李在學. 1872-1946)도 도당굿과 음악과 소리의 명인이었다. 그는 7세부터 할아버지에게 줄타기의 기본기를 배우고 장단과 피리, 젓대, 해금도 배웠다.[103] 14살 되던 해부터, 김관보(金官甫)에게 5촌 되는 이복남, 이돌개, 이생민과 함께 줄타기를 배우고 광무대에서 활동했다. 김영철의 줄타기가 재담과 가요가 약한 도막줄에 그친 데 반해, 이동안은 줄광대와 어릿광대(배우씨)가 재담을 주고받고 가요까지 곁들인 풍부한 판줄 연희본을 남겼다.

화성 재인청에서 기예의 기본기를 익힌 이동안은 서울 무대에 입성하여 광무대 단장 박승필을 찾아가면서 인생의 전기를 맞는다. 이곳에서 이동안은 10년 동안 당대 최고의 명인들에게 다양한 연희 종목들을 섭렵한다. 장점보(張點寶)에게 대금 · 피리 · 해금을, 방태진(方泰鎭)에게 새납(태평소)을, 조진영(趙鎭英)에게 남도잡가를, 박춘재(朴春在)에게 발탈, 경서도 창 등을 사사했다.[104] 광무대 시절 이동안의 스승으로는 단연 김인호(金仁鎬)가 꼽힌다. 경기도 용인 태생의 김인호는 화성 재인청 출신으로 이동안 가계와도 인연이 깊다. 그는 한말 최고의 재인으로 궁중의 어전까지 출입할 정도로 명성이 자자했다. 이동안은 김인호에게 궁중정재를 비롯하여 승무, 검무, 입무, 살풀이춤, 태평무, 진쇠무, 성진무 등을 사사받고 광무대 무대에 출연한다. 광무대에서 명성을 쌓은 이동안은 1927년 무렵 일본순회

103) 정범태, 『경서도명인명창』, 깊은샘, 2005, 72쪽.

104) 『경인일보』 1995년 1월 28일자와 1995년 2월 10일자 이동안과 도기홍의 대담 「나의 삶 나의 길」 참조.

공연을 다녀왔고 중국과 만주, 러시아 국경지대까지 진출하며 왕성한 활동을 펼친다. 1930년대 이후에는 조선성악연구회에 가입하여 조몽실, 오수암, 이동백, 김창환, 정정렬, 조진영, 임방울, 한성준 등 당대 최고의 명인들과 함께 전국 순회 공연을 했다. 이동안의 춤은 근대 전통무악의 거장 한성준과 인연 맺으며 한층 발전하게 된다. 1938년에는 조선음악무용연구회에서 한성준에게 춤을 배우고 진쇠춤, 승전무, 입춤, 승무, 태평무 등을 가르치기도 했다.

1948년에는 대한국악음악무용학원을 설립하고 제자양성에 주력한다. 이 시절 월남한 김백봉 · 김백초 등이 그의 문하를 거쳐 갔다. 전국 여러 지역을 유랑하던 이동안이 서울에 정착한 것은 70년대 중반 무렵이다. 무용학자 정병호의 주선으로 1977년 공간사랑 주최의 명인명무전 무대에 서고 1979년에는 밀양백중놀이의 하보경, 병신춤의 명인 공옥진과 함께 뉴욕 카네기홀에서 공연을 갖는다.

이동안은 1983년 중요무형문화재 제79호 발탈로 무형문화재 보유자가 된다. 이동안이 발탈을 접하게 된 것은 광무대 시절로 당시 재담과 발탈로 명성을 떨치던 박춘재를 만나 발탈을 배운 것이다. 발탈을 처음 배운 때는 스물두 살 전후이고, 공식적으로 첫 발탈 연행을 한 것은 스물네 살 경에 함경도 고무산(古茂山) 극장에서였다. 이렇게 박춘재에서 이동안으로 이어진 발탈은 해방과 한국 전쟁의 혼란 속에서 이전과 같이 활발하게 연행되는 종목이 되지 못한다. 박춘재가 사망하고 유일한 발탈 전승자로 이동안이 남았지만, 발탈을 찾지 않는 상황이 1970년대까지 지속되었다. 1959년 전후에 화성여성연예단의 진주 공연에서 발탈 연행을 한 뒤, 공연이라기보다는 원하는 사람들에게 가끔 보여 주는 정도에 머물렀다. 1970년에 부산 민속회관에서 발탈 공연을 하기도 했지만 지속되지는 못했다.

그러던 중 1972년에 심우성이 마지막 남은 발탈꾼 이동안, 소문난 재담꾼 박해일과 함께 박춘재류 발탈을 복원하게 되었다. 이러한 노력의 결과, 마지막 남은 발탈 연행자로서 이동안이 주목받게 되었다. 아울러 한국문화예술진흥원과 공간사랑 등에서 발표 공연도 이루어지면서 발탈 전승을 위한 활동이 활성화되는 가운데, 중요무형문화재로 지정되게 되었다.

화성 재인청의 맥을 잇는 이동안의 춤은 다양한 부류의 무용가들에 의해 전수되었다. 이동안에게는 운학(雲鶴)이라는 호 이외에도 조선의 마지막 광대라는 별칭이 따랐다. 춤을 넘어 전통공연예술의 다양한 장르에 두루 능통했기 때문이다. 이동안은 1995년 별세할 즈음까지 매년 공연무대를 가졌고 김대균 줄타기 공연의 어릿광대로도 참여했다. 실제로 김대균은 기예는 김영철에게서 지도를 받았지만, 재담은 이동안의 영향을 깊이 받았다.

3. 김영철 광대줄타기 연희본

(1) 『줄타기 무형문화재 조사보고서 연희본』 - <김영철본1>

여러분 원근을 불고하시고 할아버지, 할머니, 신사, 숙녀, 학생, 여러분께서 여기에 이 장소까지 이렇게 많이 왕림해 주셔서 대단히 감사합니다. 그런데 다른 사람들은 땅에서 춤도 추고 노래를 불러서 여러분들을 흥겨웁게 했지만 김영철이 저는 줄 우에서 여러가지 재주를 피워 오늘 여기 오신 손님을 위로할 양으로 줄 우에 여기까지는 올라왔습니다만은 이쪽에서 저쪽 작수목까지 건너가야 할 터인데 가슴이 어째 얼떨떨하다.(관객 약간 웃음)

그러하나 배우씨 염불타령 떠쿵 붙여놓고 이쪽에서 저쪽 작수목까지 건너가 보는데 장이 어렵겠다. 쩡쿵(쩡쿵이라 함은 악공을 보고 장고를 쳐라하는 줄꾼에게만 쓰는 대사임)

줄꾼은 바른 손에 부채를 펴 높이 들고 왼팔은 줄을 붙잡을 자세로 겁나는 표정에 눈을 크게 뜨고 허리를 굽히고 한 다리만 내들고 벌벌 떤다.(고의로)

(관객은 줄꾼의 하는 표정을 보고 웃는다)

몇번을 벼르다가 두 다리를 앞으로 내디디다 깜짝 놀라 도로 한 다리를 뒤로 디디며 섰던 작수를 얼른 잡으며 겁을 낸다. (관객웃음)

다시 건너가기를 시작하여 벌벌 떨면서(고의로) 줄 중간쯤 가 서서 옆으로 줄이 막 흔들린다. 이때 위험한 표정을 지으며 겁을 먹은 듯한다.(관객 웃는다)

줄이 안 흔들릴 때 살살 건너가며 작수를 거의 붙잡을 정도, 얼른 빨리 잡고 한숨을 내쉰다. (관객 웃는다)음악도 멈춘다.

줄꾼은 이쪽에서 저쪽을 건너왔대서 힛더운 소리(겁은 났지만 안 난 것처럼 큰 소리로 하는 것)를 친다.

어쨌든지 간에 줄 잘 탄다.(관객 웃는다)

그런데 저기서 여기까지는 여러분의 덕택으로 무사히 건너왔으나 한번 건너오고 그만두는 것도 아니고 또 건너가야 할 텐데 이거 큰 일났네, 또 한번 건너가 보겠다 꿍(음악 염불을 계속한다)

줄꾼은 두번째 벌벌 떨며 간신히 줄 중간쯤에 갔을 때, 줄이 또 옆으로 막 흔들리는데도 계속 걸어가다가 바른 발이 헛디뎠다가 빨리 도로 줄을 딛는다. (관객은 놀랬다가 웃음이 터진다)

다시 간신히 먼저번 작수목으로 되건너온다.[105](음악 멈춘다)

---

105) 뛰어난 줄광대는 일부러 미숙한 기량을 흉내 내어 떨어질 듯 떨어질 듯 하는 데에 여기에 줄타기의 진면목이 나타난다. 줄을 잘 못 타는 흉내를 내는 대목이 용의주도하게 계산된 것이라는 것을 관중들은 바로 눈치 채고 줄광대와 교감

그런데 줄을 앞으로만 걸어다니면 재미도 없으니까 이번에는 뒤로도 건너가 보는데 앞으로는 보는 눈이 있으니까 보고 줄을 딛지만 뒤로는 눈도 코도 없는 발만 믿고 건너가 보는데 이 발이 줄을 잘 디디줘야지 만약 잘못 디뎠다가는 저 아래오 내려가면 일은 일찌감치 다 끝나고 내려 갑니다(관객웃음)

쩡-쿵- (음악 계속함) 천천히 앞으로 건너갔다가 작수목에 가서 서지 않고 뒤로 찬찬히 건너오다가 조심조심 뒤로 발을 딛다가 헛딛는다.(관객은 또다시 깜짝 놀라는 순간)줄꾼은 빨리 도로 발을 올려 줄을 딛는다(관객 크게 웃는다)

계속 뒤로 천천히 건너와 작수에게 와서 선다(음악 멈춤)

이번에는 뒤나 앞이나 같게 걸어보았으나 천천히만 걸을 것이 아니라 장단을 슬쩍 허튼 타령으로 넘겨 놓고서 장단을 맞추어서 발짝을 떼어 보는데 줄 우에서 장단을 꼭꼭 맞춰 발을 떼놓는다. 이번에는 허튼타령이었다. 쩡-쿵- 쩡저쿵-

(악곡이 달라져서 줄 우에서 춤이 나올듯이 곡이 달라지며 장고가락도 달라진다) 타령장단에 맞춰서 부채도 경쾌하게 펴들고 음악장단에 맞쳐서 앞으로 걸어가다가 뒤로도 걸어가며 장단을 꼭꼭 맞추어서 걸어가며 또 앞으로 가면서 춤을 추며 앞뒤로 저정거리며 어깨춤도 추면서 작수목에 가서 선다.(이때 음악 멈춤)

신난다 그런데 무엇이든지 부지런히 해야 보기가 좋고 맛도 다르고 합니다. 이번에는 장단을 바짝 몰아쳐 놓고 부지런히 줄을 걸어보는데 여러분도 부지런히 보십시오(관객 웃는다)(이때 악곡은 당악장단을 가장 빠르게 몰아친다)

(交感)을 하게 된다. 따라서 최고의 줄광대는 줄을 못 타는 흉내를 자연스럽게 할 수 있는 연희자라 할 수 있고, 이것이 바로 고졸(古拙)의 경지이다.

줄꾼은 앞으로 종종 걸음으로 빠르게 건너갔다가 뒤로도 빨리 걸어가다가 중간에서 뒤로 떨어지는 것처럼 털석 두 발을 헛딛는다. (관객이 크게 놀란다) 순간 완전히 두발을 헛디디며 떨어지는 줄로만 알았던 것이 줄을 타고 앉았다가 줄 탄력에 몸이 솟구쳐 줄을 성큼 올라딛고 서며 앞으로 줄달음박질을 쳐 작수목을 붙들고 선다. (관객들은 와 소리를 치고 크게 놀랐다가 줄에서 안 떨어지고 도로 줄 탄력에 솟구쳐 줄을 사뿐 올라딛고 놀랐다는 표정으로 작수만 잡고 있으니까 관객이 박장대소함) (음악멈춤)

깜짝 놀랐네(관객 웃는다)

이렇게도 했겠다. 이번에는 누구든지 다 두발로 줄을 걸어다니지만 김영철이 저는 앵금으로 저기를 건너가 봅니다. 앵금은 한 발로 땅에서도 뛰면 발이 이리 가고 저리 가는데 이 외줄 위에서 거기를 한발로 건너가자면 대단히 어려운 것인데 실수없이 잘 건너가거던 잘 건너간 줄만 아시고 그런 줄만 아십시오(관객 웃는다)

부채를 혈기있게 경쾌히 펴들고 한 다리는 꾸부리고 외발로 껑충껑충 뛰며 조심조심 이 쪽에서 저쪽으로 건너간다.(관객의 환성이 높다)

저기서 여기까지 건너온 것이 여러분은 쉽게 건너온 줄 아시지만 건너온 나는 가슴이 울렁울렁 야단났습니다.(관객 웃음)

그런데 이번에는 외홍채비 풍치기를 하면서 코를 차는데 코도 잘 차야지 만약에 잘못차서 아주 차버리면 코하고 나하고는 작별입니다.

외홍채비 풍차기가 시작되며 코를 차다가 칠보 먼장을 쳐 뛰어나가며 쌍홍채비를 하면서 코는 여전이 차다가 줄 탄력을 내서 줄 우에서 2미터쯤 공중에 몸이 솟는다.

관객은 놀라며 박수갈채를 치고 아우성으로 환영을 할때 공중에서 몸을 써서 방향을 바꾸며 몇 번 2,3회 돌아앉으며 줄 탄력으로

먼저보다 더 한층 높이 치솟아 공중에 떴다가 줄을 사뿐 딛고 선다(관객은 경탄한다)

이때 줄꾼은 작수목에 서서 관객을 향해

지금 줄탄 것만 보셔도 입장료 값은 벌써 빴을 겁니다.(관객은 한바탕 웃는다)

이번에는 어떤 재주를 하는고 하니 옆쌍홍채비인데 그것은 두 다리가 옆으로 앉았다. 줄탄력에 몸이 떠올라서 줄을 디뎠다가 또 옆으로 앉는 것인데 잘 옆으로 앉아야지 잘못 앉아 헛 옆으로 앉아 저-아래로 내려가면 밑에 앉는 손님은 넓적한 떡이 될 것 같습니다.(관객 대소한다)

줄 타는 저는 언제나 주의를 합니다만 손님은 줄 밑에 앉으셨다고 마음은 놓지 마십시오(관객 웃는다)

이건 옆쌍홍채비였다

쩡쿵하고 옆쌍홍채비 풍치기를 하면서

잘못하면 떡 만든다.

큰소리 치며 칠보다래치기를 한다.(관객은 크게 소리쳐 환영박수를 친다)

몸은 높이 떴다가 줄을 사뿐 딛고 선다(관객 환성을 치며 웃는다)

작수목에 가 서서 나도 해볼수록 재미가 난다(관객 웃음)

이번에는 두 발로만 걸을 것이 아니라 두 무릎을 꿇고 앉아서 두 무릎으로 가는 것을 해 보는데 보시는 분도 거북해 보이지만 줄 위에서 하는 저는 더 거북합니다.(관객 웃음)

두 무릎을 꿇고 발 회목발목에 줄을 걸고 두 무릎 황새 두렁넘기를 어색한 표정으로 하다가

이거 다 먹고 살랴고 이 지랄합니다(관객 크게 웃는다)

계속 서너 번 넘어가다가 몸을 솟구쳐 줄 탄력에 선다.

작수목에 서서

이번에는 두 무릎을 꿇어가지고 훑어가는 것을 해보는데 앞의 무릎을 쑥 밀며 뒤의 다리는 여러분이 알듯 모를듯 슬그머니 끌어당긴다. 또 앞의 무릎을 이를 악물고 응 소리치며 밀어 꿇고 뒤의 다리를 슬그머니 끌어당긴다. 이렇게 천천히 하면 재미가 없으니까 장단 바짝 몰아 놓고 빨리 해보겠다 하며 빨리 무릎으로 훑어나가는 재주가 마치 게발 놀리는 것 같아서 관객이 크게 웃는다. 작수목에 섰다가 2, 3보 앞으로 걸어가 줄을 타고 앉으려 걸어가면서

나 혼자 바쁘다(관객 웃는다)

줄 옆으로 걸쳐 앉아서

이렇게 줄 위에서 뛸 것이 아니라 앉는 흉내를 내보는데 부형에게 교훈을 받은 청년은 어른 앞에서 앉힘을 앉되 어떻게 앉는고 하니 한 무릎을 꿇고 한 무릎은 세우고 두 손은 무릎 위에다 슬쩍 얹어 놓고 이렇게도 앉지만 또 더 공손히 앉자면 두 무릎을 다 꿇고 두 손도 여기다 공손히 얹고 이렇게도 앉습니다.

그런데 또 날마다 술이나 먹고 남하고 싸움이나 잘 하고 호로스런 놈은 애나 어른이나 아무앞에서도 두 다리를 쭉 뻗고 앉고 그렇지 않으면 저 잘난 체하느라고 책상다리하고 손가락으로 발가락 새 후비고 앉아 고리환 파내기가 일쑤였다. (관객웃음)

그런데 오늘은 남자분들만 오신 것도 아니고 부인들께서도 많이 오셨는데 남정네들만 흉내를 내고 부인들 흉내를 하나도 안내면 부인들이 속으로 욕하며 섭섭이 생각을 하실 염려가 있어 이번에는 부인들 흉내를 해보겠습니다.

염전한 부인이 앉습니다. 벌써 말부터 얌전합니다. 얌전한 부인은 한 무릎을 세우고 치마자락을 사르르르시 두 손으로 발뿌리까지 잡아 댕겨 발끝까지 치마자락으로 덮어 눌러놓고 한 팔을 무릎에 얹어 손등

으로 턱을 슬쩍 괴는 듯 받치고 아양스런 눈짓을 하면서 온 세상에 나는 그런 일 처음 봤어요. 그런 일이 어데 있어.(관객들 웃는다)

이 부인은 이렇게 앉았지만 또 지금 이 부인네는 금방 아양 부린 것이 눈에 거슬려서 틀어진 속이라 팔꿈치를 무릎에 대고 주먹으로 턱을 받치고 에게게 별꼴 다 보겠다 하며 눈을 흘긴다.

몸짓도 미운 표정으로 찌끗거리며 얼굴이 미운 표정을 하며 왼편으로 튼다.(관객웃음)

그런데 오늘은 할아버지께서 많이 오셨지만 할머니께서 더 많이 오셨는데 할머니 처녀시절에 시집갈 때 이마 위에 머리털을 어떻게 뽑았으며 화장은 어떻게 하셨다는 것을 옛날이 새롭게 오늘 오신 할머니를 위해 옛날에 화장하는 흉내를 내어 보겠습니다.

지금은 화장을 할라면 면도로 얼굴을 막 미르며 솜털까지 깨끗하게 다 되지만 옛날에는 그런 것이 없고 실은 발가락에다 감아가지고 실을 실게 잡고 두 손바닥으로 어깨너머까지 실을 댕겨 꼬아가지고 왼쪽으로 실끝을 잡고 바른 손가락으로 실 중간을 잡아 꺽어 두겹으로 가새형으로 쥐고 이마위의 잔머리를 뽑는데 눈알을 고약하게 뜨며 이마털을 미는 흉내를 낸다. 눈알도 고약하게 뜨지만 입도 이상스럽게 옆으로 틀어가며 털을 뽑는다(관객 크게 웃는다)

이렇게 뽑고 나서 석경을 보니 솜털이 안 뽑혔지, 족집게를 가지고 온 것은 없고 손가락이 대용 족집게라 하고 이렇게 뽑는데 장단 바짝 몰아 놓고 뽑겠다(관객들 웃는다) 우스운 표정이 된다.

이마의 털을 뽑고 세수를 깨끗이 한 후에 분을 바르는데 지금은 크림만 바르고 분첩질만 하면 되지만 옛날에는 그런 분도 없고 쟁분이라는게 있습니다.

쟁분을 조금 떠서 손바닥에다 놓고 물을 손가락으로 찍어 달아올려 분을 개서 바르는데 분을 올리는 것도 부인들 성질에 따라 다 각각이었다.

어떤 부인은 새끼 손가락으로 물을 얌전스럽게 요렇게 달아올리고 또 어떤 부인은 두 손가락으로 분물을 찍어 올리고 성질이 무척 급한 아주먼네는 다섯손가락을 다 집어 넣어서 물을 움켜서 올리는 부인도 있겠다.

그런데 분을 바르는데도 성질이 각각이라 어떤 부인은 목에서부터 분을 바르지만 지금 분을 바르는 부인은 코에서부터 분을 바르는데 김영철이 분바르는 것 하고 똑같이 바르는데 장단 바짝 몰아쳐 놓고 분을 바르는데 이렇게 바르겠다.

줄꾼, 얼굴과 눈 입을 우습게 뜨며 분을 바르는데 관객은 줄꾼의 얼굴표정에 크게 웃는다. 이 아주먼네는 이렇게 분을 발라 화장을 했지만 저-산속 골짜구니에 사시는 아주먼네가 줄 놀음이 있다는 말을 듣고 줄타는 구경을 가볼랴고 몸단장을 할랴는데 분이 없지 이웃네 박홀애비가 장에 간단 말을 듣고 분 30갑을 사달라고 돈을 줬더니 그 박홀애비는 무슨 꿍꿍이 속이 들었던지 외에 분 50갑을 더 사다 주었드래요, 아-분이 80갑이 됐지 아- 분이라는 건 조-금 떼어서 물 조금 섞어 개어서 바르는 줄을 모르고 한번 산 분을 한번에 다-바르는 줄만 알고 분 80갑을 함지박에다 쏟아 놓고 밀가루 반죽하듯이 반죽을 하는데 쟁분이라 울툭불툭하니 반죽이 잘 안되니까 꾀 많은 체하고 절구에다 폭삭 쏟아 놓고 절구괘이로 메주방아 찧듯 한참 찧으니까 노골노골하니 잘 찌어졌겠다.

좋은 속(기분이 좋다는 뜻) 나가지고 분을 바르는데 낡은 집 왕토하듯 부뜨락 맥질하듯 그저 막 바르는 줄만 알고 주먹덩이 만하게 뭉쳐 가지고 얼굴 어디가 됐든 그저 뭉텡이를 얼굴에 탁 쳐 바르고 또 한덩어리 얼굴에 탁 붙이고 여러 덩어리를 얼굴에 붙여 놓으니 그놈의 은진미륵106) 얼굴만해졌겠다.

화장을 했대서 석경을 볼랴니 앞이 보여야지 조에 꾀는 있어서 하하 분을 너무 발랐구나 싶어서 두 손가락으로 양 눈 있는 데를 손가락으로 뚫고 내다보니 먼데 있는 사람도 가까이 보이고 가까이 있는 사람도 가까이 보이니 아마 그때에 만리경이 생긴 것 같습니다.

이럴 리가 있겠습니까만은 오늘 오신 여러분이 웃으시는 그간 건강하시라는 김영철이네 잠시 재담이고.

이번에는 무얼 하는고 하니 옛날 양반 노론 소론이라는 양반이 있었는데 노론이라는 양반 걸음을 한번 걸어보는데 부채를 앞으로 뻗쳐 펴 든 채 걸음을 걸어 보는데 노론 양반은 이렇게 걸어 오겠다.

으험, 눈을 부릅뜨고 기세가 당당하니 왼손은 허리에 얹고 갈지자로 걷는다.(관객웃음)

그런데 이렇게 걸었지만은 이번에 아낙네 걸음을 한번 걸어 보는데 아낙네들은 여름에 모시치마에다 풀을 너무 많이 먹여서 앉다가 일어나면 치마 뒤가 벌렁 올라붙겠다. 얌전한 부인은 치마 뒤가 올라왔든 안올라왔든 치마 뒤를 두 손으로 몇번 쓰다듬어 내리고 치맛자락을 한쪽으로 싹-여며 한손으로 치마자락을 잡고 얌전스럽게 건는데 이렇게 건겠다.(걷는 표정에 관객 웃음)

또 이번에는 수다스럽고 게부지런하고 밤에는 무슨 짓을 했는지 나는 모르겠지만 낮잠만 디립다 자는 부인이 있지요 왜 다 잘 아실 겁니다.(관객 웃는다)

그런 부인은 걸음을 걷는데 호마궁뎅이만한 궁뎅이를 조금도 용

---

106) 은진 미륵은 국내 최대의 석조 보살상으로 충남 논산 관촉사(灌燭寺) 석조미륵보살입상(石造彌勒菩薩立像)를 의미한다. 보살상은 전체적으로 얼굴은 넙적하고 눈이 크며 두터운 입술을 꾹 다물고 있어 괴상한 느낌을 준다. 크고 뭉툭한 손에는 연화가지를 들었고 보살 옷은 양 어깨를 가린 불상 대의(大衣)의 통견식(通肩式)으로 입고, 옷 주름이 커다란 U자형으로 선각되어 있으며 발밑에는 연화대좌가 있다.

서없이 내두르며 냅다 걸어가는데 김영철이 줄꼭대기서 궁뎅이 내두르는 것과 똑같이 내 흔들며 달아나는 데 야단스럽게 건너간다.(관객 표정 걸음에 크게 웃음)

이 부인이 길 걸을 때 궁뎅이를 내둘렀으니까 아무 사고도 없지만 만약에 요위에서 궁뎅이를 그렇게 몹시 내둘렀으면 누구 하나 죽든 살든 무슨 일이 났을 겁니다.

줄꾼 작수목에 서서

지금 제가 한 말은 여러분과 같이 웃자고 한 김영철이의 재담이고

제가 고전 줄타기로 여러분을 잠시나마 위로했습니다만 우리 일행이 여기서 여러날 여러분을 모시게 됐으니 널리 널리 선전하셔서 많이 왕림하여 주시기를 바랍니다.

만약에 여러분이 바빠서 못오시겠으면 저-기 저 앞에 표 파는 데 오셔서 돈만 내놓고 그냥 가셔도 괜찮습니다.(관객 크게 웃음)

제가 이번에 귀지에 와서 여러분에게 많은 사랑을 받고 며칠 후엔 다른 데로 갑니다. 뵙지 못하는 그 사이라도 고령에 계신 분께서는 만수무강하시고 젊은 분들은 사업에 성공하시어 김영철이가 또 이 고장을 찾어 올는지는 모르겠으나, 일후에 한번 더 올 때는 이번에 사랑해 주시던 마음 변치 마십시오.

장단 몰아 놓고 끝으로 더 한가지 위로하며 내려가겠다.

줄꾼은 끝으로 하는 재주 대여섯 가지를 함께 번에 연속하며 높이 떴다 사뿐 줄을 딛는다.(관객들은 크게 환영하며 박수 소리 쏟아진다)

줄 뒷목으로 얼음지치듯이 한번에 미끄러져 내려올 때도 관객들 크게 좋아한다.

이상으로 줄타기와 재담은 모두 끝나는 것이다.

- 이 연희본을 필자는〈김영철본1〉이라 칭한다. 이는 김천흥, 정화

영이 김영철의 줄타기를 조사하여 『줄타기 무형문화재 조사보고서』 118호(문화재관리국, 1975)에 수록한 연희본으로 신찬균의 『민속의 고향』(진흥출판사, 1978)에 재수록되어 있다.

(2) 김영철 줄타기 고사문

해동은 조선국 경기 왕도 삼십칠관 서른 여덟 고을 중 내 중에 광해는 일품이요, 광주는 이품이요, 수원은 영산품이요, 금 과천 꽃대주요, 양안성 군수 신령, 남양은 제명장이요,[107] 수원도로 남문밖 나서 대행교 떤전거리 진등을 얼른 넘어 화성군 향남면 송공리 현적을 두고 객지에 나와 이 자리에서 백공이 외줄을 매고 거미같이 왕래할지라도 실수 없이 되게 하여 주심을 선생님전에 고사하나이다.

우리 선생님, 김관보 선생님, 김봉업 선생님이시여, 임상문 형이시여, 하동 할아버지시여, 받들어 주옵소서, 상은 모듬상이요, 잔은 각잔이올시다. 삼배 후에 줄에 올라갈 때 배우씨 염불타령 떡궁 쳐놓고 여기를 한번 올라가는 것이렸다.

---

107) 이 부분은 이동안의 줄타기 고사문을 김영철이 답습한 것으로, 서울과 경기에서 전승되던 축원 무가 지두서(指頭書)를 활용했다. 지두서는 서울 경기 지역의 굿에서 구연되는 축원무가를 구연할 때 서두에 연행된다. 서울의 지두서는 무녀 배경재(裵敬載)의 구연본이고, 오산의 지두서는 남무 이종만(李鍾萬), 이종하(李鍾河)의 구연본인데, 모두 아카마쓰 지조(赤松智城)와 아키바 다카시(秋葉隆)가 채록하여 『조선무속의 연구(朝鮮巫俗の硏究)』(1937) 상권에 수록했다. 지두서는 조선의 산과 강이 분포되어 있는 상황과 역사의 흐름을 요약하여 서술하고, 각 신위를 초청하여 축원을 올리는 내용으로 구성되어 있다. 산하의 분포는 곧 지리적 공간을 말하며, 단군 이후 조선왕조까지의 국가의 흥망을 기술한 것은 시간의 흐름 속에서 전개된 인류의 역사를 축약한 것이다. 김영철 줄타기 연희본에서는 "해주(海州) 감영 마련하고 경기 삼십육관(三十六官) 죽산(竹山)이 도외관이요. 새문박 경기 감영 마련하고 각골 육방(六房) 마련하고 일품(一品)을 다녀 보자. 광해(江華) 일품 광주(廣州) 이품 수원(水原)은 정삼품"을 변형하여 활용했다.

- 박순호가 1974년 6월 15일 군산에서 아리랑 여성 농악단 공연에 출연한 김영철의 줄 고사문을 채록한 것이다. 박순호는 이 고사문을 1976년에『군산수산전문학교논문집』10집 1호에 먼저 발표했고, 이를 보충하여『한국민속학』, 13호, 1980에도 재발표 했다.

(3) 김영철 줄타기 민요 - 〈김영철본2〉

아니리

천지 개창후[108]에 일월성신[109] 마련허고 혼돈지초[110]에 음양 탄생이 인생이렸다.

천지간 두세에 머리가 누실는고 삼황오제[111] 으뜸이요 그지차 오성[112]은 공자, 맹자, 진자, 안자, 주자님이 오성이었다.

그러헌데 타는 것도 근본이 다르겠다 정송자는 사자타고 이적선이는 고래타고 청의 동자는 학울타고 소년행락 백마타고 대국천자 코키리 타고 우리나라 금상께서는 연타고 가교 타셨는데 김영철이는 줄을 타겠다.

벽공에다 외줄을 매놓고 거미같이 왕래헐제 천상만인이 필수지 직업이라 김영철이는 줄타는 거시 직업이 되어 양쪽 작수목에다 필

---

108) 개창후(開創後), 창조 이후

109) 일월성신(日月星辰), 해와 달과 별을 통틀어 이르는 말.

110) 혼돈지초(混沌之初), 천지가 아직 나눠지지 않은 상태 또는 사물의 구별이 도무지 되지 않는 상태였던 태초.

111) 삼황오제(三皇五帝), 중국 고대의 전설적 제왕을 말하며 이들로 부터 중국 역사가 시작되었다는 설화 속의 인물. 삼황은 복희씨(伏羲氏), 신농씨(神農氏), 여와씨(女媧氏)를 말한다. 오제는 황제헌원(黃帝軒轅), 전욱고양(顓頊高陽), 제곡고신(帝嚳高辛), 제요방훈(帝堯放勳:陶唐氏), 제순중화(帝舜重華:有虞氏)이며, 별도로 소호(少昊) 등을 드는 경우도 있다.

112) 문묘(文廟)에 함께 모시는 다섯 성인. 공자(孔子), 안자(顏子), 증자(曾子), 자사(子思), 맹자(孟子)를 이른다.

목 채단과 전을 많이 올려주시면 양어깨에 소시랑 말멍이 거려 대신이 있어서 줄을 더 잘타는 거시였다.

장단줄 잠간 타겠다. 쩡 꿍 쩡 적 꿍[113]

중타령

【이때는 어느 땐고 하니 녹음방초 승화시에 꽃은 피어 절로지고 잎은 피여 만발헐제 종달새 쉰질 뜨고 늙은 과부 담배질 허고 젊은 과부는 시집을 가고 싶어서 부엌으로 뛰어드러가 소당꼭지 붙들고 진저리 치는 이때요 노총각은 솔밭 드나들기를 처갓집 삼어 다니는 이 때에

중이 하나 내려 오겠다. 이 중은 어느 중인고 허니 청산 남학산 연화봉 대원군 고제중상 아미타불 대장설법 천독하야 육한대사 상자 중이라고 허겠다.

이때에 중이하나 내려 오는데 꽃깔장삼 다홍띠 메고 중이 이렇게 내려오겠다.】[114]

중이 나려온다. 중이 나려온다.

---

113) 김영철에게 줄타기를 배운 줄광대 김대균은 줄타기 연행 시에 어릿광대, 악사와 상호 일정한 신호체계를 사용한다. 김대균의 기본적 신호체계는 쩡꿍 정저꿍, 쩡꿍, 또는 배우씨 등이 있다. 쩡꿍 정저꿍은 허튼타령을 의미하며 쩡꿍은 당악 장단을 의미한다. 김대균은 어릿광대를 배우씨라 칭하며 어릿광대는 줄광대를 광대씨라 부른다. 이들 상호 간의 신호체계는 연행자 간의 기본적 의사소통 수단이다. 줄광대는 이를 통해 연행 과정 내내 지속적으로 어릿광대, 악사들과 서로 교감을 주고받는다. 또한 줄 아래 어릿광대는 줄광대의 호흡이 흐트러졌을 때, 춤이나 재담으로 분위기를 전환하고 악사들 또한 줄광대의 연행 속도를 조절한다. 줄광대는 어릿광대에게 춤을 추게 하거나 땅줄을 타도록 주문을 하기도 한다. 김대균은 이러한 방법으로 공중과 지상이라는 물리적 공간을 뛰어넘어, 연행 공간을 극적 공간으로 입체적으로 확장한다.

114) 【이때는 - 내려오겠다】 대목은 박순호가 1974년 6월 15일 군산에서 공연된 아리랑 여성 농악단 공연에 출연한 김영철 줄재담을 채록한 것이다. 박순호는 이 공연의 연희본을 「줄타기민요」라는 제목으로 『한국민속학』 7호(1974)에 발표했다. 그러나 『군산수산전문학교논문집』, 10집 1호 (1976)와 『한국민속학』, 13호 (1980)에 이 연희본을 재수록하면서 【이때는 - 내려오겠다】 대목은 생략했다.

중하나 나려온다. 중이 나려온다. 저중에 거동보소 얽고서도 검은 중 검고서도 얽은중 얽던지 마던지 사죽을 두루묶어서 지암절벽 상의 떼그루루르 궁굴여도 실금하나 아니간다.

아서라 그 중 못쓰겠다 정말 중이 나려온다 얼굴은 형산 백옥이요 눈은 소상강 물결이라 눈섭은 주나비 앉어 너울너울 춤추넌 듯 코는 마늘쪽 세운 듯 두입술 빛난 당차 주홍필로 툭찍은 듯 살적을 볼락 시면 훤헌 두짝귀 당사실로 꼭묶어 조대금실 넌듯 한산모시 진장삼 다홍띠 눌러매 구리백통 파란장도 고름에 느지기차고 흔들흔들 서산 반죽 열두마디 채고리 질게다러【모난 청석돌에 이리로 철철 저리로 철철 흔들거리고 내려올제 백삼포 창삼소매 자락은 바람에 펄펄 흔들흔들 염불허며 내려온다 중이라 허넌 거선 절간에서도 염불이요 임에 나려도 염불이라 목탁은 워이 차랴만 중에 근본이라 치는 목탁이 직업이다 목탁은 또드락 똑 꽹쇠는 꽈광꽝 정쇠는 땡땡 죽비는 철철 염불허며 내려올제 나무아비 타불 나무아비 타불 고향 삼천리 상내 송송 불공덕 왕세 왕세 세왕세 일세 동방에 절도력 이세 남방은 득천장 삼세 서방 미령일도 사세 북방에 요양강 도량청장은 노화대 삼부천지 강차지 황라궁 자웅치듯 흔들거리고 내려온다 염불허며 나려온다 나 아어 어어 으흐으 아아 아아흐아 허 으어 하아 아허 흐흐어 흔들흔들 장단을 마쳐 내려올제

왈자하나 내닷드니 중을 불러 묻는 말이 아나중아 말을 묻자 산중지 귀물은 노장이 아러잇고

만물지 귀물은 변장사 안댓으니 네절이 어드메게 원종소리가 들이느냐

저중에 거동보소 집엇든 육한장 눈우에 번뜻드러 좌우산천 가르처 저기저봉은 우두봉이요

여기이봉 좌두봉이라 건넌산 마진봉 신사봉 넌출봉 한가운데 그

중큰봉 우리나라 시조대왕

머리를 까끄시고 산진매 수진매 해동창 보라매가 두쭉지를 옆에 끼고 수염수염 너머가는

반달영이라고 허던고개 그고개를 넘어가면 소승절이 게올시다 네 절이름을 알려야 내가안다 절이름을 알리는데 아무데 무슨절이 올시다 허면 알텐데 이중이 글자깨나 안대서 건방지기 짝이 없습니다 글자획을 각각떼서 글자를 맨듭니다 이렇게 허겠다 소승절 이름 알량이면 찬찬이 드러보오 스무신 밑에 한일 한일 아래는 밭전허고 밭전 아래는 여덜팔 솔잎 아래는 달월 달월 밑에는 점복허고 점복 아래는 몸기허고 몸기 안에도 석삼허고 흙토 아래 마디촌허니 게루두고 압시오 올타 내알겠다 이십일전 여덜팔 누루황자 분명허고 입월에 복기삼은 용용자 분명허고 흙토아래 마디촌은 절사자 그아니냐 네절 이름이 황룡사로구나

네속성이 무엇이냐 소승 속성을 아시랴면 갓머리 안에 나무목허니 게두르고 압시다 갓머리 안에다 나무목허니 송나라 송자 그아니냐 네이름이 무엇이냐 소승이름 아실라면 조고만한 망태기나 조고만헌 자루에다 참외 수박을 잔뜩놓고 생전지고 이러나질 못했소 아하 이놈 이름 한번 이상하고나 예, 불통이로소이다

중이 턱 내려와서 한곳을 바라보니 석교상 봄바람에 팔선녀들이 춘홍을 못이기여 각기앉어 노는데 팔선녀들의 이름이 다각기 다르겠다. 팔선녀가 앉었다 팔선녀가 앉었다 누구누구 앉었냐 난양공주 여냥공주 지차중 간추절이며 김웅군 장님파 월정언 김삼여 암상우에 피는꽂과 길아래 피는꽂을 제각기 꺾어들고】115)

---

115)【모난 - 꺾어들고】 대목은 박순호가 1974년 6월 15일 군산에서 공연된 아리랑 여성 농악단 공연에 출연한 김영철 줄재담을 채록한 것이다. 박순호는 이 공연의 연희본을 「줄타기민요」라는 제목으로 『한국민속학』 7호(1974)에 발표했다.

청계수 흐르는 물에 목욕을 갑니다 아래웃통 활딱벗고 목욕을 감는다 물한줌 덤뻑드러 옥수도 씨서보고 또한줌 덤뻑드러 양치질도 허여보고 또한줌 젖가슴도 문질문질 또한줌 응덩머리도 씨서보고 또한줌 만천산중 드러간다 아이구 저것봐 누구를 못살게 헐라고 청산까지 더드머 젊은중이 팔선녀들이 활딱벗고 별에 별군데 다더듬는 것을 보고 있자니 숨결이 가빠지고 욕심이 왈칵나서 어떻게 해야 저 팔선녀를 발등거리를 해서 한번 놀수가 있을까 해서 중이 팔선녀를 홀리는데 청산에 구름피 듯 안개피 듯 흉물을부려 엇지엇지 해서 선녀를 안고놀고 끼고놀제

아-그동네 사는 옹세원이라고 허는 촌양반이 하나 있는데 성질이 올마나 괴팍스럽든지 암캐뒤에 수캐만 쫓아가도 강짜를 허느니가 중놈이 내려와 저렇게 놀아 괫심헌놈아 촌 양반도 못데리고 노는 선녀들을 중놈이 안고 끼고 노는 거동을 보고 화가 벌컥나서 내종 다 팔아먹고 남에종 비루쇠야 허고 하인을 불러서 너 저- 건너 건너가서 저중놈 잡어오너라 하였겠다 아 하인이 건너가 중을 잡을랴니 붙잡을 데가있나 속인같으면 상투래도 잡지만 중이라 머리를 빡빡 깎어서 붙잡을 데가 읍써서 귀룰 웅켜잡아 엇지 됐든 옹세원 앞에다 턱엎드려 놓고는 생원님이 중을 보고 타이르는 말이 이렇게 타이르겠다.

이놈중아 네들어 이놈중아 네들어 불기중은 언제고 산에 올라 염불허고 낮이면 내려와서 동냥이나 허여가지 속가에 내려와 미인데리고 농탕[116]치고 흥청거리고 노니 이놈 목을 확빼서 똥구멍에다 쑥- 박을놈 이놈 아- 중이 생원님이 말하는 것이 하두 우습고 기가 맥혀서 중의 근본을 얘기허는데 생원님을 거러서 욕을 헌다 이중 근본

그러나 『군산수산전문학교논문집』, 10집 1호 (1976)와 『한국민속학』, 13호 (1980)에 이 연희본을 재수록하면서【모난 - 꺽어들고】대목은 생략했다.

116) 농탕(弄蕩), 남녀가 음탕한 소리와 난잡한 행동으로 놀아 대는 짓.

드러보오 백세장차 문불락 창항석 농부도 석굴야밤에 중추중 아닌밤중 노니다가 처녀각시를 데려다가 한번 요동허면 생원님 같은 중놈이 열스물씩 나오는줄 아뢰오 아- 생원님이 분이나 백일수가 있나네 저놈 다러매라 당장 낭게[117]다 다라매고 벌매질로 형벌허고 나무송곳 귀를 뚫으니 중이 배겨 낼 수가 있습니까 형벌을 당허고 나서기가 매키고 한심해서 신세차탄을 허겠다.

못허겠네 못허겠네 중노릇 못허겠네 어떤사람 팔자좋아 고대광실 높은집에 금의옥석 재어놓고 호강으로 잘사는데 이놈에 팔자는 무슨놈에 팔자로서 중노릇이 이웬일이냐 명천이 사람낼제 별로후박 없건마는 천지지간 만물중에 여이지 지물허여 귀헌거시 사람인데 속이요인자는 이길로 오륜으로 십오에 맹자왈 부자유친 군신유의 장의유서를 허는데 이놈 팔자 엇지허여서 중노릇이 웬일이냐 홋일곱에 절에올라 열다섯에 삭발허고 부처님 실하에 밤이며는 염불공부 낮이며는개미동냥이라고 내려오며는 양반보아도 두손모아 합장허고 문안드립니다 여인보면 외면허고 아이보면 공손허고 깟닥잘못 허게되며는사부댁에서 중을 잡어다가 단장장게 다러매고 뭇매질로 쌍벌허고 나무송곳 귀를 뚫으니 세상에 못헐거슨 중노릇 밖에 또있느냐 자탄을허고나서 생각하니 중노릇 못허겄으니까 중노릇을 파위치는데 장삼을벗겠다 장삼을 벗는다 장삼을 벗는다 백일홍도 울겄기 송현노인 갈잎벗듯 백마주뎅이 채운장 제왕님에 용포 벗듯 운미강산에 구름 벗듯훨훨 다 버서버리고 자 이장삼을 그냥 버리기가 아까와서 살림살이를 맨들겠다 소매가 통이 넓고 기르니까 밑에를 갈르고 허리를 달으면 단속곳이 된단말이야 아서라 부처님 앞에서 정이 쓰던걸 츤허게굴여서야 되겠느냐 이다음에 장가드러서 아들 낳거든 두루마기나

117) 나무의 방언

해주자 또 꽃갈을 벗어들고 자 이것을 엇다, 써야하나 올타 쓸데가 있다 이 꽃갈 부인네들이 야단법석 금음마닥 쓰는식이 있겠구나

아서라 그두 못쓸 짓이다 깨끗이 쓰는 행주로 쓰자 자 중노릇을 파위치고 나니 헐 것도 읍고 맥이 떨어지니까 왈자틈에 들었습니다 왈자라는 것은 옛날에 오입장이들이 각기부르는 이름이렸다. 왈자들이 모여들겠다.

왈자타령

【왈자들이 모여든다 왈자 모여든다 왈자대자 우자선자 기자대자 악자선자 낮이면 구름뫼듯 청산에 안개뫼듯 왈자 드러온다 벌예아닌 춤춘대 만고잽산 군사뫼듯 별상쇠 앓듯 진주민중 모야들 듯 과부집 사랑사위며 부자집 외아들 대전별삼 부여별감 금부나졸에 단양산양 한참 이리 모여들제 흑정장사 여자집 말잘허는 소진쟁이며 홍청거려 골라차리고 왈자한참 드러올제 잘낫다 못낫놈 못나고도 잘난놈 잘나고도 이쁜놈 이쁘고도 무서운놈 무섭고도 겁나는놈 겁나고도 떨리는 놈 떨리고도 괜찮은놈

(재담) 괜찬은 대는 어렵단 말씀이야 자- 턱 이렇게 왈자들이 다드러 왔겠다】118)

【먼첨 노론 소론 남인 북인이 올시다 얼핏 말허라면, 동인 남인 북인 이라는 뜻인데, 옛날에는 동서로 두파 양반 다툼이 셋다 하는데, 노론이라는 양반이 드러오는데, 노론은 부유층 양반이라 거름을 걸어도 기세가 등등허니 큰기침 소리를 끊임없이 내면서 드러 오는데

---

118) 이 연희본은 박순호가 1974년 6월 15일 군산에서 공연된 아리랑 여성 농악단 공연에 출연한 김영철 줄재담을 채록한 것이다. 박순호는 이 공연의 연희본을 「줄타기민요」라는 제목으로 『한국민속학』 7호(1974)에 발표했다. 전체 왈자타령 중【왈자들이 - 왔겠다】대목까지만 『군산수산전문학교논문집』, 10집 1호(1976)과 『한국민속학』, 13호(1980에는 수록되어 있다.

이렇게 드러 오겠다. 노론이라는 양반은 이렇게 드러왔고, 소론이라는 양반은 젊어 소시때에 형세가 구차해서, 미투리를 삼어 장날 팔아서 생게를 유지 했기 때매 미투리 가운데날 잡어다니는 통에 어깨가 올러 갔는데, 어깨 굳은채 드러 오겠다. 소론이라는 양반은 이렇게 드러왔고 저산 두메 골에서 옛말로 상놈이라 했지요, 이 상놈이 양반 앉는 것을 보고 책상다리를 헐양으로 다리를 비틀고 양반모양 앉기는 앉었으되, 잡은 다리를 놓기만 허면, 앞에 받은 밥상 날러가기 좋게만 됐지, 손만노면 앵, 그런데 옛날에는 양반 앞에 같이 앉지도 못했지만 책상다리는 당치도 않습니다. 상인은 그러 했고 또 지금도 부형에 게 교양을 많이 받은 사람은 어른 앞에 앉되 한무릎 꿇고 한무릎은 세우고 앉기도 허고 더 공손히 앉자면 한무릎 마저 꿇고 앉겠다. 또 불량자로 자란 놈은 애나 어른이나 두다리 쭉 뻗고 앉겠다. 또 남자 걸음과

앉임은 그만내고 이번엔 부인네들 앉은 숭내를 내 보겠다. 얌전한 부인네는 앉임을 앉되 한무릎만 세우고, 치마 자락을 사르르 내려 오이씨같은 버선발로 치맛자락을 끄러 발끝으로

내려 덮고 얌전허게 앉어 허는 말이 애들아 무었이 그러냐 온 세상에 그런일이 어데 있어 이렇게도 앉고, 또 이번에는 촌부인네 화장을 해보는데 (中略)】[119]

왈자 하나 드러오면서 새타령을 잠간하며 드러오겠다.

새타령

새가새가 나라든다 새가새가 나라든다 산고곡십 무인처 출입비조

---

119) 【먼첨 - 중략】 대목은 『군산수산전문학교논문집』, 10집 1호, 1976과 『한국민속학』, 13호, 1980에는 왈자타령이 아닌 줄타기 재담 부분에 수록되어 있다.

물새털 농춘화답에 짝지여 쌍긋쌍내 나라든다 춤잘추는 학두루미 말잘하는 앵무세 공기좋다 공기뚜루루 솟텡 쑥국 기러기 낄-룩 가가감실 나라든다 남풍조차 떨처나니 구말리 장천에 대봉새 문왕이 나겨세상그산 조양에 봉황새 양견이 담담허니 둘떳다 기러기 어엽신나 백성가 왕사당년에 저제비 으사부중에 밤드렀다 울고간다 까마귀 낙화고목이 다썩어나 추수장천 따옥에 팔월경풍 높이떠 백리추수 모란새 여러새또 부를거시읍시 저뻐꾹새가 우름운다 저뻐꾹이가 운다 먼산에 앉어 우는놈 아실아실이 들리고 건방에 앉어 우는놈 둠벙지게 울린다 여러달 우러싼놈 목이잔득 쉬였네 이리로가며 뻐꾹 저산으로 가며 뻐꾹뻐꾹 어흐으으 어흐어어 좌우로다녀 우름운다 또한편을 바라보니 저부두새 운다 초경 이경 삼사오경 사람에 간장 노기랴고 저부두새 우름운다 사람에 간장 노기랴고 부두새 운다 사람에 간장 노기랴고 저부두새 운다 이리고 가며 뿌우 뿌 저산으로 가며 뿌우 뿌 뿌우우우-우우 건들거리고 우름운다 이런 새소리가 천만년이라도 흘러가야지 뻑 뻑꾹 우름을 우러서 전해간다 뻑꾹[120]

- 이 연희본을 필자는 〈김영철본2〉이라 칭한다. 이 채록본은 1974년 6월 15일 군산에서 공연된 아리랑 여성 농악단 공연에 출연한 김영철의 줄타기 공연을 기록한 것이다. 박순호는 이를 「줄타기민요」라는 제목으로 『한국민속학』 7호(1974)에 최초로 발표하고 이어서 『군산수산전문학교논문집』 10집 1호(1976)과 『한국민속학』 13호(1980)에도 축약 발표했다.

김영철(金永哲, 1920-1988)은 경기도 과천의 세습무계 출신이

120) 새타령 부분은 김영철 줄타기 연희본이 발표된 『한국민속학』, 7호(1974); 『군산수산전문학교논문집』, 10집 1호(1976); 『한국민속학』, 13호(1980) 에 모두 동일하게 수록되어 있다.

다.[121] 김영철의 아버지 김완근도 거문고에 능한 예인이었다. 김영철은 어린 시절 이웃에 임상문이 거주했기 때문에 임상문의 기예를 자주 보았고, 9세에 김관보에게 줄타기를 배워 열세 살 때 평양에서 첫 공연을 가졌다. 해방 전까지는 임상문의 대동가극단[122]에서 활동했다. 이후에는 난장 놀음, 명창들과의 극장 공연, 유랑극단 공연, 아리랑 여성 농악단, 김뻑국 예술단 등에서 활동했다. 현 전북무형문화재 정읍농악 보유자이며 당시 아리랑 여성 농악단 상쇠로서 1950-70년대 김영철과 많은 활동을 함께한 유지화(兪枝和, 1943년생)의 회상에 의하면, 김영철의 줄타기는 대략 30-40분 내외로 공연되었고 반주는 장고와 호적, 가약금과 해금으로 구성되었으며 어릿광대는 없었고 장구잽이가 추임새를 넣었다고 한다.[123]

121) 김헌선은 조한춘의 증언을 토대로 김영철과 조한춘 가계의 연관성을 밝혀주었다. 경기도 부천지역의 평산 신씨 무계와 서로 연결되면서 조한춘은 김영철을 자신의 조카라고 했다.(김헌선, 『경기도 도당굿』, 국립문화재연구소, 1999, 145쪽)

122) 부자 줄광대였던 임종성과 임상문은 1935년에 국내에서 유명한 소리 광대를 초빙해서 대동가극단을 꾸려서 전국 순회공연을 했다. 이때 참여한 명인명창은 판소리를 하는 강남중(姜南中), 창극 배우 겸 고수 안영환, 신영채(申永彩), 홍갑수(洪甲壽), 춤과 음악에 능한 이동안, 여류명창 이화중선(李花中仙), 이중선(李中仙), 박초선(朴初仙), 박초홍(朴草紅) 등이 있었다. 대동가극단은 토막극 춘향전, 흥보전, 줄타기 등을 공연하면서 관중을 사로잡았고 큰 인기를 끌었다. 1936년 정광수(鄭珖秀), 임방울(林芳蔚), 최막동(崔莫童), 이봉래(李奉來), 이수성(李壽成), 김영철(金永哲), 이금선(李錦仙) 등이 입단했다. 조선성악연구회의 창극좌와 대조적으로 대동창극단은 주로 삼남(三南) 지방을 중심으로 활동하였다. 1939년 일본 재일동포위문공연 때에는 임방울과 이화중선이 판소리를 공연했고, 임상문과 김영철이 줄타기를 공연했다. 대동가극단은 1943년 일본 각 지방의 군수 공장과 탄광에 징용되어 있는 조선인들을 위문하기 위해 큐슈(九州), 오무라(大村), 야하다(八幡)에서 순회 공연을 펼쳤고 오사카(大阪)로 가기 위해 연락선을 타게 되었는데 이화중선이 바다에 뛰어들어 자살하는 일이 벌어진다. 이후 대동가극단은 해산되었다. (정범태, 「정범태의 사진으로 보는 명인명창 이야기-임종성과 임상문」, 『미르』 2004년 10월호)

123) 김대균, 「줄놀음의 연행체계와 연행 원리」, 안동대 대학원 민속학과 석사학위논문, 2006, 23쪽. 김영철은 하와이안 기타를 개조한 철현금을 개발했다. 김영철은 철현금 개발 초기에는 민요 합주나 무용 반주 등에 철현금을 사용하였지만, 후에는 거문고의 명인 한갑득과 가야금의 명인 박상근 등과 함께 연주활동을 하면서 철현금 산조 음악을 만들어 연주했다(현경채, 『문화예술』, 2004년 1월호, 100쪽) 70년대에는 여러 명인들이 철현금을 배우려고 모여들었고, 아시아레코드사에서 철현금 음반을 녹음하기도 했다. 하지만 현재는 그 전승이 활발하게 이루어지지 않고 있다.

김영철은 이정업과는 이종사촌 간으로 김관보에게 함께 줄타기를 배웠다. 이때는 이미 김관보가 줄타기를 실연할 수 없는 노령이었으므로 김영철은 매우 엄격한 김관보의 지시에 따라 갖가지 동작을 익혔다. 김관보가 실연해줄 수는 없었지만, 김영철은 김관보의 제자들인 임상문, 이동안, 이정업 등과 교류하며 그 부족함을 채워나갔다. 처음에는 삼줄 대신 줄타기가 쉽지 않은 굉장히 굵은 짚 줄을 걸어 놓고 줄달음질로부터 시작해서 기예를 배워나갔다고 한다.

김영철은 1970년 일본에서 있었던 엑스포 70에 참가하여 다른 나라의 줄타기와 한국 줄타기를 비교해 보고, 기예 중심의 외국 줄타기보다 기예와 재담이 함께 중시되는 한국 줄타기의 우수성을 깨닫게 된다. 이후 김영철은 1976년 6월 무형문화재 제58호로 지정되었다. 그러나 김영철은 뛰어난 기예에도 불구하고 전통적인 형태의 판줄이 아니라, 관객들의 흥미에 중점을 둔 도막줄을 연행했다는 한계가 있다. 김영철이 보여준 기예 중심의 도막줄은 어릿광대와 함께 줄타기를 연행하는 것이 아니라 관중과 직접 대화하는 형태이다. 따라서 김영철을 무형문화재로 지정할 당시 작성된 무형문화재 조사보고서에는 판줄이 아닌 도막줄이 채록되어 있다.124) 이후 김영철은 판줄을 복원하려고 노력하여, 1979년 중요무형문화재 합동공연에서 삼현육각 반주에 맞추어 승무, 중타령, 재담을 복원했다. 그러나 줄광대의 상대역인 어릿광대를 갖추지 못해서 파자놀음과 중이 옹생원에게 형벌을 받는 장면 등은 연출해 내지 못했다.125) 이후 병석에서 현 줄타기 예능보유자인 김대균에게 줄타기를 전수했다.

124) 신찬균, 『민속의 고향』, 진흥출판사, 1978, 75쪽.

125) 판줄 복원의 과정은 이보형, 「무형문화재실태조사 6 - 줄타기」, 『문예진흥』, 94호, 1984, 62-63쪽 참조.

4. 김대균 광대줄타기 연희본 - 〈김대균본〉

줄 광 대 : 김대균
어릿광대 : 조영숙
삼현육각 장 고 : 류연곤, 남필봉
피 리 : 김종섭, 이혁동
대 금 : 신보식
해 금 : 금재현
고 수 : 한기복
뒷 꾼 : 류연곤, 김래문

줄을 매고 고사상을 준비

놀이판에 직경 2.7cm, 길이 30m의 줄을 양쪽 작수목(2쌍)에 약 3m의 높이로 매고 악사(삼현육각)석에 돗자리를 깐다.
술, 떡, 과일 등 재물을 올려 고사상을 차린다.

어릿광대와 악사 등장

악사들(삼현육각)이 자리에 앉아 연주를 시작하며 어릿광대와 함께 공연 분위기를 북돋는다.

줄광대 등장
줄광대가 나와서 어릿광대와 함께 좌중을 향해 절을 한 다음, 고사상 앞에 앉으면 어릿광대는 줄광대에게 술을 한 잔 따라 고사상에 올려놓고 고사소리를 외우기 시작한다. 악사들의 연주가 시작된다.

고사소리

줄 광 대 1300년 맥을 이어 온 우리의 조선 광대줄타기가 오늘

이렇게 뜻깊은 자리에 판을 벌렸습니다. 이 줄타기가 무형 문화재로 지정된 지 ○○여 년의 세월이 흘렀습니다다마는 마당놀이 종목 가운데서 가장 위태위태한 종목이 되었습니다.

200여 년 전 임금님 앞에서 줄을 타시어 이름을 하사받으셨던 김상봉 선배님[126], 최상천 선배님[127], 그리고 저를 자신의 분신처럼 생각하셨던 고 김영철 선생님, 그리고 이 시대 마지막 재인청 창우이셨던 고 이동안 선생님, 오늘 이 뜻깊은 자리에 판을 벌였으니 부디 좋은 공연이 될 수 있도록 살펴 주시옵고 이 곳에 오신 분들 가정에 웃음이 가득 하시길 진심으로 바라옵나이다. (큰절을 2번 올린 후 술잔을 들고 일어나서 작수목과 말뚝에 술을 붓는다. 다시 한잔 받아서 관객에게 술을 음복하시게 한다. 줄광대와 어릿광대는 제물을 관객들에게 나누어 준 후 고사상을 치운다.)

---

126) 김영철의 증언에 의하면 조선 헌종(憲宗)때 궁중(宮中)에 경사가 있었는데, 전국에서 재인(才人)들을 뽑아 들여 각종 연희를 연행하게 했다고 한다. 김상봉이 줄을 매우 잘 타자 헌종은 그의 기예를 칭찬하고 우두머리라는 뜻의 상봉(上峰)이란 이름을 하사하였다 한다. 실제로 이렇게 왕이 줄광대에게 이름과 벼슬을 하사하는 경우는 전북의 세습무계인 최문순(崔文順, 1913년생)의 집에도 최문순의 시아버지 염덕만(廉德萬, 전남 영광군 위도면 식도리 출생, 1872-1934)이 참봉 벼슬을 받은 교지를 보관하고 있는 것을 통해 확인할 수 있다(최길성, 『한국 무속지 1』, 아세아 문화사, 1962, 68쪽)
약 200년 전에 인천 전재리(全才理, 현 구월동)에 줄을 잘 타는 재인(才人)들이 많이 살고 있었다고 한다. 그 중에 전국적으로 이름을 날렸던 줄타기 명수인 김가(金家)가 있었다. 헌종 때 궁중에 경사가 있었는데 그 때 전국에서 재인들을 뽑아들여 각기 묘기를 부리게 하였다. 김가가 줄을 잘 타자 헌종은 그의 기술을 칭찬하고 우두머리라는 뜻의 상봉(上峰)이란 이름을 하사하였다. 김상봉은 근세(近世) 줄타기의 중시조(中始祖)이다. 그는 많은 제자를 배출하였는데 그 중 최가(崔家)인 제자도 국왕으로부터 상천(上天)이란 이름을 하사받았다고 한다.(「줄타기 명수 김상봉」, 『인천 남동구의 전설』 참조)

127) 최상천(崔上天)도 김상봉과 마찬가지로 줄타기 재주가 뛰어나서 하늘로 높이 치솟는다고 해서 붙여진 이름이다. 최상천은 김관보, 이봉운에게 줄타기를 전승해서 20세기 줄타기 전승의 토대를 제공했다.

줄광대가 줄에 오름

줄에 올라가기 전

줄 광 대　배우씨(어릿광대를 부른다)

어릿광대　오냐(대답한다)

줄 광 대　(비스듬히 매어진 한 쪽 줄 끝에 서서)여기서(서 있는 자리를 가리킨다) 저기까지(작수목 위쪽을 부채를 든 손으로 가리키며) 올라가는데 그냥 올라가기는 만무하고 염불타령 쳐 놓고 올라가겄다.(한 발짝, 한 발짝 걸어 올라간다)

줄 광 대　(올라와서 인사한다) 감사합니다. 원근도 불구허시고 장소도 누추헌데 이 곳까지 왕림해 주셔서 대단히 감사합니다. 이것으로 감사 보답허고 줄을 타는 것이었다. (줄을 건너가기 전에) 저기서(방금 올라온 줄의 땅 쪽을 가리킨다) 여기까지는 여러 손님께서 염려하여 주신 덕택으로 무사히 올라왔는데 여기서(발끝을 가리킨다)저 건너까지(맞은 편 줄이 걸린 작수목을 가리킨다)건너가기가 장히 어렵던 것이었다. 그런데 어렵다고 안 하는 것이 아니고 염불타령 떡궁쳐 놓고 건너가겄다.(줄 중간쯤에 가서 줄을 흔들며 헛발 딛는 시늉을 한다)

어릿광대　야 야 야(떨어질까 두려운 듯) 조심해라

줄 광 대　배우씨-

어릿광대　얼씨구

줄 광 대　어쨌든 무사히 건너왔겄다. 요번에는 요렇게 앞으로만 갈 것이 아니고 뒷걸음으로 한번 걸어 보는데 앞으로 갈 때엔 눈이 있지만 뒷걸음질을 할 때엔 이놈의 발바닥만 믿고 걷는데 요놈이 잘 디뎌 주어야지 만약에 잘못 디디어서 밑으로 내려가는 날이면 낙동강 상에 오리알 떨어지듯이 내려가고 말겠다. 그런데 염불타령 쳐놓고 걸어 보겠다. -정쿵 정저쿵-

배우씨-

어릿광대　그렇지

줄 광 대　이번에는 이렇게 염불타령에만 줄을 탈 것이 아니고 장단을 살짝 뒤집어서 허튼 장단으로 장단 줄을 한번 타보는 것이었다. -정쿵 정저쿵[128]-

어릿광대　하, 그놈 제법일세.(또는 잘한다)

줄 광 대　배우씨

어릿광대　얼씨구.

줄 광 대　요번에는 요렇게 천천히만 갈 것이 아니고 콩심기로 시작해서 뒷쌍홍까지 한번 나가 보는디 장단을 바짝 몰아놓고 이 발바닥으로 오두방정을 떨어 보는데 장히 어렵던 것이었다. -쩡쿵- (뒤쌍홍을 하고 나서) 깜짝 놀랐네.

어릿광대　야, 이놈아 간떨어지는 줄 알았다.

줄 광 대　배우씨

어릿광대　오냐

줄 광 대　이렇게 줄을 탈 것이 아니고 지금부터 아니리를 한번 짜

---

128) 김영철에게 줄타기를 배운 줄광대 김대균은 줄타기 연행 시에 어릿광대, 악사와 상호 일정한 신호체계를 사용한다. 김대균의 기본적 신호체계는 쩡꿍 정저꿍, 쩡꿍, 또는 배우씨 등이 있다. 쩡꿍 정저꿍은 허튼타령을 의미하며 쩡꿍은 당악 장단을 의미한다. 김대균은 어릿광대를 배우씨라 칭하며 어릿광대는 줄광대를 광대씨라 부른다. 이들 상호 간의 신호체계는 연행자 간의 기본적 의사소통 수단이다. 줄광대는 이를 통해 연행 과정 내내 지속적으로 어릿광대, 삼현육각 악사들과 서로 교감을 주고받는다. 또한 줄 아래 어릿광대는 줄광대의 호흡이 흐트러졌을 때, 춤이나 재담으로 분위기를 전환하고 악사들 또한 줄광대의 연행 속도를 조절한다. 줄광대는 어릿광대에게 춤을 추게 하거나 땅줄을 타도록 주문을 하기도 한다. 김대균은 이러한 방법으로 공중과 지상이라는 물리적 공간을 뛰어넘어, 연행 공간을 극적 공간으로 입체적으로 확장한다.

보던 것이었다.

하늘과 땅이 어떻게 생겼으며 일월 성신과 사람이 어떻게 생겨났다는 것을 유래로 한번 말하는데 이것을 줄아니리라고 허든 것이었다.

어릿광대 얼씨구. 아니리가 나온다.

줄 광 대 천지 개창 후에 일월 성신 마련허고 혼돈지초에 음양이 상합허여 탄생헌 것이 인생일런 것이었다.

어릿광대 그렇지

줄 광 대 천지간 두 사이에 머리가 누실런고 삼황 오제 으뜸이요 그지차 오성은 공자, 맹자, 진자, 안자, 주자님이 오성일런 것이었다.

어릿광대 그렇지

줄 광 대 그러헌데 타는 것도 근본이 다르겄다.

어릿광대 다르고 말고

줄 광 대 적송자는 사자 타고 이적선이는 고래를 타고 학은 구름타고 청의 동자는 학을 타고 소년 행락 백마타고 대국천자는 코끼리 타고 우리나라 금상께서는 연 타시고 과교를 타셨는데 여기 줄 위에 앉아 있는 김대균이는 탈것이 없어서 줄을 타던 것이었다.129)

어릿광대 암, 탈것이 없지, 얼씨구.

줄 광 대 천생 만민이 필수지 직업이라 해 먹고 사는 생활도 사람

---

129) 이 부분은 판소리 완판 33장본 ≪춘향전≫과 완판 84장본 ≪춘향전≫ 등에 나오는 탈 승(乘)자 노래를 변용하여 줄광대가 줄을 타는 것과 재치 있게 연관짓는 부분이다. "사랑 노래 다 버리고 탈 승짜 노래 들어보소. 타고 놀자, 타고 놀자. 헌원씨 시용간과하야 능작태 무찌르고 탁녹야사로 잡어 지남거 빗겨 타고 남원천 구경할 제 이적선 고래 타고, 안기생 나귀 타고 일모장강 어옹들은 일엽선 돋워 타고 만경창파 어기야 어기양 하며 떠나간다. 나는 탈 것 바이 없어 춘향배 잡아 타고 탈 승짜로만 둥둥둥 놀아보자." ≪완판 33장본 춘향전≫

마다 다 각각이 다르겄다.

어릿광대　다르고 말고

줄 광 대　벽공에다 외줄을 매고 거미같이 왕래헐제 양쪽 작수목에다 유지 신사 귀부인께서 필목 채단과 돈을 많이 올려주시면 김대균이 양쪽 어깨에는 소시랑 말명에 그러대신이 있어서 줄을 더 잘 탄다고 허든 것이었다.

어릿광대　훨씬 잘 타지, 얼씨구.

줄 광 대　배우씨

어릿광대　얼씨구

줄 광 대　그러헌데 이 아니리만 허고 있자면은 보시는 분이 따분헐 테니까 장단줄을 한번 걸어 보는데 이것은 뭔고 허니 장단줄이었다. -정꿍 정저쿵-

어릿광대　얼씨구, 장단을 붙여라.(엉덩이 춤을 추며) -정쿵 정저쿵- 장이 어렵다.

줄 광 대　요번에는 어떤 재주를 허는고 허니, 외홍잽이로 시작해서 코차기까지 나가는디, 이발로 코를 찰 때 잘 차야지 그렇다고 아주 차는 날이면은 코하고 발하고는 촌수가 같어지겄다. 그런데 코를 차다가 재미가 붙으면 앞 먼장으로 해서 허공잽이까지 가는디 장히 어렵겄다. -정쿵 정저쿵-(연희를 한다)

줄 광 대　배우씨

어릿광대　어이

줄 광 대　요번에는 요렇게 엉덩이로만 줄을 탈 것이 아니고 발 홰목걸이를 놀아보는디 실수허기는 만무허고 한번 붙여보던 것이었다.(연희를 한다)

배우씨! 조금 전에는 발 횃목에다 줄을 걸었는데 요번에는 어떤 재주를 허는고 허니 두 무릎을 갖다가 줄 위에서 중심을 한번 잡어 보는디 이것을 붙일데 잘 붙여야지 잘 못 붙여서 저 아래로 내려가는 날이면은 낙동강상에 오리알 떨어지듯이 그냥 내려가겄다. -정쿵 정저쿵-

어릿광대　하! 그놈 줄만 잘 타는 줄 알았더니 아니리도 잘 붙이네 그려!

줄 광 대　어쨌든 줄 잘 탄다. 이번에는 뭘 허는고 허니 옆 쌍홍잽이를 놀아 보는디, 이 옆 쌍홍잽이를 하다가 신발이 받으면 칠보 다래치기까지 내려가는데 장히 어렵겄다. -정쿵 정저쿵-

어릿광대　자네 조상은 다람쥐인가 보네그려. 엉덩이는 가만히 있고 두 다리만 좌우로 넘나드는디 영락없이 다람쥐여 다람쥐.130)

줄 광 대　배우씨! 어쨌든 하다 보니까 나도 재미가 나네. 나 저기 가서 또 헐라네.(칠보접난간을 시연한다)

어릿광대　그나저나 자네 그 밑천을 괜찮은가?

줄 광 대　야, 이놈아 염려해 줘서 고맙다마는 집에 있는 우리 마누라한테 잘 모셔 놓고 왔으니 걱정 붙들어 매라 이놈아.

어릿광대　허, 그놈 듣고 보니 말 된다.

줄 광 대　배우씨! 요즘같이 하루가 다르게 변해 가는 이 바쁜 세상에 이렇게 한가지씩만 나갈 것이 아니고 다섯, 여섯가지를 한꺼번에 나가 보는디 장단 몰아 놓고 나가겄다.-

---

130) 어릿광대는 줄광대와 재담을 통해서 이미 완성된 기예를 정리하고 관중이 찬탄과 박수를 아끼지 않도록 함으로써, 다음 전개될 기예에 대한 호기심과 기대감을 심어준다. 이를 통해 줄타기에서만 제공되는 짜릿한 묘미를 만끽(滿喫)하게 만드는 기능을 한다.

정쿵-(양 다리 외홍잽이, 쌍홍잽이, 옆 쌍홍잽이, 칠보 다래치기, 허공 코차기를 시연한다)

어릿광대 잘헌다

줄 광 대 배우씨

어릿광대 얼씨구

줄 광 대 이쪽도 낭[131]이요 저쪽도 낭이요 좌우가 낭인데 수풀적적 하니 손에 짚은 것 없고 사모투구허니 머리쓴 것은 초립밖에 없겄다. 이것은 뭔고 허니 장단줄이었다. -정쿵 정저쿵-

어릿광대 그렇지

줄 광 대 배우씨

어릿광대 얼씨구

줄 광 대 이 때는 어느 땐고 허니 녹음 방초 승화시에 꽃은 피어 절로 지고 잎은 피어 만발헐제, 종달새 쉬흔질 늙은 과부는 담배질만 허고 젊은 과부는 영감 생각이 나서 부엌으로 뛰어들어가 소당 꼭지 붙들고 진저리 치는 요때였다.[132]

어릿광대 (솥뚜껑 붙잡고 진저리 치는 흉내를 낸다)

줄 광 대 노총각은 솔밭 속을 처갓집 삼어 들랑거리는 이때에 중

131) 낭떠러지

132) 이 부분은 이동안 연희본에도 등장하는데, 이동안에게 줄재담을 배운 김대균 연희본에는 그의 영향이 많이 남아 있다. 이 대목은 다음의 이명선본 ≪춘향전≫의 기산 영수 대목을 연행 문맥에 맞춰 개작한 것이다. "등때마침 춘삼월이라. 초목 군생들이 모도다 질거워라. 떡갈남게 속잎 나고, 노구지리 노피 쎳다. 건넌 산엔 아지랑이 끼고, 잔디잔디 속잎 나고, 달마지는 짱짜 울고, 삼 년 무근 말가죽이 외용지용 소래하고, 성동아 군복하고 거동 참여하러 가고, 청개고리 신상토하고 동리 어른 차저보고, 괴양이 성적하고 시집을 가려하고, 너구리 넛손자 보고, 두꺼비 외종손 보고, 사람의 마음이 홍글항글할 제, 이 도령이 마음이 싱승상승하여 춘흥을 못 이길 제, 불승탄식이라."

이 하나 나려오는데 이 중은 어떤 중인고 허니(이 때부터 장삼을 입기 시작한다) 거기 장삼을 입어야 하니 장삼 좀 올려 주시오

어릿광대　(장삼을 긴 막대기에 꽂아 올려주며) 자, 여기 있소. 청산 남학산 연화봉 대원군 고제 중상 아미타불 대장 설법 천독허여 육환 대사 상좌 중이라고 허든 것이었다.

어릿광대　그렇지

줄 광 대　배우씨

어릿광대　얼씨구

줄 광 대　고깔쓰고 장삼 입고 다홍띠를 어깨에다 매니 아까는 속인이었는데 영락없이 중이 분명허구나. 배우씨!

어릿광대　얼씨구.

줄 광 대　그 때에 중이 하나 나려오는데 어떻게 나려오는고 허니 꼭 요렇게 나려오겄다.

어릿광대　그렇지.

중타령(장단 : 엇모리)

줄 광 대　중이 나려온다 중이 나려온다
중하나 나려온다 중이 나려온다

어릿광대　(아니리) 땅에는 배우씨 줄꾹대기에는 광대씨
자네하고 나하고 촌수는 씨자 돌림인데
한가지 좀 물어 보세.
무슨 놈의 중이 나려오는 중만 있고
올라가는 중은 없으니 그 절은 텅텅 비었겠구나.

줄 광 대　(아니리) 배우씨, 자네가 몰라서 그렇지 올라가는 중도

있다네.
중이 올라간다 중이 올라간다
중 하나 올라간다 중이 올라간다
저 중의 거동을 보소 얽고서도 검은 중
검고서도 얽은 중 얽던지 마던지
사죽을 두루 묶어서 청암 절벽상을 떼그르르
궁굴려도 실금 하나 아니간다

어릿광대 데지게 얽었다.

줄 광 대 아서라 그 중 못 쓰겄다 정말 중이 나려온다
얼굴은 형산 백옥이요 눈은 소상강 물결이라
눈썹은 주나비 앉어 너울너울 춤추는 듯
코는 마늘쪽 세운 듯 두 입술 빛난 당차
주홍필로 툭 찍은 듯 살결을 불작시면 헌-헌 두 짝 귀요
당사실로 꼭 묶어 조대 금실 헌 듯
한삼모시 진 장삼 다홍띠 둘러 메고
구리 백동 파란 장도 고름에 느지-기차고 흔들흔들
소상 방죽 열두 마디 체고리 질게 다려
모난 청석돌에 이리로 철철 저리로 철철
흔들거리고 내려올제
백삼포 장삼 소매 자락은 바람에 펄-펄
흔들흔들 염불허며 나려온다
중이라 허는 것은 절간에서도 염불이요
임에 날려와도 염불이라 목탁은 어이 치랴마는
중의 근본이라 치는 목탁이 직업이라
목탁은 또드락 똑 광쇠는 꽈광꽝 장쇠는 땡땡
죽비는 철철 염불허며 내려올제

나무아미타불 나무아미타불
고향 삼천리 상내 소승 불공덕
왕세 왕세 세왕세
일세 동방에 결도량
이세 남방에 득천량
삼세 서방에 구정토
사세 북방에 영양강
도량 청장은 노와대
삼부 천용 강차지
왕라궁 자웅치듯 흔들거리고 내려올 때
염불허며 나려온다 나 -아-어-어 으 흐 으 아 아-아-흐 으 하-허
아 허 흐 으흐 어- 흔들 흔들 장단 맞춰 나려온다

줄 광 대 배우씨

어릿광대 얼씨구

줄 광 대 이렇게 내려올 때 어느 왈자가 내닷더니 중을 불러 묻는 말이 있겄다.

왈자타령(장단 : 중모리)

줄 광 대 왈자 하나 내닷드니 중을 불러 묻는 말이 아나 중아 말을 묻자
산중이 귀물은 노장이 알어 있고
만물지 귀물은 변장사 안댔으니
네 절이 어디메게 원 종소리가 들리드냐
저 중의 거동 보소 짚었던 육환장

눈 우에 벗듯 드러 좌우 산천 가르쳐
저기 저 봉은 우두봉이요
여기 이 봉은 좌두봉이라
건넌 산 마진봉 신사봉 넌출봉 한가운데 그 중 큰 봉
우리나라 시조 대왕 머리 깎으시고
산진매 주진매 해동창 보라매가
두 쭉지를 옆에 끼고 수염수염 넘어가는
단발령이라고 허니 언고개 그 고개를 넘어가면
소승 절이 게 올시다.

어릿광대 네 소승 절 이름을 알려라 내가 안다.

줄 광 대 배우씨

어릿광대 얼씨구

줄 광 대 생긴 것은 사모 산신이라 왈자가 절 이름을 알려 달라 했는데 아무 데 무슨 절이 올시다 허면 될 텐데. 이 중이 글자 깨나 배웠다 해서 건방지기 짝이 없든 것이었다.

어릿광대 암, 건방지기 짝이 없지.

줄 광 대 글자 혹을 각각 떼서 글자를 만드는데
어떻게 만드는고 허니 꼭 요렇게 만들던 것이었다.(장단 : 자진모리)
소승 절 이름 알량이면 찬찬히 들어보오.

어릿광대 스무 십 밑에 한 일 한 일 아래는 밭 전허고 밭 전 아래는 여덟 팔
설 입 아래는 달 월 달 월 옆에는 점 복허고
점 복 아래는 몸 기허고 몸 기 안에는 석 삼허고
흑 토 아래 마디 촌하니

게루두고 압시오

줄 광 대　　올타 내 알겠다 이십일 전 여덟 팔 누루 황자 분명허고 입월에 복기삼은 용 룡자 분명허고 흑 토 아래 마디 촌은 절 사자가 그 아니냐 네 절 이름이 황룡사로구나

어릿광대　　옳게 맞추었소. 네 속성이 무엇이냐

줄 광 대　　소승 속성을 알량이면 관머리 안에 나무 목허니 게루두고 압시오

어릿광대　　관머리 안에 나무 목하니 송나라 송자가 그 아니냐. 네 성이 송가로구나. 네 이름이 무엇이냐.133)

줄 광 대　　소승 이름을 아실라면 조그마헌 자루에다 참외 수박을 잔뜩 넣고 생전 지고 일어나질 못했소.

(아니리) 울퉁불퉁 중 상놈의 이름이로구나. 아하 이놈 이름 한번 이상하구나.

어릿광대　　이상허지

줄 광 대　　네 이름이 울퉁이로구나.

어릿광대　　예, 불퉁이로소이다.

줄 광 대　　중이 턱 내려와서 한 곳을 바라보니 석교상 봄바람에 팔 선녀들이 춘흥을 못 이기어 각기 앉어 노는데 팔 선녀들의 이름이 각기 다르던 것이었다.

어릿광대　　그렇지

---

133) 수수께끼는 설문(設問)과 응답(應答)으로 구성되어 있기 때문에, 화자와 청자 쌍방이 다 같이 구연(口演)에 참여한다는 특징을 갖고 있다. 수수께끼는 묘사가 극히 단순하고 어떤 사물에 대해 직선적으로 표현하지 않고 은유적(隱喩的)으로 표현한다.(장덕순 외, 「수수께끼」, 『구비문학개설』, 일조각, 1971, 202-205쪽) 수수께끼는 어떤 사물의 의미를 감추어서, 청자의 지적(知的) 상상력을 계발시키고 흥미를 유발하려고 일부러 애매한 용어를 사용한다. 그러므로 힌트가 될 만 한 점은 슬쩍 꼬아서 고의적으로 혼란(混亂)을 일으킨다. 여기서는 한자의 자획을 나누거나 합쳐서 맞추는 놀이인 파자(破字)놀이를 통해 재담을 구성하고 있다.

팔선녀타령(장단 : 자진모리)

줄 광 대	팔 선녀가 앉었다 팔 선녀가 앉었다 누구누구 앉었다 난양 공주 여냥 공주 지차봉 간추절이며 김응군 장님파 월정언 김삼여 암상우에 피는 꽃과 길 아래 피는 꽃을 제각기 꺾어 들고 청계수 흐르는 물에 목욕을 감는다 아래 우통 활딱 벗고 목욕을 감는다
어릿광대	(진저리 치는 시늉을 한다. 손가락으로 가리키며) 저런 저런. 물 한줌 덤벅 드려 옥수도 씻어 보고
줄 광 대	또 한 줌 덤벅 드려 양치질도 하여 보고 또 한 줌 덤벅 드려 젓가슴도 문질문질 또 한 줌 덤벅 드려 응덩머리도 씻어보고 또 한 줌 덤벅 드려 만첩 청산 들어간다. 만첩 청산 또 들어간다.[134]
어릿광대	아이구 저것 봐. 누구를 못 살게 헐라고 청산까지 더듬어.(손가락으로 가리키며 진저리 치는 시늉을 한다)
줄 광 대	만첩 청산 자꾸 들어가는 바람에 아이고 젊은 중 하나 아프지 않고 잘 죽게 생겼다.

134) 줄타기에서 파계한 중으로 변신한 줄광대는 팔선녀가 목욕하는 장면을 훔쳐보고, 욕정에 겨워하는 장면이 나온다. 이 장면은 고대본(高大本) ≪춘향전≫의 춘향 목욕 장면 "사면을 살펴보다가 물에 풍덩 뛰어들어 물 한줌 덤벅 집어 양치질도 하여 보며, 물 한줌 덤벅 집어 도화(桃花)같은 뒤 귀 밑을 흘랑흘랑 씻어 보며, 물 한줌 덤벅 집어, 연적(硯滴)같은 젓퉁이를 왕십리 마누라 풋나물 주무르듯 주물렁주물렁 씻어보며, 물 한줌 덤벅 집어 옥(玉)같은 모가지를 칠팔월에 가지 씻듯 뽀도독 뽀도독, 모래 한줌 덤뻑 잡아 양손에 갈라지쥐고"를 문맥에 맞게 팔선녀로 바꾸어 개작한 것이다.

어릿광대　중 하나 올케 죽는다.

줄 광 대　젊은 중이 팔 선녀들이 활딱 벗고 별에별 군데 더듬는 것을 보고 있자니 숨결이 가빠지고 욕심이 왈칵 나서 어떻게 해야 저 팔 선녀를 발등거리를 해서 한 번 놀 수 있을까 해서 중이 팔 선녀를 홀리는데 염불타령 찬찬히 쳐놓고 줄 위에서 승무를 추어서 팔 선녀를 홀리는디 꼭 이렇게 허겄다. 청산에 구름 피듯 안개 피듯 흥물을 부려 엇지엇지 해서 선녀를 안고 놀고 끼고 놀 제, 아 - 그 동네 사는 옹 생원이라 허는 촌 양반이 하나 있는데 성질이 얼마나 괴팍스럽던지 암캐 뒤에 수캐만 좇아가도 강짜를 허는 이가 중놈이 내려와 저렇게 놀아 괴씸한 놈.

어릿광대　염병 삼 년에 고드름똥 쌀 놈이다.

줄 광 대　아 촌 양반도 못 데리고 노는 선녀들을 중 놈이 안고 끼고 노는 거동을 보니 화가 벌컥 나서 내 종 다 팔어 먹고 남에 종 비루세야 허고 하인을 불러서 너 저 건너가서 저 중놈 잡아 오너라 하였겄다.

어릿광대　중 놈 하나 죽었다.

줄 광 대　아 하인이 건너가서 중을 잡으랴니 붙잡을 데가 있나.

어릿광대　없지.

줄 광 대　속인 같으면 상투래도 잡지만 중이라 머리를 박박 깍아 놓아서 붙잡을 데가 없어서 양 귀를 움켜잡아.

어릿광대　야 이놈아 가자.(양 귀를 움켜잡는 시늉을 한다)

줄 광 대　아이 안 갑니다.(끌려가지 않으려고 안간힘을 쓴다)

어릿광대　야 이놈아 가자.(끌고 가는 시늉을 한다)

줄 광 대　아이 못 갑니다.(끌려가지 않으려고 더욱더 버틴다)

어릿광대 　야, 이놈아 가자.(더 세게 끌고 가려고 한다)

줄 광 대 　아이 난 죽어면 죽었지 못갑니다.(끌려가지 않으려고 발버둥을 친다)어찌 되었든 옹생원 앞에다 턱 엎드려 놓고는 생원님이 중을 보고 타이르는 말이 어떻게 타이르는고 허니 꼭 이렇게 타이르겄다.

어릿광대 　그렇지

(장단 : 자진모리)

줄 광 대 　이놈 중아 네 들어 이놈 중아 네 들어
불기 중은 언제고 산에 올라 염불허고
낮이면 내려와서 동냥이나 허여 가지
속가에 내려와 미인 데리고 농탕치고
흥청거리고 노니
이전에는 내가 배우씨지만 지금은 생원님일세.

어릿광대 　요놈 목을 확 빼서 똥구멍에다 쑥 박을 놈 이놈

줄 광 대 　아 중이 생원님 말허는 것이 하도 우습고 기가 맥혀서 중에 근본을 얘기 허는데 생원님을 걸어서 욕을 허는 것이었다.

(장단 : 자진모리)
이 중 근본 들어 보오
백세 장차 문불락
장항석 농부도 석굴 야밤에 중추중
아닌 밤중에 노니다가
처녀 각시를 데려다가
한 번 요동허면 생원님 같은 중놈이

열 스물씩 나오는 줄 아뢰오

어릿광대　아 생원님이 화가 치밀어 백일 수가 있나. 네 저 중 달어 매라.

어릿광대　(줄광대를 달아 매는 시늉을 한다)

줄 광 대　나으리 잘못했습니다.

어릿광대　네 이놈 잘못했으면 빌어라

줄 광 대　아이고, 잘못했습니다.(발로 비는 시늉을 한다)

어릿광대　손으로 빌어도 시원치 않은데 뭐 발로 빌어?(줄광대의 발바닥을 때린다)

줄 광 대　아이고 잘못했습니다. 나으리.

어릿광대　이놈 매달아라.(줄광대를 거꾸로 매다는 시늉을 한다) (거꾸로 매달린다)(주전자에 물을 담아서 콧구멍에다 물을 붓는 시늉을 한다)

줄 광 대　(코를 만지며) 아이고 잘못했습니다.(두 손을 싹싹 빌며)아이고 잘못했습니다.

어릿광대　네 이놈 올라가거라. 네놈을 그냥 두었으면 좋겠지만 그냥 둘 수가 없다. 네 이 놈 엎드려라.

줄 광 대　(한쪽 무릎을 꿇고 한쪽은 내려뜨리고 손으로 줄을 잡아 엎드린다)

어릿광대　(나무로 엉덩이를 때리는 시늉을 한다)

줄 광 대　(이 때에 줄광대를 또 때리려고 다가와서 도망가는 줄광대를 때린다)

허이 요놈 보라. 잘 도망가는구나. 비행기 이상이로구나. 네 이놈 또 다시 그러겠느냐.

줄 광 대　잘못했습니다. 나으리

어릿광대　네 이놈. 다시는 그러지 말고 절간에 가서 염불 공부 잘 하고 글공부 잘 하여라.

줄 광 대　예, 알겠습니다.

줄 광 대　중이 형벌을 당하고 나서 기가 맥히고 한심해서 신세 자탄을 허든 것이었다.

신세타령(장단 : 중모리)
못 허겄네 못 허겄네 중노릇을 못 허겄네
어떤 사람 팔자 좋아 고대광실 높은 집에
금의 옥식 재어 놓고 호강으로 잘 사는데
이놈에 팔자는 무슨 놈의 팔자로서
중노릇이 웬일이냐
명천이 사람낼 제 별로 후박[135] 없건마는
천지지간 만물지중에 여이지 지불허여
귀헌 것이 사람인데
속이요 인자는 이기요 오륜자라
십오세 맹자왈 부자유친 군신유의 장유유서를 허는데
이놈 팔자 엇지 허여서 중노릇이 웬일이냐
홋 일곱에 절에 올라 열다섯에 삭발허고
부처님 슬하에 밤이면 염불 공부
낮이면 개미 동냥 일이라고 내려오며는
양반 보아도 두 손 모아 합장허며 소신 문안드립니다.
여인 보면 외면허고 아이 보면 공손허고
까닥 잘못허게 되면은 사대부댁에서 중을 잡어다가

135) 후박(厚薄), 많고 넉넉함과 적고 모자람.

단장낭게 달어 매고 뭇매질로 쌍벌허고

나무 송곳 귀를 뚫으니 세상에 못 헐 것은

중노릇 밖에 또 있느냐136)

줄 광 대　배우씨!

어릿광대　얼씨구

줄 광 대　자탄을 허고 나서 중이 생각허니 중노릇을 더 하다가는 양반 등살에 더 이상 못 살아 날 것 같으니까 장삼을 벗겠다.(장삼을 벗는다)

어릿광대　참으로 벗는가. 내가 잘못했다.

(장단 : 자진모리)

줄 광 대　벗는다 벗는다

장삼을 벗는다

백일홍도 울것기 송현 노인 갈입 벗듯

홍도 자창에 요연자 창가 소부 낭군 벗듯

백마 주댕이 채운장

제왕님에 용포 벗듯 낙방 제자 팔 집 벗듯

운미 강산에 구름 벗듯 추풍 사람에 망근 벗듯

아니리

---

136) 줄재담은 기존 가요를 차용해서 내용을 문맥에 맞게 일부 개작해서 사용한다. 이는 기존 가요의 표현을 존중하며 줄타기의 극적 구성에 맞는 변용을 가한다는 의미이다. 위의 본문은 다음의 가산오광대 제5과장 중 〈중신세타령〉을 차용하여, 문맥에 맞게 일부 내용을 개작하여 표현한 것이다. "노장 : (허리를 펴며 일어서서 지팡이를 짚고 좌우를 돌아보며) 아이구 허리야, 아이구 허리야, 아이구 아이구 내 신세야 아이고 아이고 내 팔자야. 어뜬 사람 팔자 좋아 고대광실 높은 집에 부귀영화를 잘살건만, 이내 팔자는 어이 되어 삭발하고 중이 되어 요놈의 신세가 웬말인고. 일월이 음양이더냐, 천지가 음양이더냐. 나무라도 행자목은 음양으로 마주서고, 돌이라도 망부석은 음양으로 마주서고, 챙이 같은 내 팔자야. 여봐라, 상좌야"

훨훨 다 벗어 가지고서

자, 이 장삼을 그냥 버리기가 아까워서 살림살이를 만들겠다
소매통이 넓고 길으리까
밑에를 가르고 허리는 자르면 단속곳[137]이 된단 말이야
아서라 부처님 앞에서 정이 쓰던 걸 천하게 굴려서야 되겠느냐
이 다음에 장가들어서 아들 낳거든 두루마기나 해주자.
또 고깔은 부인네들이 한달에 한 번씩 그믐이면
야단법석[138]이 나는 데 쓰면 되겠구나.
저기 앉으신 저 할머니는 잘 아실 겁니다(관객 중의 할머니를 가리킨다)
아서라 그것도 못 쓸 짓이다.
깨끗이 쓰는 행주로 쓰자.

자, 중노릇을 피라고 나니 헐 것도 없고 맥이 떨어지니까 왈자 틈에 들었겄다.
왈자라 허는 것은 옛날에 오입쟁이들을 부르든 이름올시다.
그런데 왈자들이 모여들겄다.

---

137) 여자 속옷의 하나로 양 가랑이가 넓고 밑이 막혀 있으며 흔히 속바지 위에 덧입고 그 위에 치마를 입는다.

138) 야단법석(野壇法席), 본래 야단(野壇)이란 야외에 세운 단이란 뜻이고 법석(法席)은 불법을 펴는 자리라는 뜻이다. 사람이 많이 모이다 보니 질서가 없고 시끌벅적하고 어수선하게된다. 따라서 이처럼 경황이 없고 시끌벅적한 상태를 가리켜 비유적으로 쓰이던 말이 일반화되어 쓰이게 된 것이다.

왈자타령(장단 : 자진모리)

왈자들이 모여든다 왈자 모여든다
왈자 대자 우자 선자 기자 대자 악자 선자
낮이면 구름 뫼 듯 청산 안개 뫼듯
왈자 들어온다 별에 아닌 춤춘데
만고 잽산 군사 뫼듯 범, 상쇠 알 듯
전주 민중 모야들 듯 과부집 사랑 사위며
부자집 외아들 대전 별감 부여 별감
금부 나졸에 단양 산양 한참 이리 모여들데
흑정 장사 여자집 말 잘 허는 소진 쟁이며
흥청거리고 골라 채리고 왈자 한참 들어올제
잘났다 못난 놈 못나고도 잘난 놈
잘나고도 입뿐 놈 이쁘고도 무서운 놈
무섭고도 겁나는 놈 겁나고도 떨리는 놈
떨리고도 괜찮은 놈[139]

아니리
괜찮은 데는 어렵다는 말씀이야 왈자 턱 이렇게 왈자들
이다 들어왔겠다

139) 송만재의 「관우희」에 나오는 〈무숙이타령〉에 대한 관극시(觀劇詩)에는 다음과 같은 구절이 있다. “장안의 한량들을 왈짜라 하는데 붉은 옷에 초립 쓴 우림 떼거리 동원에서 술과 노래로 야단들이니 어느 누가 의랑 잡아 제 구실 할까”(遊俠長安號曰字 茜衣草笠羽林兒 當歌對酒東園裏 誰把宜娘視獲驢). 여기서 보는 것처럼 언행이 단정하지 못하고 수선스러운 행위를 하는 사람을 전통 사회에서는 왈짜 혹은 왈패(曰牌) 라고 불렀다. 줄타기의 왈짜놀이 대목은 여러 계층의 인물들을 익살스럽게 개성화시켜 보여줌으로써, 관중들이 줄타기가 지닌 극적인 즐거움에 참여할 수 있게 한다.

어릿광대　　자네 조상은 다람쥐인가 보네그려. 엉덩이는 가만히 있고 두 다리만 좌우로 넘나드는디 영락없이 다람쥐여 다람쥐.

줄 광 대　　배우씨

어릿광대　　얼씨구

줄 광 대　　이건 뭐고 허니 두 무릎 훑기라고 허는디, 앞발은 보는 눈이 있어 쭉 나가면 되지만 이 뒷발은 눈도 코도 없이 어떻게 가는고 허니 그냥 요렇게 오겄다. 또 앞발이 쭉 나가면 뒷발은 이잉- 이렇게 오겄다. 그런데 장단 몰아 놓고 나간다. -정쿵-

줄 광 대　　배우씨! 조금 전에는 두 무릎훑기를 보여 드렸지만 이건 뭔고 허니 두 무릎 황새 두렁넘기라고 허는 것인데 황새 한 마리가 시골 논두렁을 타고 넘어가는디, 꼭 요렇게 넘어가겄다.[140] -정쿵 정저쿵-(연희 도중에 어릿광대를 부른다) 내가 왜 이러는지 아는가?

어릿광대　　모르지

줄 광 대　　나도 목구멍이 포도청이라 먹고 살려고 그러네.
그런데 넘어가는데 어렵다. -정쿵-

줄 광 대　　오늘 날씨도 화창하니 많은 아주머님들께서 왕림을 해 주셨는디 오늘 찾아주신 아주머님들은 위해서 걸음 흉내를 내 보는데 오늘 같이 이렇게 바람이 살랑살랑 부는 날에 어떤 아주머니께서 한복을 곱게 차려 입으시고 한 손으로 치맛자락을 사르르르르 얌전하게 부여잡고 들어

140) 줄재담의 주된 기능은 줄타기 기예의 내용을 풀어서 설명하는 것이다. 하나하나의 기예마다 재담을 바꾸어 가면서, 전체적인 판의 분위기를 긴장과 흥분으로 집중시키는 효과를 가져온다.

오는디 저기 앉어 계시는 아주머니처럼 걸어보는디 꼭 요와 같이 걷겄다.(얌전한 걸음걸이 흉내를 낸 다음에……) 얌전한 아주머니는 이렇게 들어왔고, 또 낭군님은 일터에서 고생하실 적에 집에서 낮잠만 잘 주무시는 아주머니께서 남보기에만 부지런히 보일려고 궁뎅이를 내젓고 달아나는디, 줄꼭대기 김대균이 궁뎅이 내젓듯 허겄다. -정쿵- 오늘 여기에 안 오신 아주머니만 그렇다 그 말입니다. 배우씨!

어릿광대　　허 그놈, 별것을 다 하네 그려.

요번에는 어떤 재주를 허는고 허니, 앵금을 한번 뛰어보는디 저 땅에서 뛰어도 이리 비틀 저리 비틀하는 것인디 여기서 저기까지 건너가기가 장히 어렵겄다.

어릿광대　　야 이놈아 너만 줄 위에서 놀 것이 아니고 내가 이 땅에서 앵금을 띠는디 니 말처럼 이리 비틀 저리 비틀 하는지 잘 보아라. -정쿵-(앵금뛰기가 얼마나 어렵다는 것을 흉내낸다)

줄 광 대　　그놈 참 잘 논다. 그런데 내가 저기를 건너가는데 건너가거들랑 여러분께서는 그냥 건너간 줄만 알고 계십시오-정쿵 정저쿵-

줄 광 대　　산천 경치가 이렇게 아름다울 때에 봉황새 한 마리 날아드는디 꼭 이렇게 날아들겄다.

새타령(장단 : 자진모리)

새가 새가 날아든다 새가 새가 날아든다
산고 곡심 무인처 출립 비조 물새들이

농춘 화답에 짝을 지여 쌍긋 쌍래 날라든다
춤 잘 추는 학두루미 말 잘 허는 앵무새
공기 좋다 공기 뚜루루 솟 뎅 쑥국
기러기 낄 룩 가, 가, 가, 감실 날라든다
남풍조차 떨쳐나니 구말리 장천에 대봉새
문왕이나 계시니 기산 초양에 봉황새
양온이 담담허니 둘, 떴다 기러기
어엽신사 백성기 왕사 당연에 저 제비
으사 부중에 밤들었다 울고 간다 까마귀
낙화 고목이 다 썩었다 추수 쟁천에 따옥이
팔월 광풍 높이 떠 백리 추수 모란새
여러 새들 부를 것 없이 새가 한 번 울어 본다
저 빼꾸기가 울음운다 저 빼꾸기가 울음운다
먼 산에 앉어 우는 놈 아실 아실이 들리고
근방에 앉어 우는 놈 둠벙지게 들린다
여러 달 울어 싼 놈 목이 잔득 쉬었네
이리로 가며 빼국 저 산으로 가며 빼꾹빼꾹
어르으으으 어흐어어 죄우로 다녀 울음운다
또 한편을 바라보니 저 부두새 울음운다
초경 이경 삼 사 오경
사람에 간장 녹일려고 저 부두새 울음운다
사람에 간장 녹일려고 저 부두새 울음운다
사람에 간장 녹일려고 저 부두새 울음운다
이리고 가며 뿌우뿌 저 산으로 가며 뿌우뿌
뿌우우우-우우 거들거리고 울음운다
이런 새 소리가 천만 년을 흘러가지고

울음을 울어서 전해 간다 마지막 빼꾹[141)]

줄 광 대　배우씨

어릿광대　얼씨구

줄 광 대　이것을 빼꾸기 다 울어서 새 다 들어 왔겄다.

어릿광대　그렇지

줄 광 대　여기서 또 잔재비를 놀아 보는데 외무릎 풍치기로 시작해서 외무릎 가새트림으로 해서 외무릎 훑기까지 가는디 장히 어렵다.-정쿵 정저쿵-

조금 전에는 외무릎 가지고 잔재비를 보였는디 요번에는 두무릎 가새트름, 곱치기까지 나가던 것이었다.-정쿵 정저쿵-

어릿광대　하 저 놈이 옴멍한 놈이네. 엉덩이로만 줄을 타는 줄로만 알았는디, 외무릎을 꿇었다, 두무릎을 꿇었다, 앵금을 뛰었다, 아 별짓을 다 허니……

줄 광 대　배우씨! 이제 나 요만큼만 하고 내려갈라네.

어릿광대　광대씨! 아, 그러나 저러나 여기 찾아 주신 분들이 이렇게 많은데 재주 넘기는 안 헐렁가?

---

141) 〈새타령〉은 독립가요로 불리다가 여러 구비문학 작품에 삽입가요로 수용된 것이다. 〈새타령〉은 서술방식과 사설 내용의 변화를 일으키지 않는 정격형과 그렇지 않은 변이형으로 구별할 수 있다. 이 중 줄타기에서 부르는 〈새타령〉은 ≪남원고사≫, 이고본 ≪춘향전≫, 이선유본 ≪수궁가≫, ≪배비장전≫ 등과 같이 정격형에 해당한다. 줄타기에 수용된 〈새타령〉은 잡가 〈새타령〉보다 축약되어 있지만 사설 구성방식이나 내용은 거의 동일하다. 줄타기에 수용된 〈새타령〉은 전후 문맥과 유기적 연관을 맺고 있지 않으며 작품 내에서의 기능은 왈짜들의 흥겨움을 돋우는 데 사용된다. 줄타기의 〈새타령〉은 사설 자체를 통해 무언가를 드러내기보다는 줄타기 현장의 흥겨운 분위기를 강화하고, 오랜 시간 동안 줄만 탈 수는 없으므로 여러 종류의 노래와 재담을 활용하는 차원에서 사용된 것이다. 따라서 일정한 서사적 질서를 구축하지 않고, 변이를 일으키지 않은 것이다.(김기형, 「새타령의 전승과 삽입가요로서의 수용 양상」, 『민족문화연구』 26호, 1993, 310-311쪽)

줄 광 대　서당개 3년이면 풍월을 읊는다더니 저놈아 어른 아랫녁에서 오랜 시간을 보내다 보니 아 눈치가 9단이로구나. 자 요건 뭔고 허니 살판이라고 허는 것인데, 이 살판이라고 허는 것은 줄 위에서 재주를 넘는 것이렷다. 그런데 이 살판이라고 허는 것은 내가 익-소리만 지르면 넘어가는디 여러분 눈 크게 뜨고 보시기 바랍니다.

어릿광대　웜메, 간 떨어지는 줄 알았네.

줄 광 대　내가 더 허다 가는 여러분들 간 다 떨어질 것 같으니까 여기서 요만큼만 하고 내려간다 이 말씀이요.
(줄 위에서 인사를 한 번 하고 얼음 지치기로 줄을 내려온다) 줄광대가 줄 위에서 내려옴.(어릿광대와 함께 나란히 서서 관중석과 악사석에 인사를 하고 마친다)

- 〈김대균본〉은 심우성이 김대균의 줄타기를 채록하여 『줄타기』(화산문화, 2000)에 발표한 것이다. 김대균(1967 -)은 아홉 살 되던 해인 1976년 아버지 김래문을 따라 용인 민속촌에 출입하게 되었다. 김대균은 당시 민속촌에서 공연하던 김영철의 줄타기를 보면서 강한 흥미를 느꼈다. 그러던 중 아버지의 권유까지 받게 되었고, 때마침 후계자를 찾고 있던 김영철의 눈에 띄어 줄타기에 입문하게 되었다. 이후 김영철은 10세 되는 김대균에게 줄 위에서 왔다갔다 달리는 것까지 가르치고, 지금까지 배운 내용을 연습할 것을 지시하고, 민속촌 공연을 그만두고 전국순회공연에 나섰다. 당시 김대균은 나이가 어리다는 이유로 전수생으로 인정받지 못했고, 김영철은 아들을 전수생으로 인정하려 했다. 하지만 김영철의 아들은 줄 학습에 뜻이 없었다.

1979년 김영철은 전남 장흥에서 공연을 끝내고 반신불수가 되었다.[142] 이 때문에 줄타기의 전통이 끊길 위기에 놓이게 되었지만, 김대균의 아버지 김래문은 김영철의 병시중을 자신의 집에서 직접 하며 어린 김대균이 줄타기 기예를 배울 수 있도록 갖은 배려를 아끼지 않았다. 하지만 거동을 못하는 김영철이 줄타기 시범을 보일 수 없었기 때문에, 김영철이 구술로 줄타기 기예를 지도하면, 김대균은 이를 듣고 오랫동안 생각하고 난 뒤에 혼자 줄 위에서 연습하는 외롭고 곤란한 과정을 거쳐 줄타기를 전수받았다.

반신불수의 몸이었던 김영철은 한 번에 40-50일씩 김대균의 집에 머물렀고 일 년에 서너 번 정도 방문했다고 한다. 김대균은 김영철이 방문할 때마다 줄타기 기예 대여섯 가지를 학습했다고 한다. 김영철은 의자에 앉아서 지팡이로 줄 위에 있는 김대균에게 잔노릇을 설명하고 지시하면, 김래문은 손가락 굵기의 150cm 정도의 나무 막대를 김대균의 왼손에 쥐게 했고, 김대균은 오른손에 부채를 들고서 한 동작씩 중심 이동과 호흡이 안정될 때까지 반복훈련을 통해 배워 나갔다고 한다. 김대균은 자신이 김영철로부터 받은 줄타기 전승 방식의 특징을 다음과 같이 정리했다.

첫째, 김영철의 지도, 김래문의 뒷바라지, 김대균의 실연이 어우러져 진행되었음을 강조한다. 둘째, 땅줄의 중요성이 강조되었다. 땅줄이란 땅에 새끼줄을 늘어놓고 호흡, 시선, 중심 이동, 타점 등을 학습하고 줄 위로 올라가 땅 위에서처럼 동일한 방법으로 실연하는 것이다. 땅줄이 완성되어야만 줄 위에서 실연을 할 수 있기 때문이다.[143]

142) 여기서 공연 도중 쓰러졌다는 의미는 김영철이 줄 위에서 기예를 보이다가 떨어졌다는 것이 아니라, 공연을 마치고 잠시 쉬는 도중 고혈압으로 쓰러진 것을 뜻하는 것이다. (2005. 10. 29. 김대균 제보)

143) 실제로 근현대 줄광대인 김봉업이 땅재주와 줄타기로 이름을 떨쳤고, 이동안과 김영철도 땅재주에 능했다. 줄광대가 이렇게 땅재주를 겸할 수 있는 것은 살판, 물구나무서기 등의 기예를 연마하고자 부단한 지상 연습을 병행했기 때문이다.

셋째, 줄고사가 강조되었다. 대여섯 가지의 잔노릇 학습이 끝나면 선배 줄광대들에게 고사를 지내며 축원했다. 넷째, 이동안으로부터 연행현장에서 능동적으로 대처할 수 있는 소리와 재담을 배우고 어릿광대와의 상호소통방식 등을 익혔다고 한다.

김영철은 김대균에게 "줄을 스승으로 모셔라"라는 가르침을 주었다고 한다. 보통 줄광대들은 줄을 탈 때 엉덩이를 보호하려고 두툼한 '들보'를 대었지만, 김대균은 줄의 감각을 더욱 생생하게 느끼고자 '들보'를 떼어 버렸다. 따라서 초창기 민속촌 공연 때 억센 삼줄에 살이 쓸려 흰 바지와 줄이 피로 물든 적이 한두 번이 아니었다. 그래도 김대균은 고집스럽게 보호 장구 없이 줄에 올랐고 살갗이 파이고 아물기가 1년 이상 반복되었다. 결국 김대균은 굳은 살이 박혀 더는 고통을 느끼지 않게 되었다고 한다.[144)]

김대균은 1981년 10월 줄타기 전수생으로 인정받았고, 중학교 3학년 때인 1982년 5월 5일 용인 민속촌에서의 첫 공연을 했다. 1983년 봄에는 중요무형문화재 마당 종목 발표 공연에 출연하여 기예 대부분을 공연했다. 이어서 1986년 줄타기 이수자를 거쳐 1987년 20세에 줄타기 전과정을 이수한 전수조교 자리에 오르게 되었다. 이때까지 김대균은 기예가 주가 되는 도막줄을 연행했고[145)] 줄재담이나 어릿광대와의 협연(協演)에 대한 인식보다는 더 나은 기예의 습득에 온 힘을 다했다.

이후 김영철이 1988년 1월 사망하자 판줄 복원의 중요성에 대해 자각을 하게 되고, 먼저 명창 성우향에게 심청가를 사사하며 목을 사용하는 방법, 판소리 장단 등을 배웠다. 그 이후에는 이보형의 주

144) 김대균의 2004년 9월 6일 제보.

145) "줄타기는 이수자가 발표하였는데, 잔놀음은 좋았으나 재담과 소리가 복원되지 못하여 숙제를 남기고 있다."(이보형, 『월간문화재』 신문, 1987년 6월 1일)

선으로 김영철의 친인척이며 만능 예인이었던 이동안에게 본격적인 줄재담을 학습하게 된다.

이러한 학습 결과 김대균은 줄타기의 짜임새와 공간 활용법, 연행자들 간의 상호소통방식, 연행 상황에 따른 재담의 구사능력 등을 갖추게 된다. 김대균은 1989년 중요무형문화재 마당 종목 발표 공연[146], 1991년 제11회 대한민국 국악제 등에서 이동안을 어릿광대로 삼아 공연을 펼치면서 판줄에서 어릿광대와의 호흡이 매우 중요한 것임을 체득하게 되었다.

김대균은 1982년부터 10여 년이 넘게 민속촌에서 줄타기 전속 공연을 펼쳤다. 그의 공연은 곧 민속촌의 명물로 자리 잡았고 줄타기는 장안의 화제가 되어, 연일 구경꾼들이 몰려들었다. 하지만 10여 년 넘게 민속촌 공연을 계속하면서 처음 줄에 올라설 때 느껴지던 설렘이 서서히 식어갔고, 줄타기가 생계 수단이 되어간다는 느낌을 지울 수 없었다고 한다. 관객들 또한 눈앞에 펼쳐지는 줄타기 기술에만 매료될 뿐 줄타기의 원래 모습과 의미에는 관심이 없었다. 시간이 되면 줄에 올라가 관객들에게 볼거리를 제공하는 생활이 반복되며 그는 자기 자신에게 '왜 줄을 타는가? 라는 질문을 수없이 던졌다고 한다.

이런 고민을 해결하려고 김대균은 1994년 2월 결혼과 함께 10여 년간 계속했던 민속촌 공연을 중단하고 민속촌을 떠났다.[147] 단순한 재주가 아닌 진정한 예술로서 줄타기의 원형을 복원하고 싶은 열망

146) "줄타기는 조교 김대균 혼자서 이 종목의 전승을 위해 노력하고 있다. 그동안 어릿광대 및 삼현육각 복원을 위해서 노력한 결과 발탈 보유자 이동안이 어릿광대로 출연하고, 노악사 이영수가 삼현육각을 잡아 수십 년 만에 판줄이 그런대로 복원되는 역사적인 공연이었으나 불행하게도 비가 내려 충분한 효과를 거두지 못한 것은 아쉬운 일이다."(이보형, 『월간문화재신문』, 1989년 6월 1일)

147) 김현숙, 「민속촌 쇼 13년 마감한 줄광대」, 『시사저널』(1994년 6월 9일).

때문이었다. 민속촌을 떠난 후 계속해서 판줄 복원을 향해 내실 있는 준비를 해나가던 김대균은 여러 문화행사 등에서 줄타기를 공연할 때, 잔 노릇이나 보여주고 뜨내기 구경꾼의 입맛을 맞춰주는 줄타기 공연은 단호하게 거부하며 시간이 허락하는 한 조금이라도 원형에 가까운 줄타기 공연을 하려고 애썼다.

서서히 판줄을 체득하게 된 김대균은 1997년부터 매년 1회 줄타기 보존회 주관으로 발표 공연을 했고, 마침내 1999년 11월 판줄 복원 공연을 성공리에 개최하게 된다. 이 공연은 김영철이 1979년 덕수궁에서 판줄 공연을 펼쳐보이고 나서, 공식적으로는 20여 년 만에 판줄을 재현하는 무대였다. 이러한 노력의 결과, 2000년 중요무형문화재 제58호 줄타기 예능 보유자로 지정되었다.148)

현재 김대균은 경기도 과천시 갈현동에 있는 줄타기보존회를 이끌며, 전국의 전통축제 현장과 국외 공연을 연행 공간으로 삼아 한국 줄타기의 멋과 우수성을 알리는데 앞장서고 있다. 김대균의 이러한 성과는 지금까지 살펴보았던 고집스러운 연찬(硏鑽)의 기간이 없었다면 불가능한 일이었을 것이다. 또한 김대균은 중학교 이후 기예 연마에 매진하며 소홀히 했던 학업에 박차를 가하여 대입 검정고시를 거쳐 1999년 한국예술종합학교 전통연희과에 입학했고, 2006년 12월 안동대 대학원 민속학과에서 줄타기 관련 논문으로 석사학위를 받았다. 현재는 한국예술종합학교 전통연희원에 출강하며, 고려대 대학원 문화콘텐츠학과에서 박사과정을 수료했다. 김대균이 비교적 늦은 나이에 학문에 입문한 것은 단순한 기예의 한계를 벗어나서 전통연희 일반 이론을 바탕으로, 후학들에게 줄타기를 체계적으로

---

148) 김대균의 줄타기 전승 과정과 현재 공연 상황 등에 대한 생생한 내용은 문화재청 헤리티지채널에서 〈나는 줄광대다-줄타기 예능 보유자 김대균〉라는 제목으로 2011년 6월 24일에서 7월 22일까지 총 5부작으로 방송되었다.

교육해야 한다는 사명감 때문이다.

그는 김상봉→최상천→김관보→김영철·이동안→김대균으로 이어지는 전통을 이어받은 정통 줄광대이며 판줄의 맥을 잇는 줄광대라는 중요한 위상을 가지고 있다. 하지만 김대균은 이러한 본인의 위상에 무한한 자부심을 느끼면서도 자신의 대에서 줄타기의 전통이 끊길 것을 우려하는 안타까운 연희자이기도 하다. 줄타기가 무형문화재로 지정된 지 40여 년이 지나가지만, 줄타기는 무형문화재 놀이 종목 가운데 가장 위태로운 분야가 되었다. 여러 가지 현실적 조건의 어려움 때문에 전승자가 나타나지 않기 때문이다. 일제의 전통문화에 대한 억압과 서구 중심 근대화의 높은 파도를 넘어섰던 줄타기가 21세기 들어 최대의 위기를 맞은 것이다.

줄타기를 서커스의 기예 정도로 인식하는 작금의 상황에서 김대균은 무거운 책임을 홀로 떠맡고 있다. 그는 이러한 전승의 어려움을 타파하고자 청소년을 대상으로 줄타기 캠프를 열고 있고, 줄타기 지정학교의 확대와 줄타기 전용 공간 확보를 통한 후진 양성의 기반을 마련하는데 박차를 가하고 있다.

무형문화재로 지정된 김대균을 제외하고, 줄타기 연행을 펼치는 한국 줄타기 연희자들은 남성 줄광대로 남창동[149], 신재웅, 우정운, 홍기철[150], 권원태,[151] 박회승, 김민중, 유진호 등이 활동 중이지만

149) 남창동(2001-)은 현재 국립전통예술고등학교에 재학 중이며 8살 때부터 김대균의 지도로 줄타기를 시작했고, 재담과 가요에 능숙하고 360도 거꾸로 연속회전 줄타기 등 고난도의 기예를 펼칠 수 있는 연희자이다.(「소년, 발해를 꿈꾸다-줄광대 남창동」『월간 공진단』 13호, 2019년 7월호)

150) 홍기철은 15세가 되던 해에 김영철의 신기에 가까운 줄 타는 솜씨에 매료돼 줄타기를 연마하여 국·내외에서 줄타기 공연을 펼쳤고 최근까지도 한국민속촌에서 정기적으로 줄타기 공연을 해왔다.

151) 권원태(1967-)는 국악에 종사하는 부모의 영향으로 10살 때 줄타기에 입문하여 15살 때부터 무대에 서기 시작했다. 그 후 전국의 공연장을 돌며 줄타기 공연을 펼쳐왔던 권원태의 이름이 본격적으로 알려지기 시작한 것은 2003년 안성 시립 남사당 바우덕이 풍물단에 줄타기 상임단원으로 활동하게 되고,

이들의 줄타기는 어릿광대, 악사와 적극적인 협연을 능수능란하게 할 수 있는 판줄의 경지에는 이르지 못했다. 따라서 현재는 김대균만이 삼현육각과 어릿광대를 갖추고 기예·재담·가요를 통합하는 형태인 판줄을 원숙하게 실연할 수 있는 연희자이다.[152)]

2004년 안성에서 열린 세계줄타기 대회에서 우승하면서부터이다. 그 후 권원태는 한국 영화사상 매우 큰 흥행을 기록한 ≪왕의 남자≫에서 줄광대 장생의 역할을 대역했고, 현재는 어름줄타기 이수자이며 가장 대중적인 줄광대로 활동하고 있다. 김민중(1991년생)과 유진호(1992년생)를 지도했다.

152) 김대균 줄타기의 전승과 기예, 음악, 재담에 대한 세부적 논의는 이호승, 「줄광대 김대균의 연희 세계」, 『한국민속학』 42호, 2005를 참조할 것.

참고문헌

1. 단행본

강등학, 『한국민요학의 논리와 시각』, 민속원, 2005.
강한영 외, 『남사당 전통과 바우덕이 담론』, 민속원, 2015.
권도희, 『한국 근대음악 사회사』, 민속원, 2005.
광주문화원, 『광주의 지명 유래』, 광주문화원, 2005.
구희서, 『한국의 명무』 한국일보사, 1985.
국립민속박물관, 『한국민속예술사전: 민속극』, 국립민속박물관, 2015.
김광언, 『동아시아의 민속놀이』, 민속원, 2004.
김기형 외, 『한국의 민속예술 50년사』, 민속원, 2011.
김동욱, 『한국 가요의 연구』, 을유문화사, 1961.
______, 『춘향전 연구』, 연세대 출판부, 1965.
김일출, 『조선민속 탈놀이 연구』, 한국문화사, 1998.
김종철, 『판소리사 연구』, 역사비평사, 1996.
김천흥 · 정화영, 『줄타기 무형문화재 조사보고서』 제118호, 문화재관리국, 1975.
김학주, 『중국 고대 가무희』, 명문당, 2001.
______, 『한 · 중 두나라의 가무와 잡희』, 서울대학교출판부, 2001.
김헌선, 『화랭이 무속의 역사와 원리 1』, 지식산업사, 1997.
______, 『경기도 도당굿』, 국립문화재연구소, 1999.
노동은, 『한국근대음악사1』, 한길사, 1996.
다산연구회 역주, 『목민심서』, 창작과 비평사, 1979.
단국대 동양학연구소, 『한국한자어사전(韓國漢字語辭典)』 권3, 1997.
박진태, 『전통공연문화의 이해』, 태학사, 2012.
반재식, 『한국 웃음사-재담 · 만담 · 코미디』, 백중당, 2004.
백성현 · 이한우 공저, 『파란 눈에 비친 하얀 조선』, 새날, 1999.
백대웅, 『전통음악의 랑그와 빠롤』, 통나무, 2003.
백영자, 『한국의 복식』, 경춘사, 1993.

사진실, 『한국연극사 연구』, 태학사, 1997.
______, 『공연문화의 전통』, 태학사, 2002.
서대석, 『한국 구비문학에 수용된 재담연구』, 서울대학교출판부, 2004.
서연호 · 김현철, 『한국 연희의 원리와 방법』, 연극과 인간, 2006.
서연호, 『한국 전승연희의 원리와 방법』, 집문당, 1997.
______, 『한국 전승연희의 현장 연구』, 집문당, 1997.
______, 『꼭두각시놀음의 역사』, 연극과 인간, 2000.
______, 『한국 공연예술의 원리와 역사』, 연극과 인간, 2011.
______, 『우리 공연예술의 역사와 미래 전망』, 민속원, 2017.
손인애, 『향토민요에 수용된 사당패소리』, 민속원, 2007.
손태도, 『광대의 가창 문화』, 집문당, 2003.
______, 『전통 구비문학과 근대 공연예술, 1-3』, 서울대학교출판부, 2006.
______, 『우리 무형문화재의 현장에 서서』, 집문당, 2008.
______, 『한국의 전통극 그 새로운 연구로의 초대』, 집문당, 2013.
신찬균, 『민속의 고향』, 진흥출판사, 1978.
신병주 · 노대환, 『고전소설 속 역사여행』, 돌베개, 2005.
심우성, 『남사당패 무형문화재 조사보고서』 제40호, 문화재 관리국, 1968.
______, 『한국의 민속극』, 창작과 비평사, 1975.
______, 『남사당패연구』, 동문선, 1994.
______, 『마당굿 연희본 I』, 깊은샘 1988.
______, 『남사당놀이』, 화산문화, 2000.
______, 『줄타기』, 화산문화, 2000.
______, 『한국전통예술개론』, 동문선, 2001.
안상복, 『중국의 전통잡기』, 서울대학교 출판부, 2006.
______, 『호류와 한중 두 나라의 전통연희』, 서울대학교 출판문화원, 2019.
예용해, 『인간문화재』, 어문각, 1963.
윤광봉, 『한국의 연희』, 반도출판사, 1992.
______, 『유랑예인과 꼭두각시놀음』, 밀알, 1994.
______, 『한국연희시연구』, 박이정, 1997.
______, 『조선후기의 연희』, 박이정, 1998.

______, 『한국연희예술사』민속원, 2016.
이경엽 외, 『무속, 신과 인간을 잇다』, 국사편찬위원회, 2011.
이규원, 『우리가 정말 알아야 할 우리 전통예인 백 사람』, 현암사, 1995.
이능화, 『조선해어화사』, 동양서원, 1927.
이두현, 『한국가면극』, 문화재관리국, 1969.
______, 『한국무속과 연희』, 서울대학교출판부, 1996.
______, 『한국연극사』(신수판), 학연사, 2000.
이민수 교주, 『일동장유가』, 탐구당, 1981.
이보형, 『무형문화재 음악조사보고서 Ⅳ-삼현육각』, 문화재관리국, 1984.
이성무, 『한국의 과거제도』, 한국일보사, 1976.
이자균, 『김봉업 줄소리·해금 가락 해설집』, 국립문화재연구소, 1999.
이혜구, 『보정한국음악연구』, 민속원, 1996.
이호승, 『전통연희 곡예 종목과 줄타기 연구』, 월인, 2011.
임기중, 『연행록 연구』, 일지사, 2002.
장덕순 외, 『구비문학개설』, 일조각, 1971.
장사훈, 『한국음악사』, 정음사, 1970.
장주근, 『한국의 향토신앙』, 을유문화사, 1975.
전경욱, 『한국 가면극 그 역사와 원리』, 열화당, 1998.
______, 『한국의 전통연희』, 학고재, 2004.
______, 『한국 가면극과 그 주변문화』, 월인, 2007.
______, 『동아시아 가면극의 역사와 전승 양상』, 집문당, 2017.
______, 『세계의 가면 문화 - 주술, 상징, 예술』, 민속원, 2017.
전경욱 편저, 『한국전통연희사전』, 민속원, 2014.
정노식, 『조선창극사』, 조선일보사, 1940.
정범태, 『경서도 명인명창』, 깊은샘, 2005.
정병욱, 『한국의 판소리』, 집문당, 1981.
정형호, 『한국 전통연희의 전승과 미의식』, 민속원, 2008.
조동일, 『서사민요연구』, 계명대출판부, 1970.
조동일·김흥규, 『판소리의 이해』, 창작과 비평사, 1978.
______, 『카타르시스 라사 신명풀이』, 지식산업사, 1997.

최길성, 『한국 무속지 1』, 아세아 문화사, 1962.
최남선, 『조선상식문답』, 풍속편, 동명사, 1947.
최락용, 『한국 전통 인형극의 공연학적 연구』, 민속원, 2013.
최상수, 『야류·오광대 가면극의 연구』, 성문각, 1984.
______, 『한국 민속놀이의 연구』, 성문각, 1985.
하응백 편저, 『창악집성』, Human&Books, 2011.
하효길 외, 『한국의 굿』, 민속원, 2002.
한국문화상징사전편찬위원회, 『한국문화상징사전』, 동아출판사, 1992.
허용호, 『발탈』, 국립문화재연구소, 2004.
______, 『인형연행의 문화전통 연구』, 민속원, 2014.
허정주, 『호모 서커스』, 광대와 바다, 2019.
『동아 새국어 사전』 5판, 두산동아, 2004.
赤松智城·심우성 역, 『조선무속의 연구(朝鮮巫俗の研究)』, 동문선, 1991.
朝倉無聲·최인향 역, 『견세물연구(見世物研究)』, 민속원, 2019.
村山智順·박전열 역, 『조선의 향토오락(朝鮮の鄕土娛樂)』, 집문당, 1992.
秋葉隆·최길성 역, 『조선무속의 현지연구』, 계명대 출판부, 1987.
Carlo Rosseti·서울학 연구소 역, 『꼬레아 꼬레아니』, 숲과나무, 1996.

2. 논문

권도희, 「20세기 전반기 극장연희의 종목과 그 특징」, 『한국음악연구』 47집, 2010.
권보나, 「감로탱에 나타난 사당패 연희 연구」, 서울대 대학원 석사학위논문, 2015.
김경록, 「조선시대 사신접대와 영접도감」, 『한국학보』 30호, 2004.
김기형, 「새타령의 전승과 삽입가요로서의 수용 양상」, 『민족문화연구』 26호, 1993.
김대균, 「줄놀음의 연행체계와 연행 원리」, 안동대 대학원 석사학위논문, 2006.
김헌선, 「중타령 연구」, 『판소리연구』 1집, 1989.
______, 「과천 찬우물 소리꾼 임정란과 그 가문의 예술시대」, 『민속연구』 28호,

2014.
김혜리,「김봉업 창 줄소리 연구 - '중타령' · '새타령'을 중심으로」, 한양대 대학원 석사학위논문, 2010.
김희경,「조선후기 성시풍속도 연구」, 홍익대 대학원 석사학위논문, 2003.
김희송,「한국 전통연희 광대줄타기 연구-김대균 줄타기의 연극성을 중심으로」, 단국대대학원 석사학위논문, 2004.
박순호,「줄타기 민요」,『한국민속학』 7호, 1974.
______,「줄타기에 대하여」,『군산수산전문학교논문집』 10집 1호, 1976.
______,「줄타기에 대하여」,『한국민속학』 13호, 1980.
박연하,「남사당패 비나리쇠 이수영의 예술론」, 한국예술종합학교 전통예술원 전문사논문, 2015.
박혜영,「남사당의 이합집산과 당진 지역 걸립패의 활동」,『남도민속학』 32권, 2016.
백대웅,「18세기 음악사에 나타난 음악 양식의 변화」,『한국학연구』 7, 1995.
______,「전통음악에 나타난 노래양식의 시대성 - 장단 구조를 중심으로」,『음악이있는 마을』, 민음사, 1996.
서지은,「땅재주의 역사와 연희양상」, 고려대 대학원 석사학위논문, 2006.
______,「땅재주의 역사적 전개와 연희양상」,『민속학연구』 18호, 2006.
______,「조선후기 연희자의 교섭양상 : 땅재주 연희자를 중심으로」,『실천민속학연구』 11호, 2008.
성기숙,「근대 전통춤의 아버지, 한성준의 신화와 실화」,『무용예술』 11 · 12월호, 통권 제11호, 무용예술사, 1994.
손태도 · 이자균,「광대 집단에 대한 연구 Ⅱ-경기 이북의 재인촌과 광대」,『공연문화연구』 2호, 2001.
손태도,「동학농민혁명과 광대집단의 활동－홍낙관, 홍계관을 중심으로」,『역사민속학』 53호, 2017.
송석하,「전승음악과 광대 三」,『동아일보』, 1935년 10월 5일.
______,『조광(朝光)』 권4 제6호, 1938.
신근영,「일제 강점기 곡마단 연구」, 고려대 대학원 박사학위논문, 2014.
심우성,「조선 줄타기 연희본」,『서낭당』, 1971년 12월호.

______, 「광대줄타기 연희본」, 『창작과 비평』 제33호, 1974.
______, 「민속극의 무대공간 6」, 『공간』 9권 5호, 1974.
안대회, 「18-19세기 탈춤꾼·산대조성장인 탁문한 연구」, 『정신문화연구』 제121호, 2010.
윤순병, 「줄타기 연희와 음악에 대한 연구」, 용인대학교 예술대학원 석사학위논문, 2004.
이경엽, 「도서지역의 민속연희와 남사당노래 연구」, 『한국민속학』 33호, 2001.
______, 「무속의 전승주체-호남의 당골제도와 세습무계의 활동」, 『한국민속학』 36호, 2002.
이보람, 「우희의 역사와 연행 양상」, 고려대 대학원 박사학위논문, 2019.
이보형, 「제5편 민속예술」, 『한국민속종합조사보고서-황해·평안남북도편』, 문화재관리국, 1980.
______, 「무형문화재전수실태조사 6 - 줄타기」, 『문예진흥』 제94호, 1984.
______, 「줄타기」, 『중요무형문화재 해설』, 문화재관리국, 1985.
______, 『월간문화재』신문, 1987년 6월 1일, 1989년 6월 1일.
______, 「창우집단의 광대소리연구-육자배기토리권의 창우집단을 중심으로」, 『한국 전통 음악 논고』, 고대민족문화연구소, 1990.
이호승, 「줄광대 김대균의 연희 세계」, 『한국민속학』 42호, 2005.
______, 「동아시아 줄타기의 역사와 연희양상」, 『비교민속학』 32집, 2006.
______, 「한국 줄타기 재담 연구」, 『한국민속학』 44호, 2006.
______, 「한국 줄타기의 역사와 연행 양상」, 『공연문화연구』 14집, 2007.
______, 「한국 줄타기의 연행구조와 원리」, 『한국학연구』 26호, 2007.
______, 「남사당패 어름사니 조송자의 연희 세계」, 『민속학연구』 38호, 2016.
______, 「한국 대접돌리기의 역사와 연행 원리」, 『민속학연구』 43호, 2018.
임석재, 「재담」, 『한국민속대관』 Ⅵ, 고려대학교민족문화연구소, 1982.
장휘주, 「사당패의 집단 성격과 공연 내용에 대한 사적 고찰」, 『한국음악연구』 제35집, 2004.
전경욱, 「우희(優戲)와 판소리·가면극의 관련양상」, 『한국민속학』 34호, 2001.
_____, 「감로탱에 묘사된 전통연희와 유랑예인집단」, 『공연문화연구』 20집,

2010.
_____, 「전통연희의 현대적 의의」, 『한국어문교육』 제9호, 2011.
정범태, 「사진으로 보는 명인명창 이야기」, 『미르』, 2004년 10월호.
정영미, 「줄타기의 연기방식과 연희공간에 관한 시론적 연구」, 『한국연극학』 32호, 2007.
정화영, 「줄타기」, 『월간문화재』 50호, 1976.
조동일 · 김흥규, 「판소리의 서사적 구조」, 『판소리의 이해』, 창작과 비평사, 1978.
조성, 「무속과 광대」, 1965, 한국문화인류학회 제33회 발표문.
주강현 · 이기복, 「구술사로 본 안성 남사당패」, 『역사민속학』 18집, 2004.
채희완, 「전통연행 속에 숨어 있는 미학적 단초 : 줄당기기와 줄타기」, 『한국미학예술학회지』 9호, 1999.
최락용, 「남사당패의 어릿광대들 연구」, 『한국극예술연구』 43집, 2014.
최학근 외편, 「방언과 특수어」, 『국어방언학』, 형설출판사, 1973.
표인주, 「실크로드의 민속문화적인 위상과 의미」, 『호남문화연구』 41권, 2007.
한성준, 「고수오십년」, 『朝光』 제3권 제4호, 조광사, 1934.
함화진, 「국악 오십년 회고사」, 『음악생활』1월호, 국민음악연구회, 1966.
허정주, 「한국 곡예 서커스의 공연민족지적 연구」, 전북대 대학원 박사학위논문, 2011.
현경채, 『문화예술』, 2004년 1월호.
홍나영 · 민보라, 「조선후기 감로탱 하단화를 통해서 본 예인복식 연구(제1보)-사당패남자복식을 중심으로-」, 『의류학회지』 30호, 2006.
황미연, 「조선시대 회화에 나타난 삼현육각」, 『한국음악사학보』 30집, 2004.

3. 도상자료

『감로(甘露)-조선시대감로』, 통도사성보박물관, 2005.
『감로탱』, 예경, 1995.
『기산풍속도(箕山風俗圖)』
『봉사도(奉使圖)』
『조선시대 음악풍속도Ⅰ』, 민속원, 2002.

『회혼례도(回婚禮圖)』

4. 문헌자료

「관우희(觀優戲)」
『경도잡지(京都雜誌)』
『경향신문』
『고려사(高麗史)』
『교방가요(敎坊歌謠)』
『동아일보』
『뎨국신문』
『성시전도(城市全圖)』
『성호사설(星湖僿說)』
『정유집(貞蕤集)』
「조선부(朝鮮賦)」
『조선왕조실록(朝鮮王朝實錄)』